成都大学传媒研究
系列丛书 | 主编◎欧阳宏生 李

国家社科基金西部项目
"大数据时代新闻认知传播研究"
（17XXW007）

电视民生新闻的文化研究

谭筱玲 著

四川大学出版社
SICHUAN UNIVERSITY PRESS

图书在版编目（CIP）数据

电视民生新闻的文化研究 / 谭筱玲著 . — 成都 ：
四川大学出版社，2022.4
　（成都大学传媒研究系列丛书）
　ISBN 978-7-5690-5430-9

Ⅰ．①电… Ⅱ．①谭… Ⅲ．①电视新闻－新闻工作－
研究－中国 Ⅳ．① G219.2

中国版本图书馆 CIP 数据核字（2022）第 062689 号

书　　名：电视民生新闻的文化研究
　　　　　Dianshi Minsheng Xinwen de Wenhua Yanjiu
著　　者：谭筱玲
丛 书 名：成都大学传媒研究系列丛书
丛书主编：欧阳宏生　李　立

丛书策划：徐　燕
选题策划：徐　燕
责任编辑：陈　蓉
责任校对：罗永平
装帧设计：墨创文化
责任印制：王　炜

出版发行：四川大学出版社有限责任公司
　　　　　地址：成都市一环路南一段 24 号（610065）
　　　　　电话：（028）85408311（发行部）、85400276（总编室）
　　　　　电子邮箱：scupress@vip.163.com
　　　　　网址：https://press.scu.edu.cn
印前制作：四川胜翔数码印务设计有限公司
印刷装订：成都市新都华兴印务有限公司

成品尺寸：170mm×240mm
印　　张：12.25
字　　数：244 千字

版　　次：2022 年 6 月　第 1 版
印　　次：2022 年 6 月　第 1 次印刷
定　　价：56.00 元

本社图书如有印装质量问题，请联系发行部调换

四川大学出版社
微信公众号

前　言

电视民生新闻是中国新闻改革的产物，也是中国电视新闻大众化的一种新闻形态，它以市场为指向，以市民生活相关内容为主要构成，以节目覆盖范围内的市民为主要受众，注重市民话语表达和新闻参与，具有平民化的文化取向。电视民生新闻的出现与发展决定于中国社会转型期的经济、政治和文化力量，并在一定程度上影响了中国电视新闻的实践和理念。从当前平台新闻业的发展来看，民生新闻在内容构成、传播方式和价值理念等方面都开启了先声，起到了承前启后的作用，深刻地影响了今天的新闻形态。本书从文化研究的角度将电视民生新闻放置于社会大背景下，在分析电视民生新闻为何物、为何在中国社会产生以及构成了怎样的社会影响的基础上，审视其所依循的路线中包含了怎样的价值理念，牵连出怎样的社会力量，以及对中国电视新闻的走向和社会结构可能造成何种影响，从而反思民生新闻如何矛盾地既赋予大众话语权力、公民文化传播权利，又制约了它们。

本书基本框架主要有四个层次：第一个层次是在宏观政治经济层面和社会文化层面思考电视民生新闻的生成语境、路线与历史传承；第二个层次是在中观层面研究媒介机构的运作，探讨电视民生新闻主要的生产规则和生产模式；第三个层次是微观层面的文本研究，从电视民生新闻的文本形态、叙事策略和新闻框架等几个方面进行把握；第四个层次是研究电视民生新闻及其带来的新闻走向有什么意义以及怎样影响社会结构。

目　录

第一章　电视民生新闻的重新审视

在互联网时代，大家更热衷于讨论技术迭代、直播短视频风口，电视民生新闻则像是一个远去的背影，逐渐成为历史话题。但作为在电视屏幕上兴盛了十余年的一种节目样式，电视民生新闻当属中国新闻事业发展进程中的重要环节。对它进行重新审视，既可以跳出当初的热闹喧嚣场景予以更清晰的把握，又可以在中国电视新闻发展路径中展示其地位和价值。尤其不可忽略的是其承前启后的作用，在今天仍然持续发挥着影响。例如抖音和快手上的民间书写、普通人作为主体的信息传播、媒体从新闻生产到资讯信息汇聚平台的转变、在今天具有普遍性的娱乐化表达，等等，都肇始于民生新闻。正是由于电视民生新闻与之存在着内在的深层次连接，因此对其展开的重新审视也成了理解当下媒介文化现象所不能绕开的基础。

一、电视民生新闻研究的价值思考

从 2002 年江苏电视台推出《南京零距离》开始，电视民生新闻迅速在全国各地省市级电视台出现，以远远超过以往地方新闻的收视率展示着自己的成功与大众的认可。民生新闻制作理念还进一步影响到了作为党和政府话语传达平台的中央电视台（简称"央视"）：央视新闻频道 2006 年 6 月 5 日改版，推出"新闻服务生活"的《朝闻天下》、"报道最贴近您的新闻"的《360 度》等栏目，与民生新闻喊出的口号相契合；根据中宣部的安排，自 2007 年 6 月 10 日开始，《新闻联播》和《新闻 30 分》中出现了《百姓纪事》专栏，紧扣与百姓利益息息相关的热点话题，运用寻常百姓视角，讲述生动民生故事，展示了百姓生活的变迁和国家社会的发展进步。[①] 可以说，由于电视民生新闻的冲击，中国电视传媒话语表现出了一种多层次结构，原先突出的"官方宣传"开

---

① 肖振生：《中央电视台〈新闻联播·百姓纪事〉入眼入耳入心》，中国记协网，http://news. xinhuanet. com/zgjx/2008—03/31/content_7891583. htm。

始与民生新闻兴起的"社会表达"交织在一起，说明民生新闻以其特色和强大的生命力开始影响传统的新闻认知观念，逐步渗透到主流媒体话语中。

对电视民生新闻进行研究，不可避免地受到视角限定，研究者"先在"的学术立场、知识结构都会影响其"发现"。而在特定历史条件下，研究者又面临着不同学术立场与取向的选择。作为对新闻"工具论"的传统框架的反思和突破，很多新闻研究者都希望摆脱传统新闻"他律"的束缚，强调新闻的主体性研究，寻找新闻回归"本位"的路径，聚焦于新闻"自律"的研究。与这一"自律"研究同时兴起的是另一种"他律"研究，即将新闻活动纳入文化产业，探索文化市场规律，思考如何通过栏目策划、品牌营销和文本生产获取商业价值。这些努力使新闻研究出现了一个"去政治化"的转向。尽管这一转向使得新闻研究在主体挖掘和经济领域延伸方面取得了新的发展，但与此同时，也遮蔽了新闻研究本应具有的文化视野。

有学者提出，在传播学者研究立场选择的诸多可能性中，有一种可能是继续自由主义"宏大理论"在中国传播研究领域的演绎，一边抨击威权主义和民族主义的传播，一边在社会大众中寻求民主化传播主体和理想化的"公共领域"。另一种可能是超越简单化和脸谱化的理论范畴来研究解放和压制体验的社会分布与相关媒体呈现、关注和解释民众复杂的社会利益和意识形态诉求及其与官方意识形态的链接与互动关系。① 而民生新闻恰恰就是中国社会转型期市民的社会利益、意识形态诉求与官方意识形态互动的产物，因此，本书采用一个更能揭示其本质特征的立场——文化研究，来考察民生新闻的实践，为民生新闻研究提供新的视角和思路。这就意味着本书关注的不是节目的商业利益最大化，也并不仅将其视作与社会隔绝的对象主体，而是在本体研究的基础上探讨电视民生新闻与其赖以生存的社会背景，特别是权力和控制力之间的依存关系。具体地说，就是研究社会政治、经济、文化的变动是如何促成电视民生新闻的生发，电视民生新闻又是如何表达这一社会关系的，更为重要的是它在这一表达过程中又是如何重构社会，建构公共空间和进行文化引导的。正如英国传播政治经济学家戈尔丁和默多克呼吁传播学者致力发展一个整体性的理论框架，要求它"不但能够将大众传播过程的诸多层面彼此关联起来，而且将它们和社会结构与社会过程的核心层面关联起来"②。

---

① 赵月枝：《国家、市场与社会：从全球视野和批判角度审视中国传播与权力的关系》，载《传播与社会学刊》2007年第2期。

② Golding, P. & Murdoch, G., "Theories of communication and theories of society", in *Communication Research*, Vol.5, 1978.

从学术研究的意义来看，电视民生新闻研究不仅是新闻研究的一个组成部分，还是中国新闻形态转变研究中的重要部分。通过对民生新闻的生产和文本进行梳理与模式提炼，我们可以透视中国社会转型期新闻的发展路径；通过对传统新闻理念与民生新闻做出的改造进行比较，我们可以重新审视新闻的本质与功能，扩展已有的新闻观念，深入思考新闻之可变与不可变，以及改变中的问题和应有的方向。尤其重要的是，作为中国社会转型过程中出现的产物，民生新闻又体现了转型中的媒体结构与转型中的社会结构之间的相互构建关系，隐藏着权力关系的动态变化。这些构建关系、动态变化是怎样的，以及民生新闻对中国电视新闻甚至社会结构形成怎样的影响，都是亟待探讨的问题，也是本书力图解决的问题。

从实践的意义来看，民生新闻研究作为规律的总结，可以为大家提供审视的新视角，更清晰地在社会和历史坐标中掌握民生新闻所处的位置。但是，这个研究并不意味着在技术层面对民生新闻的制作展开指导，或是在管理层面启发生产者实施何种"有效"的生产方式，包括对电视民生新闻的生产规律总结和文本解读都是基于寻找其中被遮蔽的关系，甚至是提供新的能说明问题的方法。因此，基于为行动者提供更完整的参考谱系，本研究拒绝将电视民生新闻还原为任何一个单一向度的阐释物，而力图以一种多向度的批判将民生新闻放到政治、经济、文化和社会发展变化等多重角度来考察，并说明这些现象是如何相互联系的，从而揭示民生新闻在各种社会现实及思想中的自主性以及构成的互动关系。

二、电视民生新闻的研究起点

面对电视民生新闻风起云涌之势，学术界也呈现出热切的关注态度。引发学界关注的先声是在《现代传播》2003 年第 2 期上发表的六篇介绍和分析《南京零距离》的文章①，但当时并没有提出"民生新闻"的概念，而是以个案研究的形式探讨了《南京零距离》带来的电视新闻革新。作者中半数是江苏广播电视台的实践者，如江苏广电总台台长章剑华、城市频道总监景志刚和总编室主任张炀等。这既是业界主动展示自我的姿态，也反映了其渴望得到研究界的关注以及获得更多的规律总结的愿望。大约半年后，景志刚在《中国广播

---

① 这六篇文章分别是：《数字——南京》，章剑华《"零距离"的电视新闻理念》、叶子《反思传统 回归本质——〈南京零距离〉成功的启示》，李幸、景志刚《打造中国电视新闻新模式——关于〈南京零距离〉的谈话》，朱寿桐《电视新闻的社会关怀——略说〈南京零距离〉的理论意义》，张炀《一个栏目盘活整个频道》。

电视学刊》2003 年第 11 期发表的文章《存在与确认：如何概括我们的新闻》中，第一次明确提出"民生新闻"概念，认为《南京零距离》所表现的百姓生活全景图已无法用"社会新闻""舆论监督"等旧有术语概括，"也许更适合使用的是'民生新闻'这一概念"。自此，《南京零距离》完成了从现象到概念的创新，给自己界定了明确的身份，并有效地以新概念唤起学术界的思考。

2003 年—2004 年间，安徽电视台的《第一时间》、山东电视台的《民生直通车》、辽宁电视台的《新北方》、浙江电视台的《1818 黄金眼》、南京电视台的《直播南京》和成都电视台的《成都全接触》等栏目陆续开播，都打出了民生新闻的旗号，而早在 2001 年开播的湖南经济电视台的《都市一时间》提出了"民生视角，本色表达"，四川电视台的《新闻现场》提出了"聚焦民生，折射国计"，使电视民生新闻以规模化的生产和不凡的收视率成为 2004 年广播电视研究的热点。除了《现代传播》和《中国广播电视学刊》，《电视研究》《中国电视》《视听界》《当代传播》《传媒观察》《声屏世界》《新闻与写作》《新闻爱好者》《青年记者》《新闻界》《南方电视学刊》等刊物都曾以专栏或专版的形式刊登了相关文章，"民生新闻"一时成为热门概念。

1. 电视民生新闻的界定

电视民生新闻的概念界定主要来自对《南京零距离》《第一时间》《都市一时间》等电视现象的认识和总结，但由于这类节目往往既包含社会新闻、生活资讯，也包含时政新闻甚至市民生活投诉，因此生产者提出"用任何一种传统新闻分类概念来概括都是片面和不合适的"[①]。这也导致了学界研究在定义及归类上出现了不同角度的把握，既有人批评它不是一个严谨的科学命题[②]或不是严格意义上具有独立内涵的新闻学概念[③]，也有人认为其是一种新概念的存在[④]。

现象的复杂性和多重性难以简单概括，使一些定义无法清晰把握电视民生新闻独特的、完整的意义，如"所谓电视民生新闻就是带有本土化、人本化，为平民百姓关注，并与之日常生活、生计相关信息的电视新闻报道"[⑤]。下定

---

① 景志刚：《存在与确认：如何概括我们的新闻》，载《中国广播电视学刊》2003 年第 11 期。

② 张君昌：《"民生新闻"：转型期社会新闻的价值缩影》，视网联传媒网 2004 年 12 月 22 日。

③ 陈龙：《新闻本位、舆论监督、人文关怀：民生新闻的公信力要件》，载《中国电视》2004 年第 6 期。

④ 那长春：《城市民生电视新闻浮出水面——兼论〈南京零距离〉等栏目的题材意义和传播价值》，载《当代传播》2003 年第 6 期。

⑤ 《电视通讯》编辑部：《中国电视民生新闻发展解读报告》，《言语电视》网，2004 年第 11 期。

义是揭示概念内涵的逻辑方法，就是把概念所反映对象的本质属性揭示出来，表达一般用"种差"＋"邻近的属概念"＝"被定义概念（种概念）"的形式。这里虽然揭示了电视民生新闻与其他新闻的"种差"，但在属概念上逻辑不严谨，导致出现"电视民生新闻是一种电视新闻报道"的同义反复。因此，不少从民生新闻的形态归类来界定的概念更有说服力。

（1）从民生新闻与社会新闻的关联来界定：一种观点是将电视民生新闻视为社会新闻或社会新闻的一部分，如"民生新闻的主要形态是以城市居民为传播对象，以频道主要覆盖城市为报道范围，以市民日常经济、社会生活息息相关的新闻事件为主要题材的一种电视新闻体裁，从本质上仍属于社会新闻的范畴"[①]，"它只是社会新闻中的一部分，某些涉及经济领域的时政新闻经'软化'处理，也可以视为'民生'题材，但这些都是社会新闻概念的题中应有之义""转型期社会新闻的价值缩影"[②] 等。还有一种观点持社会新闻与其他内容交叉的"修正说"，认为"目前的民生新闻似乎是从经济新闻、社会新闻两大板块中各划出一块来合并而成的"[③]；或是将社会新闻与无产阶级新闻事业的群众观点结合，认为民生新闻主要指以广义的社会新闻为自身定位，从群众日常生活中采制而来，内容上关注群众冷暖痛痒、喜怒哀乐，以拉近电视与观众的距离[④]。

（2）从民生新闻所体现立场和价值取向来界定："作为一种新闻报道类型，严格来说，'民生新闻'并不是一个关乎新闻体裁样式的专业性概念，它更多地体现为一种针对新闻媒介和新闻记者的实践活动的价值取向……'民生新闻'不仅仅概括了媒介对报道内容的选择标准，还体现着报道者的立场、态度和出发点，更蕴含了媒介对自身社会功能的认识。"[⑤]

（3）从内容、表达方式与宗旨的多元标准来进行划分："从内容上看，民生新闻涉及的范畴与社会新闻大致相当……从表达上看，民生新闻的基调和具体的表现手法与一般意义上的市民新闻或西方新闻界的'软新闻'类似……在宗旨和中级目标上有特殊的定位。以关切的目光关注民生疾苦将硬新闻软处

---

① 孟建、刘华宾：《对"电视民生新闻"现象的理论阐释——以安徽电视台〈第一时间〉栏目为例》，载《中国广播电视学刊》2004 年第 7 期。

② 张君昌：《"民生新闻"：转型期社会新闻的价值缩影》，视网联传媒网 2004 年 12 月 22 日。

③ 韩泽：《民生新闻小札》，载《视听界》2004 年第 1 期。

④ 《新局面与新问题——江苏新闻现象综述》，载《收听收看》2003 年第 12 期。

⑤ 陆晔、王硕、侯宇静：《突破从"民生新闻"开始——〈第一时间〉与地方电视新闻发展前瞻》，载《现代传播》2004 年第 4 期。相似的看法认为民生新闻并非形式创新，而是视点的下沉，见陈龙：《新闻本位、舆论监督、人文关怀：民生新闻的公信力要件》，载《中国电视》2004 年第 6 期。

理，同时赋予软新闻以硬道理。"①

（4）从民生新闻对既有新闻现象的演变来认识："民生新闻是今年电视业内出现的一个概念。就共时性的概念定义来说，这个概念是从报业横向移植而来。但就历时性的演进来看，仍然可以从电视新闻内部找到其源流关系。它最早应该说是从电视动态新闻中的社会新闻发展演变而来，在九十年代中期开始演变为都市新闻，之后又与都市新闻中的经济、财经、法制、娱乐等新闻题材相分离，独立出来的一种新闻形式。单就字面定义而言，它在新闻中的分类应该是属于题材的范畴，但在实践过程中，它又不是一个简单的题材概念，而成为一种特定的电视新闻报道方式。"②

（5）将民生新闻界定为一种风格和手法："民生新闻不应该再作为新闻题材的一种，也不单纯是一种固定的节目形态或新闻体裁，而应该是一种风格追求和手法运用。"③

（6）民生新闻是市井新闻："《第一时间》与很多地方台新闻的尝试都是对市井新闻的探索。"④

（7）将民生新闻作为一个独立的新闻概念来界定：学界较早确定民生新闻是一个具有独立性的概念是那长春于 2003 年年底提出的"城市民生新闻"，他认为这是题材分类意义上的一个新的电视节目类型，属电视新闻大类；从题材对象上看，它和时政新闻、经济新闻、教科新闻相互并列，而和社会新闻的关系却很微妙。那长春没有给出一个明确的概念，只是从题材范畴——城市民生内容，传播理念——百姓本位，表现形态——直播、时长、信息通道等几个方面梳理了《南京零距离》的特征。⑤ 白小易在 2004 年则提出民生新闻是"具有中国特色的大众新闻"，与西方的纯商业化运作存在不同的文化语境；其内容主体仍然是社会新闻，但在播报内容和受众接受心理上与传统意义上的社会新闻有着明显区别，有着深切的社会关怀和"以民为本"的价值取向。⑥ 2005年陈立生指出，"所谓民生新闻，就是对最新的有关人民大众生计来源、生活

① 李舒、胡正荣：《"民生新闻"现象探析》，载《中国广播电视学刊》2004 年第 6 期。

② 鞠斐：《关于民生新闻背后的市民/大众话语》，紫金网，http://www.zijin.net/get/lecture/2005_06_26_4684.shtml。

③ 程前、陈杭：《望诊电视民生新闻》载《中国电视》2005 年第 2 期。

④ 周小普：《大众传播的平民化、人际化追求》，载《中国广播电视学刊》2004 年第 7 期。

⑤ 参见那长春：《城市民生电视新闻浮出水面——兼论〈南京零距离〉等栏目的题材意义和传播价值》，载《当代传播》2003 年第 6 期。

⑥ 白小易：《"民生新闻"：一种具有中国特色的大众新闻——兼论南京"民生新闻"大战》，载《中国电视》2004 年第 6 期。

质量、生存状态、生命安全及其相关心态的事实的报道"①。2006 年朱寿桐主编的《民生新闻概论》中提出，民生新闻就是以民众的日常生活为主要内容，以民众的人生诉求为基本出发点，以民众的生存状况为关注焦点，以民众的视角表现民主价值和人文关怀理念，从民众的生存空间拓展资源的新概念新闻。②

（8）从范式角度来审视民生新闻：董天策认为民生新闻既是一个重要的新闻现象，又无法在原有的新闻专业领域里找到与之对应的分类项，要解决界定的困惑需要引入"范式"，意味着包含一定的概念或术语、一定的世界观（主要是信念与价值）、一定的范例所构成的实践或理论模式。作为一种新闻传播范式，民生新闻的独特内涵主要包括：报道立场上的平民视角、题材选择上的民生内容、价值取向上的民本意识、报道方式上的民众话语。并且，作为一种新闻传播范式，民生新闻概念中的"新闻"不是新闻文本意义上的 news，而是新闻传播活动意义上的 journalism。③

如此种种，民生新闻究竟属于题材、电视节目类型还是报道方式或风格，研究者们各执一端，也导致了更激烈的批评，如《青年记者》2005 年第 5 期提出了"民生新闻批判"的口号，针对当时的热捧浪潮指出："民生新闻，作为当前媒体新闻的一大热门品种，正被各家媒体主打着高举着，但如果我们问一句：什么是民生新闻？民生新闻与社会新闻有什么不同？民生新闻的操作者们恐怕很难给出一个让人信服的答案，因为不少人从来就没有认真地思考过这些问题，只是拿它当作一个新招牌引人注意罢了。"民生新闻在操作者那里是一个"摸着石头过河"的产物，经验性的总结缺乏学理支撑，而学界对这样一个新事物充满了纷争，导致《青年记者》视之为一个"新招牌"，更说明了需要在民生新闻成长变化的过程中联系时代社会语境做仔细辨析。

2. 电视民生新闻的基本特征

对电视民生新闻基本特征的归纳，研究者们的分歧相对较少，主要集中在平民视角、民生内容、民主的价值取向和电视新闻的本土化发展上。

（1）民生内容："新闻报道关注的是平民百姓的生活状态、生存状态和心

---

① 陈立生：《民生新闻的界定与完善》，载《新闻爱好者》（大众版）2005 年第 9 期。
② 朱寿桐主编：《民生新闻概论》，中国社会科学出版社，2006 年，第 4 页。
③ 董天策：《从范式角度审视民生新闻》，载南方报业传媒集团新闻研究所主编《南方传媒研究》第一辑，南方日报出版社，2006 年。

灵状态。"① 具体涉及市民生活的方方面面，"比如在改革开放进程中涌现出来的社会公德、邻里家风、购房看病、就业上学、物价波动、打假治劣、交通治安、生活方式、思想观念、消费意识等等与市民生活息息相关的种种冲突"②。

（2）平民视角：立足于城市最基层的普通市民，从他们的切身利益出发，站在他们的立场上看问题。③ 这一方面是由报道者的态度和立场所决定，体现出人文关怀的色彩④；另一方面又使其在力图贴近百姓时追求节目形式通俗、活泼，运用了带有一定文学色彩或更加口语化的语言，具有生活化、家常化的特征⑤。

（3）民主的价值取向：有研究者认为《南京零距离》对公众话语空间的建构预示着"普通公民真实话语权利"多维度的体现。⑥ 民生新闻强调了让百姓说话，通过新闻报道，帮助受众树立起公民意识，参与社会改革进程，行使民主权利。⑦ 这实质上是基于民生新闻在发挥社会服务功能方面为公众搭建了一个发言的场所，使公众得以加入讨论中，更充分地实现舆论监督。⑧

（4）电视新闻的本土化与区域化发展：民生新闻的兴起被看作中国电视真正拥有了自己的"本土化新闻"的开端⑨，并被看作地方电视新闻的新走向⑩。

此外，在传播形态、运营方式上，电视民生新闻注重受众的参与，强调传播的双向性和互动性，同时体现出浓厚的地域文化色彩等特征，都或多或少的受到研究者的关注。

---

① 陆晔、苏菲：《地方电视新闻的新走向》，载《中国广播电视学刊》2004 年第 6 期。

② 韩景文：《突出市民"约会"市民——关于"直播南京"》，载《视听界》2004 年第 1 期。

③ 张君昌：《"民生新闻"：转型期社会新闻的价值缩影》，视网联传媒网。

④ 参见陈龙：《新闻本位、舆论监督、人文关怀：民生新闻的公信力要件》，载《中国电视》2004 年第 6 期；朱寿桐：《电视新闻的社会关怀——略说〈南京零距离〉的理论意义》，载《现代传播》2003 年第 2 期。

⑤ 参见李舒、胡正荣：《"民生新闻"现象探析》，载《中国广播电视学刊》2004 年第 6 期；章剑华《"零距离"的电视新闻理念》，载《现代传播》2003 年第 2 期。

⑥ 侯蓉英：《〈南京零距离〉对公众话语空间的建构》，载《中国电视》2004 年第 6 期。

⑦ 陈龙：《新闻本位、舆论监督、人文关怀：民生新闻的公信力要件》，载《中国电视》2004 年第 6 期；相似认识的还有陆晔、苏菲：《地方电视新闻的新走向》，载《中国广播电视学刊》2004 年第 6 期。

⑧ 参见陈龙：《新闻本位、舆论监督、人文关怀：民生新闻的公信力要件》，载《中国电视》2004 年第 6 期；朱寿桐：《电视新闻的社会关怀——略说〈南京零距离〉的理论意义》，载《现代传播》2003 年第 2 期。

⑨ 胡智锋、刘春：《会诊中国电视——关于中国电视现状及问题的对话》，载《当代传播》2006 年第 2 期。

⑩ 陆晔、苏菲：《地方电视新闻的新走向》，载《中国广播电视学刊》2004 年第 6 期。

3. 电视民生新闻出现的背景

孟建和刘华宾基于对传媒整体生态环境变化的把握在学界做出的概括比较全面：传媒体制变迁中，媒体市场意识空前张扬；关注民生越来越成为自上而下的政府工作重点；向受众回归是中国电视改革十年来的大趋势；电视产业结构调整为省级电视媒体发展提供了新的可拓展空间；新一轮电视频道竞争引发省级电视台新的策略选择。① 还有研究者提出"三贴近"方针赋予了民生新闻广阔的发展空间：民生新闻之所以能够成为中国电视传播的主流，关键在于它是新闻宣传贴近实际、贴近群众、贴近生活的"三贴近"方针的最直接、最形象、最生动的体现。② 也有研究者认为民生新闻生成的语境是受众本位的传播理念在当下的确立，内在地要求电视节目与播出必须以受众的收视欲求为旨归，在平民化、娱乐化的创作理念和服务理念等共同作用下产生了民生新闻。③ 而时任湖南经济电视台台长吕焕斌的观点则代表了业界的看法：民生新闻的出现，是社会民主政治进程不断深入的必然产物，随着市场经济的发展，各种文化价值观得以平等存在，"人本"意识进一步回归。在市场需求与媒体需求的双重动力推动下，媒体的新闻开始逐渐改变高高在上、俯视众生的状态，转而以日渐平等的视角关注百姓的需求。④ 这些观点整合了中国的政治语境与电视传媒在市场改革中的新意识，大致勾勒出了民生新闻产生的时代背景。

4. 电视民生新闻存在的问题与发展走向

伴随着电视民生新闻的发展，其存在的问题也被纳入大家的思考当中。如一味短平快，缺乏深度；堆砌琐事，缺乏对新闻事件的整体把握；资本逻辑侵蚀新闻理念，存在新闻寻租、把关不严现象；竞相模仿，栏目同质化，以及娱

---

① 孟建、刘华宾：《对"电视民生新闻"现象的理论阐释——以安徽电视台〈第一时间〉栏目为例》，载《中国广播电视学刊》2004 年第 7 期。

② 时统宇：《从"讲述老百姓自己的故事"到"民生新闻"——〈都市一时间〉的有益启示》，载《中国广播电视学刊》2004 年第 6 期。

③ 白小易：《"民生新闻"：一种具有中国特色的大众新闻——兼论南京"民生新闻"大战》，载《中国电视》2004 年第 6 期。

④ 吕焕斌：《民生视角 本色表达 人文关怀 整合营销——湖南经视〈都市一时间〉的探索》，载《中国广播电视学刊》2004 年第 6 期。

乐化、庸俗化等。① 更有研究者尖锐地指出，民生新闻存在"报道题材狭窄、重复，新闻价值含量低"；"迎合低俗趣味，大搞'腥、性'报道，画面血腥或暴露，且不注意保护当事人的权利"；"记者发生错位，介入干预新闻事件"②等问题。针对这些问题，研究者们提出了在经营管理层面整合信息资源，实现品牌化传播③，在新闻品格层面提升价值理念，向公共新闻转换等策略④。这些思考实际上触及了地方电视媒体在经营管理方式、人力资源及民生新闻操作理念等多方面已经出现的缺陷，对电视民生新闻的持续健康发展进行了理想化的探寻。

值得注意的是，2004 年江苏电视台《1860 新闻眼》打出了"公共新闻"的旗号，浮现了民生新闻向公共新闻转变的新思路，引起各界关注。其中，不少研究者都企图在民生新闻与来自美国的公共新闻概念的比较中寻找或质疑民生新闻具备的公共新闻特质，以及寻找转向公共新闻的可能性。⑤

近年随着各种新媒体平台的出现，收视率下降，受众流失，电视民生新闻受到极大的冲击。面对困境，有研究者提出了抓住媒介融合的机遇大胆创新，利用新型媒介技术积极搭建新媒体传播平台，实现台网资源的整合互融，扩大传播覆盖面，提升品牌影响力⑥；借助互联网平台获得更广泛的新闻素材来

---

① 参见孟建、刘华宾：《对"电视民生新闻"现象的理论阐释——以安徽电视台〈第一时间〉栏目为例》，载《中国广播电视学刊》2004 年第 7 期；张君昌：《"民生新闻"：转型期社会新闻的价值缩影》，视网联传媒网；时统宇：《从"讲述老百姓自己的故事"到"民生新闻"——〈都市一时间〉的有益启示》，载《中国广播电视学刊》2004 年第 6 期等。

② 杨玉华：《对电视民生新闻热的冷思考》，载《声屏世界》2004 年第 8 期。

③ 张君昌：《"民生新闻"：转型期社会新闻的价值缩影》，视网联传媒网。

④ 朱菁、江黎黎：《从"民生新闻"到"公共新闻"——电视民生新闻的可持续发展探讨》，载《新闻实践》2005 年第 2 期。

⑤ 这些论文主要有项国雄、黄璜：《从民生新闻到公共新闻——以〈1860 新闻眼〉、〈南京零距离〉和〈都市现场〉为例》，载《新闻界》2005 年第 1 期；朱菁、江黎黎：《"民生新闻"到"公共新闻"——电视民生新闻的可持续发展探讨》，载《新闻实践》2005 年第 2 期；项国雄、胡莹：《从民生新闻向公共新闻转变的传播学思考》，载《中国电视》2005 年第 4 期；郝迎利：《从代言人到组织者——从民生新闻到公共新闻》，载《新闻知识》2005 年第 7 期；赵虎、王欣：《从"民生新闻"到"公共新闻"——论民生新闻的品质提升与自我超越》，载《新闻前哨》2005 年第 7 期；吴越：《民生新闻与公共新闻》，载《山东视听》2005 年第 12 期；武俊：《公共新闻是民生新闻的突围之道吗？》，载《青年记者》2006 年第 6 期；罗锋：《公共新闻运动：后民生新闻时代的媒体选择及其困境》，载《湖南大众传媒职业技术学院学报》2006 年第 1 期；姜跃中：《从"民生新闻"到"公共新闻"——浅谈民生新闻的品质提升与自我超越》，载《记者摇篮》2006 年第 3 期；陈立生：《公共新闻：真的"超越"民生新闻？》，载《今传媒》2006 年第 10 期等。

⑥ 童晓霞：《电视民生新闻融合传播策略分析》，载《中国广播电视学刊》2017 年第 6 期。

源，利用社交媒体属性与用户对话，提高互动，增强黏性，扩大受众群体①；坚持"内容为王"，生产、制作、传播优质的短视频新闻资讯，形成优质的视频传播源②；利用新媒体重新解读新闻事件，进行二次传播，扩大传播影响③；调整二次售卖模式，建立互动开放的媒介平台，借力互联网，通过线上线下互动、提供综合服务来拓展自身平台④；坚持本土化定位，坚持大民生新闻的理念创新，坚持故事化叙事、专题化报道、个性化评论的传播创新以及跨媒介互动的融合进路等⑤。

5. 电视民生新闻的社会功能与影响

正如电视民生新闻很难在原有新闻理论范畴中被清晰界定，它也从内容到传播观念都给现存的新闻理念带来了影响。有研究者认为这是新闻本位的回归⑥，在社会中发挥了舆论监督和人文关怀的作用⑦，发挥了在区域价值认同重构中的作用⑧，或是构建"城市认同"，尊重传统，回归民间⑨。也有研究者认为民生新闻是"十年来中国电视的第三次革命"，带来了新闻价值观的变化，节目中的平民主播使得电视的大众性、平民性终于浮出水面，"电视回到它应该有的样子上来了"⑩。

除了对电视民生新闻栏目的个案研究和新闻传播理念的思考，还有一些研究者从市民话语与意识形态的建构角度进行了深刻的反思。鞠斐在《关于民生新闻背后的市民/大众话语》中指出，电视民生新闻实际上是新闻在题材、叙

---

① 李秀平：《省级地面频道民生新闻发展趋向和策略——以浙江电视台民生休闲频道为例》，载《中国广播电视学刊》2017 年第 5 期。

② 王昕璨、高永利：《"读秒时代"下电视民生新闻的应对策略》，载《当代电视》2018 年第 12 期。

③ 翟巧玲：《新媒体时代的民生新闻探索——以海南广播电视总台〈直播海南〉为例》，载《当代电视》2018 年第 4 期。

④ 谭天、王颖：《民生新闻的突破：从节目到平台——兼议广东广播电视台〈DV 现场〉的实验》，载《电视研究》2015 年第 1 期。

⑤ 何海翔、金明勇：《电视民生新闻的融合路径》，载《中国广播电视学刊》2019 年第 2 期。

⑥ 叶子：《反思传统 回归本质——〈南京零距离〉成功的启示》，载《现代传播》2003 年第 2 期。

⑦ 陈龙：《新闻本位、舆论监督、人文关怀：民生新闻的公信力要件》，载《中国电视》2004 年第 6 期。

⑧ 张志君：《民生新闻在区域价值认同重构中的地位和作用》，载《中国广播电视学刊》2004 年第 7 期。

⑨ 谭云明、易前良：《民生新闻：中国电视节目的"本土化"追求》，载《当代传播》2006 年第 2 期。

⑩ 李幸：《十年来中国电视的第三次革命》，载《视听界》2004 年第 1 期。

述形式上都发生了转变以适应市民话语的要求。市民话语是在改革开放之后形成并走入了社会前台的一种话语体系，它反映着市民阶层的思维传统和声音，它与商业文明结合成为一种大众文化进入整个社会的中心。民生新闻的创作者们试图完成一种参与到权力话语之中的行动。[1] 这意味着电视民生新闻的出现是时代的产物，它对受众需求的满足不仅源自新闻工作者的追求，更是源自市民群体的发展要求。侯蓉英在《〈南京零距离〉对公众话语空间的建构》一文中指出，《零距离》的开播无论今后的发展如何，都会给我们新闻事业带来很多有意义的课题，它所产生的效应不只因为其内容与形式的大胆和尖锐，更在于它把公众、媒体、政府的关系通过一种独特的方式展现出来，为中国的民主建设提供了可行的思路。[2]

周炳在《意识形态梳理与主流媒体构建——新意识形态下的中国电视民生新闻》中，以一种宏观的、联系的和比较的方式对电视民生新闻进行了总体的把握。他通过梳理国家/民族/执政党意识形态主导下的市场/消费主义意识形态、精英/白领意识形态、百姓/平民意识形态等并存的多重复合的新意识形态，还原了民生新闻的历史面目，并说明了在多重意识形态的"合谋"下，电视民生新闻作为担负舆论引导任务的媒体"奇兵"的本质。[3]

周玉黍的论文《媒介抚慰：一种弥合阶层落差的方式——南京市民收视民生新闻行为与动机调查》通过对南京市民收看民生新闻行为与动机的实证调查发现，民生新闻之所以受到社会地位较低的受众的喜爱及依赖，很大程度上在于民生新闻为这部分观众营造了一种媒介抚慰的环境：受众从民生新闻中获取人际交流的"亲切感"与社会的"尊重感"，获取参与公共事务的虚拟满足感，以及虚拟的心理依靠。[4] 这无疑有力地揭示了受众对民生新闻的深层认知和态度。

三、从文化研究介入的民生新闻研究

在梳理各种研究成果的基础上，这里将电视民生新闻界定为中国电视新闻大众化的一种表现形态，它以市场为指向，以市民生活相关内容为主要构成，

---

① 鞠斐：《关于民生新闻背后的市民/大众话语》，http://www.zijin.net/get/lecture/2005_06_26_4684.shtml。

② 侯蓉英：《〈南京零距离〉对公众话语空间的建构》，载《中国电视》2004年第6期。

③ 周炳：《意识形态梳理与主流媒体构建——新意识形态下的中国电视民生新闻》，中华传媒网，http://bbs.mediachina.net/index_bbs_cmrsd_view.jsp?id=944。

④ 周玉黍：《媒介抚慰：一种弥合阶层落差的方式——南京市民收视民生新闻行为与动机调查》，载《学海》2005年第6期。

以节目覆盖范围内的市民为主要受众，注重市民话语表达和新闻参与，具有平民化的文化取向。

本书采用的主要方法和理论是文化研究（cultural studies），即第二次世界大战以后在英国逐步兴起，而后扩展到美国及其他西方国家的一种学术思潮和知识传统。"电视民生新闻的文化研究"并不等于"电视民生新闻文化的研究"，后者是将新闻作为文化的构成部分进行的研究（the studies of culture）。前者对文化的理解主要是雷蒙·威廉斯的界定，他对文化的"社会"定义奠定了文化研究的理论基础：文化是一种整体的生活方式。因此，文化研究的目的不仅仅是阐发某些伟大的思想和艺术作品，还旨在阐明某种特殊的生活方式的意义和价值，理解某一文化中"共同的重要因素"，包括生产组织、家庭结构、表现或制约社会关系的制度的结构、社会成员借以交流的独特方式等。① 而"电视民生新闻文化的研究"可以刘智对新闻文化的定义为代表：作为群体或类的人在新闻活动中创造的，表现为器物（物质层次）、制度（心物结合）、观念（心理层次）的复合体。② 电视民生新闻也有新闻文化的存在体现，但本研究关注的重点不在于这三个层面的分析，而是以文化研究认识问题的角度、方法作为审视民生新闻的切入点。因此，二者存在着交叉，但立足点是不一样的。

文化研究理论源自理查德·霍加特和雷蒙·威廉斯在 20 世纪 50 年代对第二次世界大战后英国工人阶级的研究，后期代表人物有斯图亚特·霍尔等。文化研究一直专注于社会关系与意义之间的关系——或者更确切地说是专注于社会划分被赋予意义的方式③，即在文化中社会人群的分类是如何定义的以及该定义是如何被社会接受的。如理查德·约翰生在《究竟什么是文化研究》中指出文化研究包括三个主要前提：文化研究与社会关系，尤其是与阶级关系和阶级构形等密切相关；文化研究涉及权力问题，有助于个体和社会团体能力的非对称发展，使之限定和实现各自的需要；文化既不是自治的也不是外在地决定的领域，而是社会差异和社会斗争的场所。④ 其中，媒介研究居于文化研究的中心地位，吸收了多门学科的成果，如文学、历史、教育、语言学、社会学、

---

① 罗钢、刘象愚主编：《文化研究读本·前言》，中国社会科学出版社，2000 年，第 7 页。

② 刘智：《新闻文化学》，新华出版社，2001 年，第 4 页。

③ 约翰·费斯克等编撰：《关键概念——传播与文化研究辞典》（第二版），李彬译注，新华出版社，2004 年，第 65 页。

④ 参见理查德·约翰生：《究竟什么是文化研究》，见罗钢、刘象愚主编《文化研究读本》，前引书，第 5 页。

符号学、电影研究和政治学。① 文化研究具有跨学科的开阔视野和关怀现实的品格，可以扩大新闻研究的领域，密切与社会现实的关系，洞察民生新闻活动的自主性以及与社会的互动关系，而它对社会关系和权力问题的强调也是本研究的关键点。

文化研究对电视民生新闻的指导意义，首先在于霍尔对"意识形态"的重新发掘。他对社会存在和社会意识之间辩证关系的强调和"编码、解码"观点的提出②，为研究提供了考察民生新闻如何在既定的历史条件或关系基础上生产，其意义又如何转化到生活实践中的方法。其次，美国学者约翰·菲斯克在英国文化研究中心的影响下对这些理论的发展构成我们审视电视文化的新视域。他一方面继承了葛兰西的文化霸权思想，指出话语是从社会中发展起来的表达语言或表达系统，其意义服务于产生这些话语的社会某一部分人的利益，而且被社会的那个部分从意识形态上自然化为普通常识。另一方面，他更强调受众的积极选择，提出当节目与任何一个观众发生互动的时候，都会刺激意义/快乐的生产。而大众文化提供的意义、快感和社会认同也是那些受压迫者的意义、快感和社会认同。③ 这样一来，文化研究学者不只是居于固执的知识分子立场，抨击资本主义文化控制，而且同时站在民间社会的立场，去发现民众参与对话时所具有的能动解码实践。④

虽然其观点有过于夸大媒体受众和文化消费者的自决权、过高估计象征性的文化抵抗及其社会效果的一面⑤，但与法兰克福学派对文化产业的批判相比较，文化研究更具乐观精神和对下层文化的认同，启发了本研究对民生新闻特质的多重考量，避免精英主义色彩。电视民生新闻也是生产者对事件进行编码加工的产物，通过关注市民生活、语言风格平民化和吸纳受众参与传播带来了影响社会关系构成的积极力量。这种新闻形态也体现出了对市民身份及权利的认同和建构，是中国社会转型期各种权力关系、利益关系交织的一个缩影；同时，在电视民生新闻生产和文本中都包含着权力支配与抗争的过程，而这些过程往往隐蔽在看不见的地方，借鉴文化研究就是要找出它们。

---

① Jessica Munns & Gita Rajan, ed. *A Cultural Studies Reader*: *History*, *Theory*, *Practice*. New York: Addison Wesley Longman, 1995. p. 297.
② 参见斯图亚特·霍尔：《文化研究：两种范式》，载罗钢、刘象愚主编《文化研究读本》，前引书，第 345 页。
③ 参见约翰·菲斯克：《电视文化》，祁阿红等译，商务印书馆，2005 年，第 22、23 页。
④ 陈晓明：《文化研究：后—后结构主义时代的来临》，见陶东风、金元浦、高丙中主编《文化研究》第 1 辑，天津社会科学院出版社，2000 年，第 26 页。
⑤ 赵斌：《英国的传媒与文化研究》（下），载《现代传播》2001 年第 6 期。

由于文化研究本身吸纳了多种学科成果，在采用文化研究方法时不可避免地会牵涉其他理论，因此本研究也兼容了相关理论与方法。

第一个是传播政治经济学。传播政治经济学将传播活动作为一种经济活动，以生产、分配、流通、交换及其宏观决策活动这种政治经济学的思路来观察媒介及其传播行为[①]，为电视民生新闻研究展示了广阔的视域。首先，传播政治经济学对社会变迁及引起的关系变化的强调[②]，有助于审视电视民生新闻与中国社会转型的互动关系，理解市场、国家、政府、大众、媒体及其他结构势力如何影响电视民生新闻的传播实践。其次，英国莱斯特研究中心代表人物默多克与戈尔丁强调，资本分析是传播政治经济学的明确开端，这意味着承认大众媒介首先并且最重要的是生产与行销商品的工商业组织。[③] 中国当前媒体虽然是"事业单位，企业化管理"，但实际上媒体已经成为经济实体，直接通过媒介产品或是受众注意力来换取利润，滋生了媒体自身的经济利益追求，民生新闻的产生与目标追求也受制于此。最后，传播政治经济学研究有四大特征：社会变迁与历史、社会整体性、道德哲学和实践。这意味着媒介不是其关注的唯一对象，而只是社会经济、政治、文化的一个有机组成部分，在社会生活中发挥着能动作用。受众与研究者对民生新闻的许多品质问题的批评恰恰是传播政治经济学在道德哲学层面所思考的生产效率与正义、公平和公共利益之间的矛盾。[④]

传播政治经济学框架的分析单位是特定社会和历史条件下的权力结构和传播资源分配模式，这一权力结构包括特定的国家与资本权力的组合形态及其形成的对社会传播特定的赋权与压制，或包容与排斥的形式。[⑤] 研究者对电视民生新闻究竟是回归新闻本位、电视新闻回到平民大众手中，还是作为舆论引导"奇兵"的争论，实际说明了需要借用传播政治经济学来深入探析在特定政治经济条件下国家和市场的相互构建，以及由此形成的民生新闻传播体系赋予或是限制了不同社会力量的传播权力，并对社会的权力结构和社会文化发展模式产生了怎样的影响。

第二个是叙事学，也称叙述学。[⑥] 叙事学研究者常常是为了发现或描写结

---

① 参见郭镇之：《传播政治经济学之我见》，载《现代传播》2002 年第 1 期。

② 参见文森特·莫斯可：《传播政治经济学》，胡正荣等译，华夏出版社，2000 年，第 10 页。

③ 文森特·莫斯可：《传播政治经济学》，前引书，第 102 页。

④ 参见文森特·莫斯可：《传播政治经济学》，前引书，第 27、34 页。

⑤ 赵月枝：《国家、市场与社会：从全球视野和批判角度审视中国传播与权力的关系》，载《传播与社会学刊》2007 年第 2 期。

⑥ 申丹：《叙述学与小说文体学研究》（第三版），北京大学出版社，2004 年，第 35 页。

构而将叙事现象分解成组件，然后努力确定它们的功能和相互关系。叙事学为电视民生新闻的文本研究提供了有力的支撑。作为生产者编码的产物，民生新闻不只是社会过程和结构的反映，它同时也建构了社会过程和结构。叙事研究方法的运用目的就是要重现、诠释或解读被文本遮蔽的真实意义，从而展示它所受到的社会力量和利益影响以及可能使人们形成怎样的价值认识。就像福柯曾经说的：第一个问题：谁在说话？在所有说话个体的总体中，谁有充分理由使用这种类型的语言？谁是这种语言的拥有者？谁从这个拥有者那里接受他的特殊性及其特权地位？反过来他从谁那里接受如果不是真理的保证，至少也是对真理的推测呢？这些个体享有——只有他们——经法律确定或被自发接受的讲同样话语的合乎规定的传统权利，他们的地位如何？[①] 这也意味着对民生新闻文本的叙事学考察需要突破文本的封闭状态，在联结社会文化关系网的基础上来进行，以达到描述和阐释文本与社会关系之中的意义结构的目的。

本书在上述基础上，采用微观分析与宏观分析、个案研究与综合研究相结合，理论与实践相关照的方法进行研究，既勾勒电视民生新闻发展的基本路径，又将民生新闻研究拓展到整个新闻事业的发展演变形态中来，总结规律，思考在其影响下中国新闻的发展趋势和社会结构关系。

---

① 米歇尔·福柯：《知识考古学》，谢强等译，生活·读书·新知三联书店，2007年，第54页。

第二章 生发与传承：电视民生新闻的发展路径

电视民生新闻是一个新生事物，它使人们感到惊讶的不仅仅是迅速在全国普遍出现，更重要的是影响了人们对新闻的认知，就如《南京零距离》制片人张建赓所说：民生新闻不是一种具体的新闻体裁，也不是一种新的新闻类型。也就是说，它不是时政新闻、社会新闻之外的一种新的新闻样式。在电视新闻采编领域，它是一种全新的观念，并正在形成一种思潮，成为一种电视新闻的全新实践。它所产生的影响，是对传统的电视新闻观念的全面冲击。① 有别于传统电视新闻的表现形态，价值观念集中在民生新闻中凸显，但这并非意味着它没有历史渊源可寻。那么，它是怎样的一个生发过程？有什么样的历史积淀构成了它的内在支撑？这都是本章将探讨的内容。

第一节 电视民生新闻的生发

电视民生新闻的出现经历了从现象到概念，再到理论研究的过程。首先是江苏电视台城市频道在原有新闻节目制作经验基础上做出的创新尝试，而出于一个与既有新闻栏目相区别的模糊愿望，其推出的《南京零距离》带有极强的摸索色彩。当其新闻样式从个案蔓延到各个地方台时，它已经不再是一个栏目名称所能涵盖的东西。对此，既有生产者自己的阐释和命名，也有理论研究作为"后学"的探讨、争论甚至过度阐释。实践与理论纠集在一起，迅速形成扩散效应，引来了多方面的关注，使之不断壮大。

---

① "2004 中国国际广播影视博览会"之"中国广播影视发展论坛：创新 创意 制片人 2004"发言，新浪网，http://ent.sina.com.cn/v/2004-07-26/2103455311.html。

一、差异化与同质化：电视民生新闻的出现与发展

电视民生新闻的出现始于与传统电视新闻形成差异的立足点，并在探索的过程中逐步形成稳定形态。

2002 年 1 月 1 日江苏电视台城市频道的《南京零距离》开播，这便是后来引发全国各地电视台纷纷效仿的电视民生新闻的开始。然而，这个栏目最初并没有被冠以"民生新闻"的称谓，只是探索中的一个尝试。用缔造者自己的话来说，是"开始了一次全新的电视尝试，制作一档每天六十分钟的完全自采并且形式别样的新闻节目，并雄心勃勃地打出了这样的宣传口号：打造中国电视新闻新模式"①。中国电视新闻常年来形成了比较稳定的模式，以中央电视台《新闻联播》为典范的电视新闻栏目遍及各省市电视台，而打造中国电视新闻新模式意味着《南京零距离》定位于变革传统，以与传统模式构成差异化的生产来求得独立性。

《南京零距离》主要内容为实用资讯、生活投诉和社会新闻，改变传统新闻以时政新闻为主体的模式，在内容选择上表现差异；时间长度为 60 分钟，突破了中国电视新闻栏目 10～30 分钟的习惯长度，在体量选择上表现差异；播出时间为 18：50—19：50，在时段选择上表现差异；节目采用直播方式，播出时主持人现场接听观众热线，在传播形态上表现差异；主持人不仅播新闻还加入评说，在主持形态上表现差异；甚至在主持人的形象外表上，也极力呈现差异："他（孟非）的光头也是我们选他做主持人的一个重要因素。我们想让栏目的门面有点特别，有点另类。"② 这样的差异确实给观众带来耳目一新的感受，开播第六周便进入 AC 尼尔森南京地区电视节目排行榜前 15 名，第二十八周进入前 5 名，第三十六周开始排第 1 名。同时，其广告收入在 2002年总创收近 0.5 亿元（2001 年整个城市频道的广告额只有 0.28 亿元，2002 年达到 0.67 亿元），被称为"一个栏目盘活整个频道"③。由此引来了诸多关注，并纷纷以"零距离现象""南京现象"来概括。但初期的探索仅有一个"打造中国电视新闻新模式"的出发点，主创人员一心要做一个和常态的新闻不一样的新闻。不一样的新闻是个什么东西，实际上一开始不是很清楚的。④ 因此，

① 景志刚：《我们改变了什么？——〈南京零距离〉及其民生新闻》，载《视听界》2004 年第 1 期。
② 景志刚：《用心选择——写在〈南京零距离〉开播百日之际》，载《视听界》2002 年第 3 期。
③ 张炀：《一个栏目盘活整个频道》，载《现代传播》2003 年第 2 期。
④ 李幸、景志刚：《打造中国电视新闻新模式——关于〈南京零距离〉的谈话》，载《现代传播》2003 年第 2 期。

偏重于表现样式的创新也说明它还不是一个成熟的新闻节目，作为新的中国电视新闻样式的萌芽，其内在核心思想体系尚未形成。

经过一年多的实践探索和规律总结，2003 年 8 月[①]"电视民生新闻"的概念诞生了，随后被阐释为："这里有我们驾轻就熟的作为社会新闻的轶闻趣事，有旨在舆论监督的以生活投诉为主要形态的批评报道，更有百姓日常的生活状态，他们的新生活、新风尚，他们的生活矛盾、情感困惑。这些生活的方方面面构成了我们新闻报道中的百姓生活的全景图。这样的新闻关注的对象是平民百姓，反映的内容是平民百姓的日常生活，是他们在生活中的所遇、所做、所感、所想，是他们的生存状态和心灵状态，显然，这样的新闻用旧有的诸如'社会新闻''舆论监督'等概念来概括已严重辞不达意，也许更适合使用的是'民生新闻'这一概念。"[②] 其实，"民生新闻"的提法并不新鲜，早在报刊中屡见不鲜，并且 20 世纪 90 年代出现的北京电视台的《元元说话》（《第七日》）、成都电视台的《今晚 800》都有类似特征，但由于它是首次在电视媒体中正式提出，并引发了学界、业界的大讨论，因此也就具有了开创性的意义。

电视民生新闻从出现到真正成型经历了一个发展过程，原先散见于一些栏目里的民生新闻特质由于单个栏目的体量和同类栏目的数量还没有达到一定的规模，未能构成成熟模式，而这个规模是形态学上的一个尺度，过了这个尺度，事物就发生了质变。[③] 一方面，开先河者《南京零距离》所获得的高收视率和良好经济效益，引发了各地媒体的迅速反应。安徽电视台的《第一时间》、山东电视台的《民生直通车》、辽宁电视台的《新北方》、河南电视台的《民生大参考》、贵州电视台的《百姓关注》、成都电视台的《成都全接触》和西安电视台的《直播西安》等栏目纷纷打出"民生新闻"旗号，使民生新闻在全国省级、市级电视台大规模涌现。另一方面，民生新闻也在学界研讨中成为热点，如陈力丹总结的《2004 年新闻传播学研究的十二个新鲜话题》中，"民生新闻"位列第二[④]，"民生新闻的理论与实践"被列入江苏省社科研究"十五"规划。伴随着同期的各种学术讨论及理论梳理的展开，"民生新闻"逐渐成为一个新的新闻理念。

①　景志刚在《我们改变了什么？——〈南京零距离〉及其民生新闻》中说："虽然，（民生新闻）这个概念到了 2003 年 8 月份我才开始不断地琢磨和使用"，载《视听界》2004 年第 1 期。
②　景志刚：《存在与确认：如何概括我们的新闻》，载《中国广播电视学刊》2003 年第 11 期。
③　那长春：《城市民生电视新闻浮出水面——兼论〈南京零距离〉等栏目的题材意义和传播价值》，载《当代传播》2003 年第 6 期。
④　陈力丹：《2004 年新闻传播学研究的十二个新鲜话题》，载《新闻界》2005 年第 1 期。

随后兴起的各地电视民生新闻栏目大多以《南京零距离》为基础样本。《南京零距离》的构成主要包括"时政要闻""社会新闻""生活资讯""小璐说天气""孟非读报"和"现场电话投诉"等几个版块。"时政要闻"版块并不是每天出现，最主要的还是社会新闻，有的突发事件会采用卫星采访车进行现场连线；"生活资讯"包括图像和字幕两种形式，而"小璐说天气"是以固定的小栏目出现的；"孟非读报"由主持人孟非在南京的主要报纸中选择四条新闻，最后由频道总监决定两条，长度为6～8分钟；"现场电话投诉"一般在节目的最后，由主持人接听几个电话。此外，《南京零距离》还开设了现场调查，就一些热门话题在观众中征集意见，观众通过电话或手机短信参与，在节目结束前公布调查结果。① 其他地方电视台的民生新闻或多或少都有相似的痕迹，以社会新闻和生活资讯为主构成市民生活的立体景观："涉及到市民生活的方方面面，比如在改革开放进程中涌现出来的社会公德、邻里家风、购房看病、就业上学、物价波动、打假治劣、交通治安、生活方式、思想观念、消费意识等等与市民生活息息相关的种种冲突。"② 这样各地的电视新闻基本形成二元局面，一个是作为以政府话语传达为主的传统"联播体"新闻，另一个就是以市民话语为主体的民生新闻。

虽然此时各地纷纷出现的电视民生新闻大多是通过经验学习，在内容组成和表达方式上模仿《南京零距离》，但不少媒体的民生新闻栏目都在当地获得了可观的收视效应。由于欠缺更多的深层思考，一些栏目的模仿甚至到了亦步亦趋的地步，如在卫星直播的手段运用上，有的电视台也不是从实际需要出发租用设备进行卫星直播，而是觉得好像没有卫星直播便跟不上潮流、算不得民生新闻。结果，遍地开花的民生新闻节目在2004年之后迅速转入了"民生新闻"大战，同城竞技比比皆是，如当年南京地区的新闻栏目走"民生路线"的就有江苏台的《南京零距离》《绝对现场》《1860新闻眼》，南京电视台的《直播南京》《大刚说新闻》《社会大广角》《法治现场》，以及江苏教育台的《服务到家》等；在成都，首先是成都电视台公共频道以"记录成都每一天"为宗旨推出民生新闻栏目《成都全接触》，随后成都台经济频道推出每天七档的《第一时间》，另外还有成都台都市生活频道的《直播60分》（后替换为《平安成都》），以及四川电视台的老牌节目《新闻现场》等。这些节目尽管名目和形式

① 参见陈正荣：《电视第三次浪潮——解析"南京现象"》，中国传媒大学出版社，2006年，第158页。

② 韩景文：《突出市民"约会"市民——关于"直播南京"》，载《视听界》2004年第1期。

略有差别，但在内容、品相甚至技术含量上都是相似的，这就导致了新闻同质化的局面，也导致了栏目之间争夺受众、分摊广告的局面。

二、民生、民本与民主：电视民生新闻的关键词辨析

"民生新闻"的说法曾普遍见于以城市居民为主要读者的晚报、都市报中，但一直缺乏解释，只是在移植到电视当中，并形成席卷全国的浪潮时，才引发了人们的追问。《南京零距离》的主创人员之一，江苏广播电视总台城市频道原总监景志刚在 2003 年第 11 期《中国广播电视学刊》上提出"民生新闻"概念时说："这一概念不仅字面上比较切题，而且内容上也比较准确地概括了这类新闻的平民视角、民生内容以及民主的价值取向这样一些本质性的内涵。'民生新闻'简单地说就是反映民众生活的新闻。"[1]这是第一次对电视民生新闻内涵做出明确界定。所谓"平民视角"，是指用平民化的眼光来看待生活，将报道立足于城市普通百姓，从他们的立场来看问题，反映他们的呼声；"民生内容"，是指反映平民百姓的日常生活，反映他们的生存状态和心灵状态，并注重采用事件化、过程化和细节化的表达方式；"民主的价值取向"，是指通过表达百姓意愿和鼓励观众参与到话题讨论的传播过程中来，培育公民意识，实现大众的知情权和话语权。民生新闻内涵的界定，显示出传播者对平民大众的集中关注，使这一群体及其生活通过电视得以敞视。不过，国家广播电视总局 2003 年第 123 期《收听收看》采用的说法是"平民视角、民生内容、民本取向"。随后，景志刚在 2004 年做出新的阐释，"我把民生新闻的精神品质归结为平民视角、民生内容、民本取向"[2]，认为民主是民本的价值核心。一字之差，使看似简单的民生新闻在关系场域中变得复杂起来。

1. 民生

"民生"一词在词典中被解释为人民的生计，如《左传》中的"民生在勤，勤则不匮"、屈原《离骚》中的"长太息以掩涕兮，哀民生之多艰"。作为谋生之计的"民生"概念实质上反映出了古代人对平民的生存方式的理解，但是古人仅看到了个体层面以勤求生的现象，还没有意识到民生与社会制度的关系。发展至孙中山的三民主义那里，"民生"则产生了政治学意义的变化。孙中山认为"民生"就是"人民的生活、社会的生存、国民的生计、群众的生命"，

---

① 景志刚：《存在与确认：如何概括我们的新闻》，载《中国广播电视学刊》2003 年第 11 期。

② 景志刚：《我们改变了什么？——〈南京零距离〉及其民生新闻》，载《视听界》2004 年第 1 期。

是一个"社会问题",① 并进一步针对当时中国的社会矛盾,希望以平均地权、节制资本的办法来解决这个社会问题。这也是民生主义的基本思想。从中可以看出,民生不仅包括平民日常的衣食住行、柴米油盐,还关联着农业、工业等社会生产及分配问题,是与社会制度、经济制度紧密联系在一起的。

媒体的民生新闻更多的是基于关注平民的日常生活状态而取名立意的,其背后隐藏的深刻内涵却常常为表层喧嚣的话语所淹没。如果与孙中山提出民生主义概念的原意相比较,就可以发现这并不偶然的相似中包含着新闻从业者的自发思考。孙中山对"民生"思想的发展一方面是资产阶级反对封建社会制度的民主革命观念的体现,另一方面则是他在意识到了欧美资本主义发展中出现了"富者愈富,贫者益贫,则贫富之阶级日分"② 的民生问题后,力图避免并与之相区分而提出的。面临社会转型期民众物质生活与精神生活增长的需求、社会贫富分化和利益取向的多样化等现实状况时,民生已经是一个具有新的特征并被广泛关注的问题。因此,民生新闻实质上是民生问题在新闻活动中投射出的结果,它在中国新闻界的兴起是有着现实意义的。

同时,"民生"概念的创造性发展也使今天的民生新闻具有了多重性,使之在实际操作中包含了对"民生"两个层面的理解:一个是微观层面的"民生",以报道平民个体的生活事件为主;另一个是宏观层面的"民生",选择与市民生活相关联的具有制度意义或是重大的公共事件来报道。而在后来的实践中,宏观层面的"民生"还被视作民生新闻超越琐碎化、表面化、庸俗化的路径:"民生新闻要建立'大民生'视野,站在时代高度,不仅关心民生问题中的个体,更要关注个体所处的大环境。"③

2. 民本与民主

"民本"来自伪《古文尚书》中的《五子之歌》:"民惟邦本,本固邦宁。"这一在商周时代初见端倪的思想,实际是"神本"观念向"民本"观念的转变,显示了中国古人已认识到民为国家之本。民本思想也是儒家政治理论中最光彩夺目的内容,它强调温情政治,关注民众疾苦,在历史上有制约绝对君权的作用,出于水能载舟亦能覆舟的忧思而成为对君主的劝诚和政治策划。因此,民本是权力的自我制约机制,使作为一种资源组织方式的权力制度得以克

---

① 孙中山:《三民主义》,岳麓书社,2000 年,第 167 页。
② 孙中山:《三民主义》,前引书,第 243 页。
③ 于红、李墨蹟:《〈直播南京〉:电视民生新闻如何做实"大民生"?》,载《中国记者》2015 年第 11 期。

服个人本能冲动导致的溢出和过度，从而维持其基本的现实把握能力。① 作为历史思想的遗物，此时"民本"如《孟子·尽心下》中所言："民为贵，社稷次之，君为轻"，更多的是反映了"重民"的道德诉求，与现代的民主观念还存在差异。

现代民主观念产生于十五六世纪的欧洲，伴随着新兴市民阶层力量的壮大，形成了一种代表其利益主张的近代国家权力观念——"契约权利"理论。法国启蒙思想家卢梭的设想是立约者把"一切权利全部都转让给整个的集体"②，体现出了与中国传统民本思想不同的国家治理权力主体。在此基础上形成的现代民主观念包括主权在民、权力制约、公民参政和法律至上等内涵，其本质是一种权力诉求，要求在制度上明示和规约权力。

正是由于"民本"与"民主"概念的差异，民生新闻的价值取向也就具有了多重性。有研究者认为民生新闻可以分为两大流派：其一是民本民生新闻，其二是民主民生新闻。前者表现为日常琐屑经验的民生新闻，而后者则是一种作为公共问题的民生新闻，寄希望于公共问题讨论这一中间环节，铺陈有关政治和民主社会的设计。③ 如果加以仔细区分可以看出，民生新闻的民本取向主要反映在内容选材上，将平民百姓在日常生活中的遭遇、经验和感受以一种记录的形态展示出来，体现的是新闻关注重点的变化，也是"民生内容"的原初之意。而民主取向则是通过表达市民意见、参与公共问题讨论、实施舆论监督功能等方式来发挥的一种作用，即"从公共问题切入政治运行过程，企图以影响和优化政治权力运行的新闻实践"④。这样，两种理念就使民生新闻游走在市民群体的个人生活与社会政治生活之间，统摄在宏大而含糊的"民生"概念之中。

第二节　电视民生新闻的历史传承

电视民生新闻无论是在内容选材、语言表达还是在传播对象方面都展示了

---

① 李宪堂：《试论儒家民本思想的专制主义实质》，载《历史教学》2003 年第 5 期。

② 卢梭：《卢梭文集 2：社会契约论》，何兆武译，红旗出版社，1997 年，第 33 页。

③ 宋志标：《摇摆于民本与民主之间——简析两种民生新闻观的现状、嬗变及意义》，载南方报业传媒集团新闻研究所编《南方传媒研究》（第一辑），南方日报出版社，2006 年，第 70 页。

④ 宋志标：《摇摆于民本与民主之间——简析两种民生新闻观的现状、嬗变及意义》，前引书，第 71 页。

一个重要特征——平民化，这在中国新闻事业发展历程中有着悠久的历史。从以梁启超为代表的"达民隐""开民智"的知识分子对下关怀，到成舍我、邹韬奋等新闻工作者的读者意识确立、关注平民大众，都显示出知识分子精英身份的下移态势，使报纸逐渐融入普通民众。如成舍我创办《立报》就宣称"小报是平民化的刊物""到家庭去，是办小报的出路"，并针对知识分子、中产阶级和一般劳动阶级等读者群设置了《言林》《花果山》和《小茶馆》副刊。同时，在语言文风方面，从王韬、梁启超的经世致用新文体到白话文、大众通俗语言的采用，进一步推进了报刊的平民化、世俗化。但这一过程并不意味着报人放弃了唤起民众的使命感，而是知识分子将自我定位与新闻本质、新闻的社会功能等问题结合思考的结果。正如葛兰西所言：只有在知识分子有机地成为那些群众的有机知识分子，只有在知识分子把群众在其实践活动中提出的问题研究和整理成融贯一致的原则的时候，他们才和群众组成为一个文化和社会的集团。① 而共产党办报的群众路线则体现了这一融合：一方面是对知识分子阶级属性的划分，确定了其与无产阶级大众的一体关系；另一方面强调群众办报，在延安大生产时期毛泽东就曾提倡解放区的每一个机关、学校、工厂、连队都办报，以油印报、墙报为主宣传政治形势，反映群众生活，并以人民群众的语言达到通俗易懂。

中国新闻的平民化追求在新时期集中体现在民生新闻突出的平民意识上，不过这并非单纯的新闻理念继承。虽然民生新闻有着对中国新闻活动规律的继承，也有中国传统文化的继承，但更重要的是时代语境的促发。类似"民生""民本"等概念就包含了悠久的历史文化传统，因此不少研究者都尝试在民生新闻"平民""民生"和"民本"三个关键点上去寻找其历史基础。然而，抛开民生新闻在中国社会兴起的现实语境，一味在历史中搜索，不免跌入"光辉泛化法"② 的陷阱。首先，"平民视角、民生内容和民本价值取向"来自电视民生新闻生产者的自我言说，本身就包含了在历史话语资源中吸取资本的意图，研究者的跟进会由此变成其注脚，容易疏漏对民生新闻真实生产动机、实际意义的考察；其次，生产者给民生新闻贴上"民生""民本"的标签或者是以此为追求目标并不意味着现状便是如此，研究者的强调很可能成为过度阐释，为其增添光环而削弱了学术研究的独立性，终究成为被悬置的空中楼阁。

---

① 安东尼奥·葛兰西：《狱中札记》，曹雷雨等译，中国社会科学出版社，2000年，第7页。

② "光辉泛化法"（glittering generality），也称晕轮效应、光环效应，它将某事物与好字眼联系在一起，借好事物的光，使我们不经证实而接受或赞同另一个事物。参见沃纳·赛佛林、小詹姆斯·坦卡德：《传播理论：起源、方法与应用》（第四版），郭镇之等译，华夏出版社，2000年，第114页。

因此，立足于电视民生新闻的生产动机，从中国新闻改革的现实语境出发对其进行梳理，以勾勒出民生新闻生发的历史线索，是更为合理的选择。

一、意识形态世俗化的演进

很多研究者认为，电视民生新闻在电视节目中最直接的内在继承，来自中央电视台的《东方时空》。它被李幸称为十年来中国电视的第一次革命，《东方时空》实现了让老百姓说话，让老百姓上电视①，尤其是 1993 年 10 月下旬《东方时空》的《生活空间》版块出现，更是打出"讲述老百姓自己的故事"的旗号，宣告了电视平民时代的到来。有研究者认为，这对中国电视新闻最积极的影响在于它为中国电视注入了"人文关怀"的内涵，开始了从事件和生活流程向人的生存状态关注的过渡：关注人的命运、人的内心世界以及不同的感受，关注人的深层心理状态以及与之相联系的社会背景变迁。② 这一以平民百姓为电视节目主体的创新为民生新闻所继承，成为其最重要的立足点。不过这个转变，或者说具有选择性的历史传承，更多来源于外在环境变化的促动。《生活空间》的出现与当时社会文化的世俗化氛围紧密相连，节目本身不过是一种外在形式的显露，其内在本质实际体现了意识形态世俗化的演进。

"世俗化"（secularization）是西方宗教社会学提出来的理论概念，主要用来形容在现代社会发生的一种变化，即宗教逐渐由现实生活中无处不在的地位和深远影响退缩到一个相对独立的宗教领域里，政治、经济、文化等层面逐渐去除宗教色彩。在西方，世俗化的核心是去神圣化，宗教与人的日常世俗生活脱钩，如德国社会学家韦伯用"祛魅"（disenchantment）来形容现代生活的理性化。世俗化概念有两个基本意义：其一是随着科学的发展，普遍主义与理性原则取代神学教条；其二是指一种消费主义和享乐主义、注重现世的善的生活，而不是来世的生活方式，世俗化表明信仰力量的消解和宗教禁忌的瓦解。③ 就中国的情况而言，1992 年之后社会转型加剧、市场经济中社会的商业化程度加深，推进了意识形态的世俗化。④ 针对之前所奉行的一种伦理性的、目标高远的、带有更多政治魅力色彩的意识形态模式⑤，世俗化进程意味着从

---

① 李幸：《十年来中国电视的第三次革命》，载《视听界》2004 年第 1 期。

② 参见彭焕萍：《中国电视新闻的平民化进程》，载《当代传播》2005 年第 5 期。

③ 吴忠民、刘祖云：《发展社会学》，高等教育出版社，2002 年，第 157 页。

④ 陶东风、金元浦：《人文精神与世俗化——关于 90 年代文化讨论的对话》，载《社会科学战线》1996 年第 2 期。

⑤ 参见李海青：《社会主义意识形态的世俗化及其效应》，载《求实》2008 年第 6 期。

注重高远目标开始转向现实需要，由强调精神的价值追求转向关注大众的现实权利与实际利益。此时的政府不再仅仅是高高在上、以超验价值理念和历史发展远景的高调伦理感召大众，即阿尔蒙德所说的世俗化代表性地意味着以习惯和超凡魅力为基础的合法性标准的削弱，而政府实际作为的重要性日益成为合法性的基础①。

文化世俗化是与市场化的进程同步的，有知识分子为这一进程中呈现的原有价值观消解、拜金主义和享乐主义泛滥、道德失衡、精神家园丧失而忧虑。同时也由于这一浪潮造成对精神彼岸追求的放逐和自身地位的边缘化，一些道义感强烈的知识分子通过发出"人文精神失落"的呼喊，提出了对全面世俗化的质疑。也有知识分子从不同的立场出发，对世俗化、大众文化、人的欲望、文艺的消遣娱乐性等采取了基本肯定的态度，认为大众文化在客观上具有消解极左意识形态与文化一元主义的政治功能。②知识分子的争论反映了中国社会世俗化的进程及其社会影响，而现实中肯定现世生活、肯定官能享受、肯定大众在社会生活中的地位与作用的意识日益被认可。

《生活空间》的出现正是世俗化观念影响下的传媒表现，将人文精神的终极关怀演化为对当下百姓的生存关怀，以老百姓自己的故事来体现传媒在世俗化过程中对人的关怀。电视民生新闻则是在此基础上，进一步加大了传媒的世俗化。随着社会世俗化进程的加深，随着个体的主体意识增强，民众开始以自身世俗利益为基准决定自己的行为，这就成为电视民生新闻内在继承的核心理念，并认同了关注现实生活的价值取向。在具体作为上，民生新闻以大量的切近性信息来满足百姓世俗生活的信息需求：

> 一般而言，观众对新闻的接受心态可以概括为骛远性与切近性的结合。骛远性是对空间距离相对遥远的事件及动态的关注，体现着人们与生俱来的超越时空的幻想和好奇心；切近性则是对于自己周围种种事态的关心，体现着人们更为迫切的务实精神和现实关怀。中国观众的骛远心态大多可以通过中央电视台等国家主流媒体的相关节目中获得满足，近切性的心理则对地方电视台或城市电视网多有期待。③

---

① 加布里埃尔·A. 阿尔蒙德、小 G. 宾厄姆·鲍威尔：《比较政治学——体系、过程和政策》，曹沛霖等译，东方出版社，2007 年，第 52 页。

② 参见陶东风笔记"人文精神与世俗精神"，CCTV 电视批判网，http://www.cctv.com/tvguide/tvcomment/tyzj/zjwz/623. shtml。

③ 章剑华：《"零距离"的电视新闻理念》，载《现代传播》2003 年第 2 期。

这个立场的选择类似西方总结世俗化历程的一句谚语——"上帝的归上帝，恺撒的归恺撒"，从而把民生新闻的范畴明确地划归在大众日常生活空间中，彻底地投入世俗化的浪潮。

二、电视媒体平民化的继承

1993 年 5 月 1 日中央电视台开播的《东方时空》对中国电视媒体的影响是多方面的，其尝试的"制片人制""主持人制""第二用工制度"等后来为很多媒体所推行。然而，意义最深远的、直接影响到中国电视媒体面貌的当属其平民化的姿态确立，改变了传统电视的自我定位。

所谓"平民化"，从社会的意义来看，是指一般人都具有了生存发展的权利，在理论和实践领域，人人平等。在这里，"平民化"不仅意味着电视节目内容反映了人在社会中的平等地位，更重要的是将平等体现在电视媒体和观众之间。长期以来，电视媒体由于具有一般民众难以企及的传播权力而具有巨大的优越性，尤其是《新闻联播》中"明天《人民日报》将发表社论……"的言语更显露出超乎报纸媒体的特殊权利。由于新闻改革的施行，电视媒体与报纸媒体一样被投入市场，原先依附的行政力量逐渐减弱，使之无法再以居高临下的姿态面对因市场而获得制约权力的受众。地位的改变必然带来电视节目样态的改变，伴随着意识形态的世俗化，电视平民化成为新的发展趋势。

《东方时空》的实践意义首先在于将电视视点对准平民，最鲜明的是以《生活空间》为代表关注普通人的命运，构造了一部由小人物书写的历史，并一度掀起全国范围的平民故事热。正如《东方时空》创办者之一孙玉胜所说："《东方时空》在传播的态度和方式上，一直在忠实地贯彻平民化的理念。《生活空间》的改造，使《东方时空》的平民化色彩更趋明显。因为它不仅在传播态度和方式上是平民化的，而且干脆使平民、老百姓直接变为电视传播中的主角，这在电视界是一项创造和发明。"[①] 一句"讲述老百姓自己的故事"的栏目用语也被理论界认为"生动而形象地表现了中国电视传播的基本定位，在中国电视现代化的道路上具有里程碑的意义"[②]。

仅仅是内容上的创新还不足以反映电视媒体姿态的平民化，完整的改变包括内容与形式的统一。《东方时空》以"真诚面对观众"的口号宣告了自己的态度，还以此为节目操作的指导，而"真诚面对"的前提是与话双方的平等，

---

① 孙玉胜：《十年：从改变电视的语态开始》，生活·读书·新知三联书店，2003 年，第 433 页。
② 时统宇：《当代中国最大国情对电视传播的基本定位》，载《中国广播电视学刊》1998 年第 3 期。

因此"改变电视语态"则成为《东方时空》书写电视历史新篇章的又一重要作为。过去电视所追求的权威、大气往往造就了播音员庄严的语气和新闻稿宏大、抽象的用词:"就像'新华体',字正腔圆中丝毫不透露宣讲者的态度,居高临下的语态中保持着一种既定的距离。这样的播报方式成为模式。模式是有用的也是有害的,有用之处在于:模式便于操作,模式提供依据,模式划定边际和外延;有害之处在于:模式限定思维,模式使得人们不由自主地走进习惯,模式成为一种无声的力量,让有的人不敢逾越,有的人懒得逾越。"① 传统习惯的强大力量给人们造成一种误解——好像只有把新闻写得不像平时说话,才会有权威感。《东方时空》的突破一方面在于主持人以个性化的语言对新闻信息进行处理,注重展示传播者作为真实的人的存在:"在讲述中表达观点,在角色感上,'他们更像是邻家的兄弟,像一个朋友,他们以聊天拉家常的方式,把自己亲历的新闻事件转述给观众'"②;另一方面在于采用鲜活幽默的民间话语和口语化的表达方式,以世俗生活的具体语境消除媒体和观众之间的界限和戒备,使新闻的接受有了人际交流的角色认同和情感互动的愉悦。

其实,新闻语言的改变早在 1981 年前后就在新闻界有所萌芽,当时提出的关于新闻语言多样化的问题被喻国明视为 1978 年改革开放以来我国传媒业发展的第一个具有标志性意义的事件。这个问题看上去是业务技巧问题,实质上却标志着我国大众传播媒介开始从过去较为单一的"政治教科书"的功能和角色扮演中走了出来,开始应和社会发展的要求,向着履行多种功能、扮演多种角色的方向转型。新闻语言是新闻媒介面对社会的"表情",这种"表情"的单一抑或丰富是由其所扮演的社会角色的单一或丰富决定的。毫无疑问,自上而下地宣达政令需要一种语言、一种表情;而提供信息服务和娱乐消遣则需要与此不同的别种语言和表情。③ 新闻语言的转变投射出电视功能和媒体定位的变化,《东方时空》新的语态、叙述方式的采用意味着"降低"电视媒体的原有地位,表征着与观众建立一种平等关系的努力。

当世俗化的社会不再需要启蒙领袖和精神导师,电视媒体也放下了曾经无所不在的教导姿态,将自己作为平民百姓中的一员在市场中提供信息服务。这一观念在电视民生新闻中得到进一步发扬:

> 长期以来,电视人的新闻视角本质上是贵族化的,是居高临下的,我

---

① 孙玉胜:《十年:从改变电视的语态开始》,前引书,第 48 页。
② 孙玉胜:《十年:从改变电视的语态开始》,前引书,第 49 页。
③ 喻国明:《变革传媒:解析中国传媒转型问题》,华夏出版社,2005 年,第 15 页。

们总是自觉不自觉地把自己看成是精神贵族，用贵族的视角俯瞰众生，这使我们的新闻充满了教导，充满了导师的影子。在这种身影的笼罩下我们的平民是被矮化了的，在知识平民化的今天，作为知识分子的电视人，本身就是平民，所以在我们创办《南京零距离》之初，就明确提出了我们不是生活的导师，我们是市民的一分子。我们用一种平民化的眼光来看待我们的生活，来找寻我们生活中的种种状态，并以一个平民的心态来体味每一位报道对象的心灵细节。①

除此之外，《东方时空》注重新闻事件的过程和细节、注重矛盾的冲突和悬念、注重人物的内心冲突和性格特征、关注人物的命运和结局等特点，也或多或少地为电视民生新闻所继承。而这些具体手法的采用包含了在媒体地位与受众地位重新认识下的电视身份调整，以新的实践更深入地走向电视平民化时代。

三、都市报新闻大众化的衔接

从新闻形态的发展演变来看，有研究者认为电视民生新闻是从报刊移植过来的。而实际上，电视民生新闻受到报纸民生新闻的启发，但并非单纯的媒介转化，更为重要的是在生产指导思想上承袭了报纸新闻市场化的理念。

1995 年 1 月 1 日创刊的《华西都市报》在中国引领出了蔚为壮观的都市报群，并逐渐发展成一个独立的报种。在 1997 年年底召开的"市场经济与都市报发展研讨会"上，有研究者指出，都市报是由省委机关报主办的，主要面向本省各大中城市市民的综合性报纸，在内容和风格上与传统的晚报有许多相似之处。② 这个相似之处正是都市报在特定社会背景下对自己的身份认识。此前中国报业的形态比较单一，一方面是党报以权威地位和垄断资源获得中国报业的领头羊地位，但党报主要是机关报、干部报，因此另一方面是晚报来面向大众补充"八小时之外"的空白。都市报正是在这种形势下延续了晚报的特点，又以重建方式开创了中国报纸在计划经济模式和观念下走向市场的路子。如当时分管中国报刊的新闻出版署副署长梁衡说，都市报虽说是省委机关报主办，但它不是机关报，也不同于传统意义上的晚报。它介于机关报与晚报之

---

① 景志刚：《我们改变了什么？——〈南京零距离〉及其民生新闻》，载《视听界》2004 年第 1 期。
② 吴元栋：《都市报，市场经济下的一支报业新军——"市场经济与都市报发展研讨会"评述》，载《新闻记者》1998 年第 2 期。

间，既嫁接了两者的优势，又有自己的创造和发展。[①] 八年后，学界研究者和都市报实践者共同对都市报做了概念上的界定：面向城市（比都市拥有更为宽泛的地域概念）人群传播，具有明显市场运行特征，新闻性与服务性并重的综合性市民报纸。[②] 然而，都市报办报理念虽然超越单个城市的区域城市报，但其操作模式为后来的晨报、商报、时报及新型晚报等所借鉴，很难从名称上看出各自的独立性。因此，在普遍意义上，都市报的重要价值在于充分开启了中国报刊的市场化走向，正如《华西都市报》原总编辑席文举所言，都市报作为"新型晚报"的发展宣告了社会主义市场经济条件下报业发展新格局的形成。[③] 而都市报所带来的直接影响就是中国报纸新闻的大众化走向。

当时为了尽快解决中国报纸市场化生存的问题，《华西都市报》率先提出了"市民生活报"的定位理念，以使报纸走进千家万户。所谓"市民生活报"，即反映市民生活状态、体现市民生活价值、创造市民生活空间的市场化报纸。具体而言，就是从市民读者立场出发，为市民提供生活资讯，满足市民的知晓欲，为市民所喜闻乐见，讲究实际、实在、实惠、时效、可读、亲和，把新闻落实在使用价值上。[④] 从这个角度出发，《华西都市报》在内容选择和版面安排上都有所创新，其中一大举措就是大量选用社会新闻。社会新闻在传统观念看来是处于时政新闻补充地位的，但《华西都市报》强调市民喜好，借鉴了多种晚报的经验，在社会新闻上大做文章。席文举 1994 年 10 月 18 日在采编人员培训班上的讲话就指出：

> 《扬子晚报》没有社会新闻专版，他们认为社会新闻要么杀人放火，要么好人好事，难以办出特点。我们学《扬子晚报》，但并不照搬。成都市民对《成都晚报》感兴趣的就是社会新闻，针对这种情况，我们还是开办社会新闻专版。这是增强报纸可读性的重要内容。我们一定要把它办出特点，避免《扬子晚报》所说的问题，拓宽报道领域，搞得琳琅满目，但也要遵循社会新闻的含义，不能扩大到什么都成了社会新闻了，主要还是伦理道德、家庭关系、人际关系、法制案件、社会秩序、突发事件等等。要从表现形式上、挖掘深度上做文章。特别是抓住社会热点、人物命运作

---

① 参见梁衡：《一支生龙活虎的方面军》，载中国记协国内部、华西都市报编《都市报现象研究》，新华出版社，1998 年，第 1 页。

② 邱沛篁、席文举、刘为民主编：《都市报创新论》，四川人民出版社，2003 年，第 7 页。

③ 席文举：《发挥区域优势 增强竞争实力 努力开创省级晚报发展新局面》，载《新闻界》1996 年第 5 期。

④ 李鹏、陈翔：《从"市民生活报"到"新市民生活报"》，载《新闻记者》2004 年第 9 期。

好连续报道，要有引起社会共鸣的报道，要有独家报道。①

除了突出社会新闻的地位，《华西都市报》还将报纸其中一版分为三大版块，第一版块是生活要闻和市场经济新闻，选择和老百姓直接相关的内容，比如物价政策、菜篮子工程、社会治安等；第二版块是社会新闻和社会热点报道；第三版块是文化体育和其他国内外的大事。②立足于全方位、多层次地满足读者对政治、经济、文化、社会等各方面的信息需求，将新闻与市民生活状态和阅读习惯对接，说明都市报并不满足传统晚报只是供人们茶余饭后消遣的机关报补充地位，而力图从市民需要、市场需要出发，建立"新型晚报"自身独立地位。只有这样，它才可能让受众自愿购买阅读，才可能拥有广告市场。随着都市报品类数量和发行量的增长，都市生活类报纸已经成为全国报纸发行的主力。③ 这意味着当代中国报纸大众化时代的来临。

在西方，19世纪30年代出现了第一张大众化报纸——本杰明·戴创办的纽约《太阳报》。该报在创刊号上宣称：本报的目的在于普及大众，提供"当天所有的新闻"；售价低廉，以每一读者的能力所及为度。之后大众化报纸迅速扩展到其他城市，发行量激增，甚至每个看门人和马车夫的手里都有一份报纸。大众化报纸在美国、欧洲的普遍出现，逐渐实现了资产阶级政党报纸向廉价报纸的转变。到19世纪末以普利策创办《世界报》为标志，大众化报纸完全取代政党报纸成为报刊的主体，报纸也就成为以报道新闻、传播知识、提供娱乐为宗旨的信息产业。中国20世纪90年代的大众化报纸也是在市场中走向大众，注重新闻内容和语言风格与市民接受能力的贴近。正因如此，这里的大众化与中国无产阶级报刊的群众路线有所区别，是市场条件下的大众化，突出信息传递满足受众需求，而不是以宣传教育为第一目标。对此，有一种说法是"为市民服务"：

> 许多晚报把宗旨概括为"宣传政策，传播知识，引导文明，陶冶情操"，这都是对的。我们把宗旨定为全心全意为市民服务，是从另一角度来考虑的，那就是我们不是去对人家宣传教训人家的，而是为人家服务和服从人家的。我们把位置摆得很低，不是去领导市民，而是做市民公仆。我们的创刊词标题就是："做市民的忠实公仆"。什么公仆？信息公仆，服

① 席文举：《报纸策划艺术》，中国社会科学出版社，2000年，第20页。
② 尹韵公：《聚焦华西都市报》，中国社会科学出版社，2000年，第5页。
③ 参见梁衡：《中国报业的发展现状与发展趋势》，第七届世界传媒经济学术会议上的讲话，人民网，http://media.people.com.cn/GB/22114/63468/63526/4381671.html。

务公仆！①

　　服务理念被《华西都市报》的实践者归纳为与以往新闻思想不同的三种新思维：一是突出实用性，变以指导性为主为以实用性为主；二是经济报道，变从生产者角度出发为从消费者角度出发，变计划经济报道为市场经济报道；三是变"党报的补充""茶余饭后"等传统晚报观念，为满足市民政治、经济、文化、社会等各方面信息的需要。② 这种变指导角度为实用角度、变工作角度为生活角度、变生产角度为市场角度的做法，实际是从受众市场出发的结果，从而使之成为大众生活必需品，融入百姓日常生活中，实现了大众接收的传播格局。

　　为市民服务的观点很快为其他报刊所借鉴，并有报刊提出"民生新闻"的说法，从百姓生活角度出发，将都市报的服务性、实用性和可读性浓缩其中。上海的《新闻晨报》、武汉的《武汉晚报》、辽宁的《辽宁日报》和江苏的《新华日报》等报刊纷纷开辟了民生新闻的专版或专栏，而深圳报业集团于2001年8月1日创办的《晶报》更是号称"以民生新闻为特色"。一时间，"民生新闻"成了一种潮流，虽然没有明确的概念解释，却是媒体将关注点转向百姓生活的姿态表达。因此，在这个意义上，电视民生新闻是对都市报纸新闻的一种衔接，有研究者就视之为电视的"晚报体"，区别于注重宣传的"日报体"③，《南京零距离》在开播之前也打出了"南京人的电视晚报"的宣传横幅。除了基于媒介特质的改造，电视民生新闻与都市报一样关注市民生活，偏重于社会新闻，强调节目的实用性、服务性与趣味性，并通过吸引受众收看推动了新闻的大众化。

---

　　① 王时廖：《领导专家评说"都市报现象"》，载中国记协国内部、华西都市报编《都市报现象研究》，前引书，第15页。

　　② 席文举：《新型晚报的新思维》，载《新闻界》1995年第5期。

　　③ 参见陈正荣：《电视第三次浪潮——解析"南京现象"》，前引书，第267页。

第三章 创新与突围：社会转型中的
电视民生新闻生产

  电视民生新闻的出现和兴盛，引发了业界、学界的极大关注。当各个地方电视台纷纷效仿并获得较高收视率，理论界认为它体现了以人为本的社会关怀时，内在深层的驱动力量甚至抗争性因素都被遮蔽了。因此，我们需要反思：为什么电视民生新闻会在 21 世纪初的中国出现并获得"成功"？它被大家肯定，即"成功"的标准是什么？

  新闻之变不外乎求诸适应社会，电视民生新闻就正体现了新闻形态的变化以适应变迁的社会环境。政治、经济、文化背景都是民生新闻生长的土壤，尤其是市场经济的推行，使中国传媒走上了产业化的路子，市场逻辑成为传媒生存和发展的一个重要游戏规则。从新闻内在规则来看，新闻讲求公开性，越多的人接受就越说明新闻的价值高。而从外在的要求来说，这也是市场经济中产品销售的目标。二者的契合显示，与其单一地讲民生新闻是新闻本质的回归或新闻工作者的民本思想、社会关怀的体现，不如在开阔的外在驱动根基上去寻求变迁的原因。

第一节 电视民生新闻的生产场域

这里的"场域"概念主要援引自布尔迪厄的学术思想：

  从分析的角度来看，一个场域可以被定义为在各种位置之间存在的客观关系的一个网络（network），或一个构型（configuration）。正是在这些位置的存在和它们强加于占据特定位置的行动者或机构之上的决定性因素之中，这些位置得到了客观的界定，其根据是这些位置在不同类型的权力（或资本）——占有这些权力就意味着把持了在这一场域中利害攸关的专门利润（specific profit）的得益权——的分配结构中实际的和潜在的处境（situs），以及它们与其他位置之间的客观关系（支配关系、屈从关系、结构上的对应关系，等等）。①

在现代社会的分化过程中出现了大量的具有相对自主性的社会小世界——场域，如法律场、学术场、艺术场和科学场，等等。它们都有自身的逻辑和规律，并且不可化约为其他领域的决定因素，例如新闻有着自身的场域和特有的基本规律，这就要求对电视民生新闻的探讨要立足于其本体。但任何一个场域都受到元场的制约，因此，只有将分析建立在政治经济场域、社会文化场域等基础之上，才能充分地揭示电视民生新闻的生成路径。

电视民生新闻的出现，或者像有的学者所言的中国电视的"第三次革命"②，并不完全取决于传播者在新闻场内部的自觉创新变革，而是与新闻场域之外的外部需求变化、历史机遇相契合。这一契合最直接的表现就是，自改革开放以来，传媒逐渐走向市场竞争，同时在市场经济的推行下出现了新的社会文化，而电视民生新闻正是以变化的新闻形态参与竞争，并适应了环境变化带来的具有普遍性的社会心理和市民对话语权的渴望。

一、政治经济场：社会转型与传媒变革

电视民生新闻的出现是与中国当代社会的转型紧密联系在一起的。"转型"主要指的是经济体制转型，即从计划经济体制向市场经济体制转变。这个概念在中国是1992年之后开始流行的，在社会学者的论述中一般包含三个方面：社会体制转变、社会结构变动和社会形态变迁。③ 这种转变既是政治决策的施行，也是经济体制的变化，更是中国电视新闻发展土壤的变化。

1949年新中国成立，标志着社会主义国家性质的确定，这也决定了我国新闻事业是社会主义新闻事业，有着"共产党及共产党领导下的人民政府和广大人民群众传播新闻、引导舆论、服务社会的舆论工具"的身份。新闻事业既作为党和政府的舆论平台进行政治思想宣传，又基于国家、政党、人民的根本利益一致而成为人民群众的舆论监督渠道。在宏观管理上，要求坚持党性原则，接受党的领导，同时注重联系实际、联系群众，以实现党性和人民性的统一。虽然新闻事业作为党、政府和人民的耳目喉舌的根本点没有发生变化，但

---

① 布尔迪厄、华康德：《实践与反思：反思社会学导引》，李猛等译，中央编译出版社，1998年，第133—134页。

② 李幸：《十年来中国电视的第三次革命》，载《视听界》2004年第1期。

③ 参见宋林飞：《中国社会转型的趋势、代价及其度量》，载《江苏社会科学》2002年第6期。

在 1978 年之前和之后的具体实践中却有着明显变化。

在中国政治经济体制改革之前，我国的传媒身份单一——事业单位性质。而在计划经济体制下，企业单位和事业单位的经济来源是有严格区别的：企业单位实行的是经济核算制，即通过从事经营活动以获得收入；而事业单位实行的是预算拨款制，即本身不从事经营活动、所有开支由国家财政负担。[①] 这样，没有生存压力的传媒，偏重于承担舆论宣传的职责，而不用担忧经济来源问题。可以说，这期间的传媒主要受政治场域的影响。

1978 年，中国共产党十一届三中全会提出了"坚决实行按经济规律办事，重视价值规律的作用"[②]。由此，市场观念渐渐浮出水面。就在这一年，上海电视台播出了我国电视史上的第一则商业广告——"参桂补酒"广告；同年 11 月，中共中央宣传部批准新闻单位承办广告；12 月，中央电视台开始办理广告业务。进而在 20 世纪 80 年代中期，中国传媒出现了一种独特的体制类型，即"事业单位，企业化管理"。到 1992 年党的十四大召开，进一步将建立和完善社会主义市场经济体制作为我国经济体制改革的目标，我国传媒的发展也进入了市场化阶段。随着市场化的深入，"1998 年有 83.9％的媒体已基本实现自主经营，其中 67.7％完全摆脱了财政拨款。此后的 3 年内，包括中央电视台、《人民日报》在内的中国传媒将完全实现'财政断奶'"[③]。媒体的自主经营、自负盈亏，说明经济场的制约开始发挥巨大作用，经济场所遵循的市场逻辑也就使得媒体必须按照市场经济的规律来运营，方能求得生存。

市场经济作为一种资源配置方式，是一种自主经济、竞争经济、法制经济和开放经济。市场的一切活动是围绕满足市场需求展开的，企业生产什么、生产多少以及如何生产，都是由市场需求的规模和结构决定的。企业要在竞争中占据优势，实现利润或资产增值最大化目标，就必须生产出符合市场需求的产品。[④] 对于被迅速抛入市场浪潮中的电视媒体来说，消费者有哪些特征，市场需求是怎样的，自己的生产能力处于什么水平，各个节目的投入与产出关系怎样，以及如何满足市场需求、在竞争中获得优势，都成了从未有过的、亟须应对的难题。

---

① 唐绪军：《报业经济与报业管理》，新华出版社，2003 年，第 124~125 页。

② 《中共十一届三中全会》，载中共中央文献研究室编《三中全会以来重要文献选编》（上），人民出版社，1982 年，第 15 页。

③ 张同道：《媒介春秋——中国电视观察》，中国电影出版社，2002 年，第 8 页。

④ 参见杨瑞龙、陈秀山、张宇：《社会主义经济理论》，中国人民大学出版社，1999 年，第 35~36 页。

　　1996 年 6 月，中共中央、国务院发布了《关于加快发展第三产业的决定》，明确把报刊、广播、电视划出党政机关之外，归属第三产业的范围。把传媒描述为文化产业，就意味着大多数的符号形态是在市场竞争和交换的条件下，以商品的形式被生产、分配和消费的。[①] 而媒介商品化主要有两种方式：一种是生产媒介产品，通过受众直接付费获取利润；另一种则是运用媒介广告完成大众传播的商品化过程。更有传播政治经济学的奠基人斯宾塞（Dallas Smythe）从历史唯物主义和马克思主义政治经济学的观点出发，指出受众才是大众媒介的主要商品，而大众媒介的构成过程，就是媒介公司生产受众，然后将他们移交给广告商的过程。至于媒介的节目编排是用来吸引受众的，这与以前小酒店为了吸引顾客饮酒而提供的"免费午餐"没有太大差别。这种观点把媒介、受众和广告商联结在一种有约束力的相互关系中，扩展了媒介商品化的空间，使商品化不仅包括媒介公司出版报纸、制作广播电视节目、制作电影等直接过程，而且把广告商或资本也包括了进来。[②] 由此可见，媒体的市场竞争已直接演变为争取受众的竞争。从目前的情况来看，我国电视运营除了节目经营及其他经营，绝大部分都是通过广告来赢利的。于是，收视率就成了最突出的市场风向标，甚至成了节目评价体系中最重要的指标。

　　根据《中国广播电视年鉴 2002》统计，截至 2001 年年底，全国共有电视台 357 家，承载着 2194 套节目的制作和播出。其中，国家级电视台有中央电视台和中国教育电视台，每个省、自治区或直辖市，每个地级或以上城市，基本都有至少一家电视台。在传播范围上，有面向全国的上星电视和面向当地的地方电视。由于国家的扶持和人力、物力长期积累形成的效果，在中国的电视媒体中，中央电视台处于绝对的优势，其节目往往在全国形成示范效应，尤其是新闻节目、新闻专题节目以及谈话节目，更是各地方媒体模仿的主要对象。即便如此，中央电视台也不能摆脱市场的影响，《读书时间》《金土地》相继淡出荧幕，在引发众多讨论之余，人们也不由惊叹那只"看不见的手"的力量。正如布尔迪厄所说："新闻场与政治场和经济场一样，远比科学场、艺术场甚至司法场更受制于市场的裁决，始终经受着市场的考验，而这是通过顾客直接的认可或收视率间接的认可来进行的（尽管面对市场的直接压力，国家的资助可以保证一定程度的独立性）。"[③] 这对于地方电视台，尤其是没有上星的、只

　　① 参见尼古拉斯·加汉姆：《解放·传媒·现代性——关于传媒和社会理论的讨论》，李岚译，新华出版社，2005 年，第 75 页。

　　② 文森特·莫斯可：《传播政治经济学》，前引书，144 页。

　　③ 布尔迪厄：《关于电视》，许钧译，辽宁教育出版社，2000 年，第 87 页。

面向本地观众的电视台来说，参与竞争的压力是相当大的。

在市场竞争中，率先崭露头角的地方电视传媒当以湖南卫视为代表。2000年年底，湖南广播影视集团成立，一方面强调自己的"事业单位，企业化管理"身份，声称坚持"三不变"方针：广播电视作为党和政府的喉舌不变，坚持党性原则、党管干部的原则不变，坚持正确的舆论导向不变、政治家办台的方针不变；另一方面在产业化的路子上通过上市扩大资本，以电视剧和综艺节目等为特色，宣扬"快乐中国"，并在2003年提出"锁定娱乐、锁定年轻、锁定全国"的市场定位。[①] 应该说湖南卫视立足电视的娱乐功能，看准市场缺口，获得巨大效益，对其他地方媒体是具有启发意义的，市场逻辑的渗透，使原先主要承担意识形态宣传功能的传媒不断调整定位。湖南卫视的先发效应说明，电视媒体最先是从外围入手，通过娱乐化的电视剧、综艺节目等来分割市场。而随着市场逻辑一步步推进，新闻节目也不可避免地成为电视传媒市场开掘和竞争的点。电视民生新闻的出现正是地方电视台立足于本土市场，在社会中寻找到广泛的受众群体，是在国家政策法律法规下获得生长和发展的机会。因此，可以说电视民生新闻是中国新闻改革从边缘向中心（由娱乐节目到新闻、由报纸到电视）突破的一个标志。

二、社会文化场：市民话语与平民意识形态浮现

电视民生新闻的生产在内容和对象定位上都有鲜明的指向性，意味着在代表谁、对谁说、谁能够进入媒体、谁构成了媒体的受众等几个方面做出的选择。选择市民作为报道对象和受众群体是出于市场规则的考虑，但也说明原有电视新闻与市民需要之间存在着一定的距离。随着中国城市化进程的推进，作为城市居民的市民群体不断增长，除了原先拥有城市户口的城市居民，还包括从农村进入城市的流动人群。市民群体规模扩大，其话语表达需求也日益凸显。同时，由于改革的深化和市场经济的发展，中国社会出现了新的阶层分化。我国社会学研究者以职业分类为基础，以组织资源、经济资源和文化资源的占有情况为标准，划分了十大社会阶层：国家与社会管理者阶层，经理人员阶层，私营企业主阶层，专业技术人员阶层，办事人员阶层，个体工商户阶层，商业服务人员阶层，产业工人阶层，农业劳动者阶层，城乡无业、失业和

---

① 参见欧阳常林：《打造"最具活力的中国电视娱乐品牌"》，载唐世鼎主编《中国电视新思考——全国电视台台长访谈录（2004—2005）》，中国传媒大学出版社，2006年。

半失业人员阶层。① 因此，"市民"作为城市居民的概念无疑是宽泛而模糊的，存在于各个社会阶层中的市民又会有各自不同的利益诉求和愿望模式。民生新闻要将这些不同的人群统合到一起，就必然着眼于他们的共通之处，这便涉及对当下社会变化做出回应。

随着市场经济的推行，中国社会发生了相应的变化。当政治价值观不再机械地追求"政治挂帅"，"满足需求""享受生活"的生活目标"回归"到民众之中时，政治文化就进一步落脚于实际生活。人们从注重提高自身生活质量出发，因而在讨论、认识一项制度或规定的时候，总是从是否有利于自己或本阶层的利益出发。这种极为实际现世性的政治文化特征反映了"办实事""解决实际问题"成为时尚。② 由此，经济生活日益中心化，个体的利益意识也愈发凸显。原有的整体性利益结构崩解成无数个小碎片，造成了社会利益单元的个体化，个人利益问题被提上日程，个人利益的追求变成了合理、合法的事实。在此基础上，与市民生活紧密相关的话题、代表市民利益诉求的讨论构成了电视民生新闻的主要内容，涵盖衣食住行各个方面，成为市民日常生活的映照和指南，市民话语也走上前台。

传统电视新闻存在浮于民众日常生活之上，在自我言说中建构着宏大的社会整体面貌的问题。而社会转型过程中的个体意识、平民意识增长则召唤着新的电视新闻形态来弥补这一疏离感。电视民生新闻的平民视角、民生内容和民本价值取向正是媒体转向平民意识形态的有力展现。这里所谓的"平民意识形态"是指当代中国电视文化中的一种文化立场和价值取向，即用"讲述老百姓自己的故事"作为认知世界的出发点，表达对时代、对现实、对生活的理解与认识，并将一种平民意识渗透在电视文化的样式形态、审美风格等方面。③ 这一转向意味着对以市民为代表的平民的身份认同，包括对其个体利益追求的权利认同。正如研究者所言，"百姓""平民"对于"人民"和"大众"的解构本身体现了对旧意识形态宏大叙事的一种解构。传媒的"为民请命"恰恰置身于国家管理和对百姓个体生活忧患关照两个方面的中间地带，于是，民生主义话语就通过以人为本的百姓叙事，成功地完成了由旧意识形态向新意识形态的转

---

① 陆学艺主编：《当代中国社会阶层研究报告》，社会科学文献出版社，2002 年。

② 参见尹学朋、聂波：《世俗化：当代中国政治文化发展之趋向》，载《重庆社会科学》2004 年第 2 期。

③ 隋岩：《多重复合的当代中国电视文化意识形态》，载《中国人民大学学报》2002 年第 5 期。

变。① 同时，这也投射出了转型期中国的国家、社会与个人的新型关系。

三、电视新闻场：受众观变迁与市场占位

由于财政"断奶"，媒体直接面临如何去抢占市场、拓展生存与发展空间的问题。这里的市场指向媒介消费的受众，是一种"媒介服务或产品的潜在的集体消费者，这些消费者具有众所周知的社会经济特征"②。因此，争取市场也就意味着争取受众。媒体的受众观，即对受众角色、身份和地位的认识，影响着自身的市场定位。在中国新闻发展的历史上，受众曾经是学生，是先进政党、先进知识分子启蒙的对象，也曾经是接受指挥的芸芸众生，而在市场经济大潮中，"受众即市场"的观念逐渐显露出来。

过去媒体在市场的选择上主要有三种定位：一种是地缘式的定位，如地方性媒体；一种是业缘式的定位，如财经领域、体育领域，根据特定领域中的人们的需要提供信息；一种是所谓的人缘定位，比如《妇女报》《解放军报》。这三种定位共通的特点是全息性的信息结构，凡是在其定位的领域中要满足所有人的需要，这是媒体数量化发展的时候市场的定位特点。但是，现代信息传媒市场上，更具有市场开拓意义的是精神缘，或者叫认同感经济，其满足的不是某一类对象，或者是某一类人的需要，而是某一类兴趣的需要，不管是年轻人还是老年人，是女人还是男人，不管是知识分子还是社会大众，只要有这方面的需求，都是其受众。③ 从这个角度来看，电视民生新闻的市场定位应该是综合了多种方式：首先，生发于地方媒体的民生新闻存在着地缘式定位，以采集报道本地新闻为主，即便是省级电视台创办的《南京零距离》，其内容和观众也主要集中在节目覆盖范围的南京。其次，以精神缘定位突破人缘定位。"市民"涵盖了若干有差异的阶层，但民生新闻着眼于他们共同的需要，将这个庞杂的群体集合为自己的受众："让自己的新闻节目贴近本地域观众的日常生活空间，满足他们获取与自己当下生活密切相关的资讯的心理期待。"④ 正因如此，定位为"百姓电视"的《南京零距离》才能引领民生新闻将关注目光纷纷投向市民的生活领域——不同职业、阶层的人所共有的领域，在近距离的日常

---

① 参见潘知常：《新意识形态与中国传媒——新世纪新闻传播研究的一个前沿课题》，载《江苏行政学院学报》2006 年第 4 期。

② 丹尼斯·麦奎尔：《麦奎尔大众传播理论》（第四版），崔保国等译，清华大学出版社，2006 年，第 308 页。

③ 喻国明：《变革传媒：解析中国传媒转型问题》，前引书，第 10、36 页。

④ 章剑华：《"零距离"的电视新闻理念》，载《现代传播》2003 年第 2 期。

生活信息内容和具有故事色彩的大众化叙事风格中，满足市民普遍需求。

随着电视多频道时代的到来，观众的选择范围不断扩大，信息不再被"推"给观众，而是由观众主动地在信息洪流中"抽取"。受众的自主性使原先以传播者为中心的"生产导向"让位给以受众为中心的"消费导向"，受众需求也就成了各个媒体、节目的定位指针。于是，受众作为电视民生新闻生产场域中的一个强大约束力量凸显出来，原先被传播者忽略的受众为什么接触媒介、这种接触对他们来说有什么效用等问题摆在了面前。当代传播学研究中的"使用与满足"理论也因此被《南京零距离》生产者重新放大："'零距离'从以往电视新闻的强调教化转向注重交流，由'我让你知道什么'的主观灌输（宣传）转向'你想知道什么我尽量让你满足'的客观服务（传播）。"[①]

传播学者丹尼斯·麦奎尔等人曾通过研究新闻、知识竞赛、家庭连续剧、青年冒险电视剧等电视节目，结合受众样本抽选、数据分析，提出了一个"媒介—个人互动"模型，确定了四种通过收看电视而获得满足的需求形式。第一种也即最突出的是娱乐消遣需求和渴望逃离日常枯燥生活约束的需求，观看特定节目有助于人们远离生活中面临的问题和受挫带来的压力；第二种是人际关系需求的满足，包括对节目出场人物、主持人等产生的一种熟人、朋友感觉，还包括通过谈论节目融洽家庭关系、建立社交圈子，等等；第三种是自我确认的需求，通过电视节目来反射或明确自己各方面的生活状况，并以节目为自我评价的参考框架，在此基础上协调自己的观念和行为；最后一种是环境监测需求，通过传媒来了解周边世界正在发生的事。[②] 一般说来，监测环境是人们收看新闻节目的主要动机，但其他类型的节目也可以在不同程度上满足人们的这种信息需求，例如收看电视剧同样能使人感受到社会生活的状况及变化。这种观念反过来就可以视为一种节目可以尝试满足人们收看电视的多种需求，电视民生新闻以市民周边世界的信息来满足环境监测需求，以社会生活的拟态环境建构来满足自我确认需求，以个性化、平民化的主持人来满足人际关系需求，甚至以"带有悬念和故事情节的风致"[③] 来满足娱乐消遣需求。将受众视为市场意味着必须使自己的产品或服务具备一定的使用价值，而使用价值是存在于物的属性和满足人们某种需要之间的关系范畴，民生新闻满足人们的需要越多，其使用价值也就越大。因此，突破信息传递、环境监测的新闻基本功能，

---

① 章剑华：《"零距离"的电视新闻理念》，载《现代传播》2003 年第 2 期。
② 参见丹尼斯·麦奎尔：《麦奎尔大众传播理论》（第四版），前引书，第 329 页。
③ 章剑华：《"零距离"的电视新闻理念》，载《现代传播》2003 年第 2 期。

无所不包的民生新闻对"使用与满足理论"的重新实践实际上是一种战略选择，一种在与其他新闻节目甚至娱乐节目竞争中的市场占位。

第二节　电视民生新闻的生产规则

从电视民生新闻的生产场域可以看出，政治经济、社会文化和电视新闻等各种场域交织的关系网络既提供了电视民生新闻的生长土壤，也限定了民生新闻在不同类型权力（或资本）的分配结构中的处境。而多元场域构成的网络节点包含了复杂的思想资源，其中尤为突出的是当下中国社会的多重意识形态：

> 市场化给中国媒介带来了混合的意识形态，充满了矛盾的身份、认同、形象和主体性。媒介已成为意识形态竞争和意义重建的场域，既有共产主义的革命话语，也有市场化的实用话语。用威廉斯（Raymond Williams）的语言来说，这就是主流意识结构（dominant structure，即共产主义强调革命先锋队的宣传）、剩余意识结构（residual structure，即传统儒家强调士大夫的道德责任）以及新兴的意识结构（emerging structure，即符合市场逻辑的媒介专业主义）的斗争与调和。[①]

生长于地方电视台的民生新闻要突破先天的若干局限获得各方认同，就必须根据现实条件争夺各种资本，包括经济、声望等。依从于权力约束，在调和多重意识形态的基础上寻找自身的发展策略，使民生新闻形成了独特的新闻生产规则。

一、以符号包装获取声望

有研究者认为电视民生新闻实际就是社会新闻，《南京零距离》的缔造者也不否认社会新闻构成了其节目主体，但宣称民生新闻超出了社会新闻的边界，难以用原有名称来概括。这与其说是对社会新闻加以补充和改造从而更换其本质，不如说是民生新闻生产者的一种策略，既以超出社会新闻范畴的信息展示服务姿态，又以"民生""平民""百姓"等符号包装来提升地位、获取声望。这与法国学者德塞图在《日常生活的实践》中的"抵制"思想有着相似之

---

① 李金铨：《中国媒介的全球性和民族性：话语、市场、科技以及意识形态》，载《21世纪》（网络版）2003年1月号，http://www.cuhk.edu.hk/ics/21c/supplem/essay/0209135.htm。

处，作为文化意义和象征意义上的一种"抵制"，即大众或者说"弱者"在文化实践中，如何利用"强者"或者利用强加给他们的限制，给自己创造出一个行为和决断的自由空间。①

对于电视民生新闻来说，"民生"首先是在政治话语中寻求支持，顺应主流意识形态的宣传要求，具有合法性。

从《南京零距离》的制作者们对自己节目的解释中可以寻找到民生新闻与政治话语结合的大致轨迹。江苏广播电视总台城市频道原总监景志刚曾谈道：

> 在《南京零距离》最初的策划案中，我们曾把节目的内容主要概括为三个方面：实用资讯、生活投诉和社会新闻。今天，《南京零距离》主要做的仍然是这三方面的内容，这里有我们驾轻就熟的作为社会新闻的轶闻趣事，有旨在舆论监督的以生活投诉为主要形态的批评报道，更有百姓日常的生活状态。他们的新生活、新风尚，他们的生活矛盾、情感困惑。②

江苏广播电视总台原台长章剑华也说道：

> 《南京零距离》主打都市社会新闻……在当代中国，党的一贯宣传方针以及各个历史时期的传媒政策已经为准确地把握新闻报道的导向、分寸、原则等提出了明确的指导意见，只要按照党的方针、政策办新闻，就能够确保正确、及时。从这样的意义上理解中国的国情，就能够深刻认识到在党的领导下我们新闻工作的优势，而这种优势便为我们对社会新闻做出瞬时、快速反应进而实现"零距离"操作提供了政治上的保障。③

从中不难看出，电视民生新闻的主体构成部分是社会新闻，而社会新闻向民生新闻的转化中遵循党的方针政策，把握新闻报道的导向、分寸、原则。

在政治话语的一端，从"三个代表"思想到"以人为本"的执政理念，以及"群众利益无小事"的要求，都反映了党和政府的重民态度，由此派生出的"三贴近"要求又对新闻工作提出了新的政策性主张。"三贴近"即贴近实际、贴近生活、贴近群众，新闻工作的"三贴近"就是要始终坚持正确的导向，把体现党的意志同反映人民的心声结合起来，深入改革开放和现代化建设第一线，把镜头对准基层，把版面留给群众，多用群众的语言，多联系群众身边的

---

① 陆扬、王毅：《大众文化与传媒》，上海三联书店，2000年，第124页。
② 景志刚：《存在与确认：如何概括我们的新闻》，载《中国广播电视学刊》2003年第11期。
③ 章剑华：《"零距离"的电视新闻理念》，载《现代传播》2003年第2期。

事例，多采用群众喜闻乐见的形式，多报道有实在内容、有新闻价值的事情。① 而更为具体的"改进会议新闻报道，少报官多报民"② 的决定则为民生新闻提供了可以利用的更大空间。蜂拥的电视民生新闻栏目正是在这样的语境下，以"民生"话语提升了自己的地位和新闻品格。实际上，就像南京电视台《直播南京》的口号"替政府分忧，为人民服务"所揭示的一样，"两头满意"意味着既要按照政治要求来获得合法地位，又要遵循市场规则争取尽量多的受众认可而获得经济效益。

其次，巧妙吸纳政治资源，转换政治话语，将群众路线与市场逻辑嫁接，以社会认同来获取声望。

群众路线是马克思主义的基本观点和工作路线，马克思曾说过："报刊只是而且应该是有声的……它生活在人民当中，它真诚地和人民共患难、同甘苦、齐爱憎。它把它在希望与忧患之中从生活那里倾听来的东西，公开地报道出来。"③ 在中国无产阶级新闻事业中则集中体现为全党办报、群众办报的思想。1948 年毛泽东在《对晋绥日报编辑人员的谈话》中阐明了这一思想，他认为我们的报纸要靠大家来办，靠全体人民群众来办，靠全党来办，而不是靠少数人关起门来办。新中国成立后，这一传统在具体实践中总结出了一些有效的方式：建立以通讯员为主的群众性新闻工作网络；处理群众来信，接待群众来访；收集和研究来自群众的反馈信息；联络各行各业的专家和有代表性的人士，组织他们发表真知灼见；群众内容，群众形式，为群众所喜闻乐见；举办各种各样的社会公益活动和有益于群众身心健康的文化娱乐活动；等等。但是，这些方式在实际运用中存在很大的局限。一方面是偏重于党性原则，大多数说话方式都是上对下的，反映群众生活又将群众看作教育对象；另一方面，群众直接在媒体上发出的声音主要以群众来信等方式体现，篇幅有限，处于媒体内容的补充地位。

而民生新闻则改变了这一状态：在内容上反映平民日常生活，为百姓提供信息资讯，以及为大家解决生活中遇到的问题；在形式上深入市民生活，从市民那里获取信息，直接让市民上镜头发表意见。这样，通过生活投诉和资讯服务，从群众中来到群众中去的群众路线被赋予了新意。同时，不仅整个电视栏

---

① 《李长春：宣传思想工作要在"三贴近"上取得新进展》，载《人民日报》2003 年 4 月 4 日第 1 版。

② 《中共中央决定：改进会议新闻报道 少报官多报民》，中国新闻网，2003 年 03 月 28 日，http://www.chinanews.com.cn/n/2003−03−28/26/288663.html。

③ 中国社会科学院新闻研究所编：《马克思恩格斯论新闻》，新华出版社，1985 年，第 104 页。

目都作为反映大众生活乃至大众话语直接表达的平台，而且在全国各地普遍出现的电视民生新闻栏目更是在全国范围内将之塑造成了强势新闻话语。

电视民生新闻还以无所不在的关注有效地将自己塑造成了百姓知己和代言人，从而获得市民的认同。如"心疼老百姓，为老百姓说话"（北京电视台《第七日》）、"以平民的视角选取题材，以平民的审美趣味观察生活，取舍镜头，并用平民化的表现方式进行报道"（东方卫视《直播上海》）、"民生直通车，专为百姓造"（山东电视台《民生直通车》）、"百姓的事无小事，《直播西安》关注的就是咱老百姓的事"（西安电视台《直播西安》）、"看百姓新闻，为百姓服务"（贵州电视台《百姓关注》）等口号，无不展示着媒体完全融入百姓、反映民生的身份，似乎这就是群众路线的新发展，甚至是更全面、广泛的突破。但是，仔细观察就可以发现，以往提出的群众路线、近来中央的"群众利益无小事"以及"贴近群众"等方针，用的都是"群众"一词，而大多数的民生新闻栏目却悄悄地将"群众"转换为了"百姓""平民"。据《现代汉语词典》的解释，两类概念所指称的对象是基本一致的："群众"泛指人民大众；"平民"泛指普通的人，区别于贵族和特权阶层；"百姓"指人民，区别于官吏。也就是说，它们指的都是数量众多的、没有官职或特权的普通人。然而，这些词语在历史上的使用，由于语境的不同，生成了具有差异的意义。

雷蒙·威廉斯曾辨析了 mass 与 masses 所产生的组合词在当代的用法，认为不同的组合里面包含了对立的社会意涵：从事"群众工作"（mass work）、属于"群众组织"（mass organization）、强调"群众大会"（mass meetings）与"群众运动"（mass movement）、完全为服务"群众"（the masses）而生活：这些语汇属于革命话语体系。然而，研究"大众品位"（mass taste）、利用"大众媒体"（mass media）、控制"大众市场"（mass market）、从事"群众观察"（mass observation）、了解"大众心理"（mass psychology）或"群众意见"（mass opinion）：这些属于完全不同的社会、政治思潮的片语。[①]

于是，"平民""百姓"这些在民生新闻中更常见的词语，呈现的只是普通人与官员、精英的身份差别。而"群众"所包含的政治革命意味，以及呈现的群体聚合、"群起反抗"[②] 的力量，则在换用中被消解了。

有意或是无意地混淆，既反映了社会的发展变化，说明了媒体在社会中的

---

① 雷蒙·威廉斯：《关键词：文化与社会的词汇》，刘建基译，生活·读书·新知三联书店，第287～288 页。

② 雷蒙·威廉斯：《关键词：文化与社会的词汇》，前引书，第 288 页。

价值——在人与人之间现实关系的疏离中建构起展示他人生活的公共平台，同时也将媒体经济利益的追求隐藏了起来。市场逻辑的隐秘介入与新闻社会职能的凸现相混合，再加上借用主流意识形态话语资源，使民生新闻获得了各方的认同。

二、以消费理念指导生产

伴随着市场经济体制的推行，中国正快速地迈向消费社会。消费社会的出现意味着从以生产为主导的社会转向以消费为主导的社会，这是一个被物包围的，并以物（商品）的大规模消费为特征的社会，这种大规模的物（商品）的消费，不仅改变了人们的日常生活，改变了人们的衣食住行，而且改变了人们的社会关系和生活方式，改变了人们看待这个世界和自身的基本态度。[1] 这种改变不只是社会经济结构和经济形式的转变，同时也是一种整体性的文化转变。对于变革中的传媒来说，在消费社会中的突出作为就是与消费主义共谋。所谓"消费主义"，是指这样一种生活方式：消费的目的不是传统意义上实际生存的需要（needs）的满足，而是为了被现代文化刺激起来的欲望（wants）的满足。[2] 这一思想体现在传媒活动中则是一方面结合社会文化变迁传递消费主义价值观念，影响社会生活与日常消费；另一方面按照消费主义原则来生产媒介产品。而民生新闻在表层上以实用消费信息、市民消费维权和消费指导等内容建构起了消费社会镜像，又在深层隐秘地以消费主义观念作为生产核心思想，即以"可消费性"为要素组织生产，激发受众收视欲望，并由此改变了传统新闻的运作模式。

电视民生新闻的尝试首先表现在受众的选择上，将受众作为节目的消费者来考虑节目定位。民生新闻主要以城市市民为受众，争取广泛的收视群体。如果从人群的社会学构成来说这并不合理，因为中国人口中最多的是农民，而放弃农村题材，是出于市民与农民不同消费能力的考虑，所以民生新闻面向市民更多的是出于市场（广告商）的"大数原则"而做出的选择定位，正如西方研究者所说："电视机本身就是消费主义的胜利纪念品……在看电视的时候我们是双重消费者，即既是媒体的消费者（作为观众），又是媒体正在展示的商品

---

① 罗钢、王中忱主编：《消费文化读本》，中国社会科学出版社，2003 年，前言第 1 页。

② 陈昕：《救赎与消费——当代中国日常生活中的消费主义》，江苏人民出版社，2003 年，第 7 页。

的消费者（作为潜在的顾客）。"①

其次是根据受众需要，确立了新闻节目的"可消费性"。正如生产者自身所言，以《南京零距离》为代表的电视民生新闻的出现是一种"战略选择"②。在受众市场细分化的前提下，各个电视台乃至各个频道、栏目都必须明确自己的生产能力和受众资源，以差异化的定位寻求生存之路，以创新和满足受众需求区别于已有的新闻来获得发展空间。与一般物质产品不同的是，媒介产品作为文化商品有自身的特质，菲斯克就认为文化商品可以同时在金融经济和文化经济两种不同的经济中流通：在金融经济中，先是节目制作者把节目卖给发行者，节目是直接的物质商品，然后作为商品的节目变成了生产者，生产出被卖给广告商或赞助商的观众；在文化经济中，交换和流通的不是财富，而是意义、快乐和社会身份，即观众转换为了意义与快乐的生产者。③ 传媒在生产内容激发受众参与接收中将受众交换给了广告商，而新闻节目要实现这个目的也只有激发起观众的收视欲望，使观众从中生产出意义、快乐和社会身份。新闻的基本出发点是传递信息，难以像娱乐节目一样直接让受众生产出快乐，因此与"使用与满足"理论相应和的"你想知道什么我尽量让你满足"④ 的民生新闻理念浮出水面。这种观点假设受众会积极选择节目来满足各自不同的需要，侧重于受众的动机和行为，以及怎样和为什么使用媒介。一项有关新闻之"使用与满足"的综合研究显示，人们基于两个基本原因消费新闻：第一主要是知识上的，或曰认知上的，是为了引导自身适应环境；第二主要是感情上的，即以一种娱乐的、找乐子的或者超然社会之外的态度来看新闻。⑤ 由此，民生新闻将观众看作节目的消费者，从尽量广泛的观众群体需求角度选择和报道新闻，并针对市民特征大量采用社会新闻和日常生活信息。尽管这类报道内容平常，但与人们生活联系密切，可以成为平常的谈资或起到生活指导作用，满足受众日常认知需要；同时，在叙事视角、传播立场上肯定受众的主体身份，在故事化的表现方式上给予受众情感满足。例如被视为民生新闻前身代表栏目之一的北京电视台《七日七频道》（现在的《第七日》），就有学者提出它用的是新闻质料，却并不给人们提供新闻守望作用，而是发挥了价值认同、情绪宣泄

---

① 戴维·莫利：《媒体研究中的消费理论》，载罗钢、王中忱主编《消费文化读本》，前引书，第485页。

② 章剑华：《"零距离"的电视新闻理念》，载《现代传播》2003年第2期。

③ 参见约翰·菲斯克：《电视文化》，前引书，第448～450页。

④ 章剑华：《"零距离"的电视新闻理念》，载《现代传播》2003年第2期。

⑤ 约翰·H.麦克马那斯：《市场新闻业：公民自行小心？》，张磊译，新华出版社，2004年，第170页。

的作用，发挥的是娱乐节目的情感认同、价值认同和精神抚慰的功能。[1]

再者，在传播手段与新闻表达方式上强调吸引力，多方面激发受众的接收欲望。民生新闻在消费主义影响下强调节目的市场推销，既以受众提供消息来源、投诉和参与问题调查等手段，将受众吸纳到信息生产中，改变了以往电视的单向传播形态，突出了受众主动参与的身份，又以物质奖励和社区活动等超出新闻传播本身的形态刺激受众的新闻消费。并且，在新闻内容和表达方式上寻找"卖点"，以故事化形态表现新闻，强调冲突性和人情味，采用通俗化的口语讲述新闻，甚至是由相声演员来演绎新闻，注重保持对受众的吸引力。

最后，基于生产成本与风险的考虑，在内容安排上以成本低、风险小、回报高为总原则来策划选题。民生新闻所选取的题材主要是市民日常的衣食住行，这类题材在获取上极为便利，而且采用了市民提供新闻线索的方式，进一步拓宽消息来源渠道，降低成本。各地民生新闻节目大多突出信息的平面化呈现，并不讲究深度开掘，构成了快速的新闻生产形态，减少了背景资料的搜寻和精力的投入。同时，媒体还尽量选择那些与政府直接部门有所分离的社会性话题，而关于前瞻性话题和社会转型期出现的各种话题的讨论相对较少，因为"话题性新闻需要面上的调查才有概括性，难度很大，成本也不小，而且容易出偏差，风险大，所以不大敢碰。遇到难题绕道走，成为媒体的'明智'选择。总之，选择做什么和不做什么不是从社会对媒体的要求出发的，而是利益的权衡"[2]。

新闻是否具有商品属性，在国内的研讨中一直属于悬而未决的问题。虽然主流话语对此有所回避，但民生新闻已经在实践中展露出新闻的消费主义倾向。有论者言："民生新闻堂而皇之地跃上昔日'高贵'的电视殿堂，将百姓作为电视新闻的主角，将新闻的'宣传品'功能大胆地转化为'消费品'功能，是一种富有智慧和勇气的新闻观念的巨大突破，它改变了传统的新闻价值观。"[3] 其实，智慧与勇气来自消费社会的召唤，电视民生新闻由此成为一个标志，正式宣告了电视新闻作为"消费品"在中国的存在。而更为重要的是，民生新闻所代表的新闻传媒角色变化、新闻传播形态变化、新闻价值观念变化及新闻功能变化等都是中国新闻事业历史性演进中的表现，并且深刻地影响着中国新闻的整体面貌。

---

[1]　喻国明：《变革传媒：解析中国传媒转型问题》，前引书，第30页。
[2]　徐小立、秦志希：《新闻传媒的消费主义文化变异》，载《现代传播》2007年第2期。
[3]　《视听界》编辑部：《民生新闻的核心竞争力：亲近民众》，载《视听界》2004年第1期。

第三节　电视民生新闻生产模式

无论是传统新闻还是民生新闻都有新闻生产的例行程序，包括发现有新闻价值的事件，选择其中有用的信息制作出报道。这些例行程序的日常表达构成了媒体的组织文化，即某个媒介关于如何生产新闻的普遍认识。在电视民生新闻生产中，市场逻辑的渗透使原先以政治规则为主的例行程序在具体操作中发生了准则的变化。

在任何一个产业中，例行程序都是提高效率的合理途径。民生新闻将新闻传播规律与市场逻辑相结合，兼顾政治要求改造了传统新闻及其传播形态，形成了新的生产模式。

一、报道模式：突出实用与情感性

电视民生新闻对传统新闻的改造是多方面的，甚至在什么是新闻的根本问题上也发生了改变："按照传统新闻概念，我们现在播的很多东西都不是新闻，但用一种全新的眼光去看它就是新闻，而我们过去的新闻恰恰不是新闻。"[1]对传统新闻概念的解构，使民生新闻选取信息进行报道出现了新的模式。

"新闻"概念含义非常广泛，人们在不同语言环境中赋予其不同的意义，而陆定一在 1943 年提出的一个简明扼要的定义至今仍被认为是权威的定义，即新闻就是新近发生的事实的报道。这个定义从辩证唯物主义出发认识到了新闻来自客观存在的事实，同时指出了新闻具有时新性和存在于媒体报道之中的基本特质，意味着其本体是"新闻事实"，在认识论中存在的形态是"新闻文本"或"新闻作品"。因此，能够成为新闻的事实就只能是把关人依据一定的标准筛选出来的，这在日常操作中体现为新闻价值。

对新闻价值的认识至今仍有多种看法，有的视之为记者衡量和选择事实可否成为新闻的标准，有的认为它是某些事实在满足受众新闻需要方面所具有的显在和潜在的作用。[2] 实际上，新闻价值的主体包括传播者与受众两方面，对不同方面的侧重产生了不同的看法，如果将两方面结合到一起，可以做出这样

---

① 李幸、景志刚：《打造中国电视新闻新模式——关于〈南京零距离〉的谈话》，载《现代传播》2003 年第 2 期。

② 王泽华：《新闻价值规律与市场经济》，《河北学刊》1995 年第 3 期；丁柏铨：《论新闻的双重价值标准》，《新闻界》2000 年第 4 期。

的界定："新闻价值是专业从业人员共同认定以及新闻媒体面对的公众间接认同的有关事件和话语是否值得报道的观念。它们是对新闻信息作出选择、关注、理解、再现、回顾以及一般性运用等决定的认知基础。"① 由于公众在其中的间接作用，记者、编辑往往是结合了自身的专业知识和对受众的认知来做出判断的，而对于哪些是公众想知道、需要知道和应该知道的东西，人们在判断时却有不同偏向。

《南京零距离》在采编实践中提出了用四个量度来判断新闻价值：时间量度、地点量度、实用量度和审美量度②，与普遍认为的新闻价值包含时新性、接近性、显著性、重要性和趣味性并不完全一致。时间量度主要是时新性的表现，不少民生新闻栏目采用直播手段突出这一点，将直播从传统的重大新闻事件扩展到日常新闻事件。地点量度与接近性基本一致，包括地理空间和受众心理上的接近。实用量度则是对传统新闻价值观的一个突破，一方面承认观众在收视上的趋利动机，以对观众的现实行为是否有用来衡量；另一方面以传播基本事实为主，尽量避免空洞的言论，提高电视画面的信息含量。这被电视民生新闻实践者视为新闻与受众之间最重要的关系形式，在新闻价值判断中起到统摄其他要素的作用，成为民生新闻报道的出发点。而审美量度显得比较含糊，是将文化和政治层面的思考简化为操作指标的结果。它包含了两个层面的意义，一个是遵守国家法律制度，注意把握导向和节目品位，对批评性报道强调掌握比例、分寸和时机；还有一个是出于收视市场的商业竞争，注重新闻的人情味、趣味性，而并非纯粹的审美意义。

这四个量度为采编人员判断新闻价值提供了简单易行的标准，在民生新闻生产中具有普遍性。郑兴东认为："新闻事件的意义主要包含两个方面：一是有用，二是有趣。新闻价值所包含的因素大体都可以纳入这两个方面。"③ 民生新闻也极力将二者结合，首先是从"有用"出发，主要选择社会公德、交通信息、安全信息、消费维权、城市建设、住房、就业和生活资讯等素材，不过这个"用"偏重的是对市民个体的"实用"，区别于传统新闻价值观中的重要性因素。"重要性"是衡量一个事件或现象能否成为新闻的关键指标，包括以下几个方面的内涵：事实影响人的多少，事实对人和社会影响时间的长短，事

---

① 托伊恩·A.梵·迪克：《作为话语的新闻》，曾庆香译，华夏出版社，2003年，第124页。

② 张建赓：《从〈南京零距离〉看新闻价值判断的四个量度》，载《中国广播电视学刊》2003年第11期。

③ 郑兴东：《新闻传播的客体属性与传播心理》，载中国人民大学新闻学院编《新闻传播学术报告会论文集》，中国人民大学出版社，1997年，第118页。

实影响空间范围的大小，事实影响人们实际利益的程度等。① 在电视民生新闻的操作中，事实影响人们实际利益的程度成了最突出的要素，而影响的时空和人群范围则主要立足于媒体所辐射的本地区域，并不着眼于单纯的广泛性、深远性，也就使其世俗意义凸显出来。其次是从"有趣"出发，将新闻尽量做得"软"一些，如《南京零距离》中经常播出这样的新闻：一只可爱的小猫遭人遗弃，爬到高树上彻夜哀号，消防救援人员用云梯将其救下；自来水管破裂，水流成河，居民扶老携幼，助人为乐；大雪纷飞的夜晚，一位民警向自寻短见的老太下跪，请她回家。这些强调报道现场感的新闻在生产者看来或产生共鸣，或促人振奋，或催人泪下，或情感愉悦，有强烈的审美效果。② 而实质上，这体现的是民生新闻对新闻的情感性和电视画面视觉效果的重视。

"价值"概念本身体现的是人与物的关系，"表示物的对人有用或使人愉快等等的属性"。③ 在电视民生新闻中，新闻价值的有用或使人愉快被涵化为了"实用"和"情感"两个主要量标，而在新闻事件的重要性和视觉吸引力之间偏向后者。就像美国一家电视台的新闻人所说：

> 有轰动效应的垃圾？[Slash and Trash，这是一个电视业的俗语，指的是专门选择暴力的和有轰动性的东西所作的报道]我不认为这不是新闻。当我年轻的时候，我激烈反对过一个报道，它讲的是一只鹦鹉上了树而不肯下来的事情。这重要吗？根本不重要。这有趣吗？当然！我敢跟你赌一千美元！我现在知道，我[过去反对它]是错的。这就是那种该死的好新闻……观众对本地新闻的反应主要是最基本层面上的身体反应。我们想诉诸的正是人的身体，而不是他/她们的头脑。我的一个责任就是吸引尽可能多的受众，好让我的电视台赚尽可能多的钱。④

类似的观念在民生新闻中体现出来，原因在于新闻价值通过媒体反映了社会话语再制作中的经济、政治和意识形态的价值观。⑤ 在市场力量的影响下，既不违背政治规则，又符合社会中的实用原则，或具有趣味性和视觉冲击力，且获取成本低廉的东西就自然成了首选。同时，作为民生新闻报道的基本模

---

① 参见杨保军：《新闻价值论》，中国人民大学出版社，2003年，第137、138页。

② 张建赓：《从〈南京零距离〉看新闻价值判断的四个量度》，载《中国广播电视学刊》2003年第11期。

③ 《马克思恩格斯全集》第26卷，人民出版社，1974年，第326页。

④ 约翰·H. 麦克马那斯：《市场新闻业：公民自行小心？》，张磊译，新华出版社，2004年，第195页。

⑤ 托伊恩·A. 梵·迪克：《作为话语的新闻》，前引书，第125页。

式，它也反映了新时期电视新闻的价值追求——生产具有卖点的传播产品。

二、传播模式：强调观众介入

电视民生新闻在传播形态上有两个新突破：一是在日常新闻生产中广泛采用直播形式，以现场感构成观众拟态的介入；二是扩展了大众与新闻的关系，将大众从受众身份转变为接收者与传播者合一的身份，始终贯穿在新闻生产过程中。

1. 新闻直播

新闻直播就是在现场把新闻事实的图像、声音及记者的报道、采访等转化为电视信号，直接发射的即时播出方式。[①] 一般包括演播室新闻直播和现场直播两种方式，前者是节目在演播室边播边传送，后者是新闻事件与记者、主持人的报道或解说现场同步播出。多数电视民生新闻栏目实现了演播室直播，而江苏电视台和南京电视台的《南京零距离》《绝对现场》《1860新闻眼》《直播南京》《大刚说新闻》，以及成都电视台的《成都全接触》、安徽电视台的《第一时间》和重庆电视台的《天天630》等栏目还依托卫星直播车实现了部分新闻的现场直播。相较于录播而言，直播更具有迅速及时、视听现场感强的特点，可以做到"现在的新闻现在报"（NNN），这也是报纸、广播所无法实现的电视媒介特质，因而在物质技术条件发展的基础上成为当下电视媒体的追求。

1997年，中央电视台现场直播了香港回归、三峡和小浪底水利工程截流、日全食与海尔波彗星同现的天象奇观等，因此这一年被称为"直播年"。不过，这些都是对事先预知的重大事件进行的仪式性直播。《东方时空》在2000年曾推出每周一次的非事件性题材的直播版块《直播中国》，但在受到有多大必要性的质疑下不久就撤掉了，也停止了将直播常规化、机动化的实验。在这样的背景下，以《南京零距离》为代表的民生新闻栏目群反向而行，并以其效应被认为"对中国电视业的最大贡献在于开启了日常新闻的现场直播状态"[②]。在民生新闻的直播尝试和发展中，还出现了《1860新闻眼》2004年对江苏省公推公选干部的直播，在一定程度上实现了政府工作透明化、大众直接参与监督

---

① 高世明：《实用电视新闻》，中国广播电视出版社，2000年，第516页。
② 参见崔林：《现场并非直播——兼谈电视新闻现场直播的叙述方式》，载《现代传播》2005年第5期。

的价值；四川电视台《新闻现场》记者通过日常直播锻炼和经验积累，得以在2008年"5·12"地震直播报道中有不俗表现，都体现了电视民生新闻直播对中国电视业的贡献。

民生新闻的现场直播普遍采用的是"主播＋记者＋现场＋罐头＋记者＋主播"的模式，但作为常态的直播又对记者提出了应对能力和集体配合的更高要求。《南京零距离》的现场直播主要依靠从属于江苏电视台城市频道的SNG小组，小组常规配置现场制片人（兼导播切换）1名、出镜记者1名、摄像4名、摄像助理2名，另设兼职设备管理员2名、资料整理员1名。现场制片人主要负责对连线选题的选择以及导向把握；导播负责完成对现场直播的音视频切换、摄像的调度、与演播室导播的配合；外景主持人主要是完成新闻事件的采访，并在平时做好常备选题的案头工作。此外还临时组建SNG先遣组，捕捉第一现场画面，了解现场情况，准备VTR的制作，并向SNG制片人汇报现场情况，确定是否有进一步做直播的必要。另外，频道值班总监作为播出总控的"终极把关人"，对选题的取舍、导向的把握拥有最终控制权。① 这种组织结构在各个民生新闻直播节目中具有一定代表性。

现场直播对技术条件要求高，一台卫星直播车动辄几百万，对于注重成本控制的民生新闻栏目来说似乎有悖原则。然而，从世界电视新闻直播的潮流和适应电视新闻的特性、以直播来参与新闻竞争的角度来看，这又是与民生新闻初衷一致的：直播速度快捷、时效性强，有助于抢到"头家"；直播具有"原生态"，真实性强，有助于培养观众对节目的信任度。另外还有两个更重要的方面显示了直播与民生新闻定位的统一：一个是通过现场画面和记者解说让观众身临其境，以强烈的现场介入感取代距离感；还有一个是实时播出的新闻事件，尤其是突发性事件存在不可知和不可控因素，悬念感强，更能引起受众的持续关注。因此，现场直播已成为地方电视台增强竞争力的一个有力手段。

应该说，同步展示事件的动态性发展是直播的魅力所在，但同时也存在技术故障、现场失控等风险，至于突发情况涉及导向问题更是巨大的政治风险。为此，民生新闻栏目在实际操作中更多的还是选择直播可预知事件，如南京的"空中看南京""秦淮河龙舟赛"，成都的"马来西亚美食节""双流机场春运情况"等。对不可预知的突发事件也主要选用"台风登陆""抢救自杀者"等自然事件、市民个体事件。这样，直播的题材选择大受限制，加上一天当中在一个城市发生的重要突发事件有限，使民生新闻为了填补空缺往往"小题大做"。

---

① 芦磊：《对SNG直播日常化运作的思考》，载《中国广播电视学刊》2007年第11期。

类似"熊猫产崽""泳池避暑""天降大雨"之类的信息很难构成内容饱满的十余分钟的直播，结果要么是前期准备的"罐头"占了主体地位，与录播区别不大，要么是画面单一、不断重复解说词，造成信息冗余，节奏拖沓。

诚然，电视直播可以尽可能少地过滤现场信息快速传递消息而最接近新闻本性，并以记者坚守第一现场的姿态塑造自身形象，但民生新闻如果为了直播而直播，就将直播变成了一个炫耀夸饰性符号，而非真正提升品质。例如某民生新闻栏目以每月12万元的价格租用卫星直播车，在已投入成本的情况下，坚持每天制作10~15分钟的直播节目，常常是信息含量低的动态新闻，直播就变成了形式大于内容。麦克卢汉认为一切传播媒介都是人类感官的延伸[1]，直播无疑是充分的体现，但感官接触到的是什么对象、能够引发多少思考、产生多大意义，却是民生新闻在将直播常态化的同时需要思考的问题。

2. 观众参与

传统的大众传播活动可以用最初由拉斯韦尔提出的5W模式来概括：谁→说什么→通过什么渠道→对谁说→有什么效果。虽然模式因单向线性无法反映受众的能动性而被认为有很大局限，但也说明了以往大众传播活动中受众主要作为传播客体以接收和有限反馈形式来参与，其作用和影响力是有限的、滞后的。在新的传播技术迅速发展的情形下，尤其是网络传播的民间性、交互性，使电视必须更新传播样式适应媒介竞争。就这一点而言，电视民生新闻在传播形态上的变革代表了电视媒体的发展趋势，也构成了后来新媒体平台上的用户自主传播的前奏。

首先，以"开门办电视，群众做新闻"[2]为指导思想，通过受众提供新闻线索、采集新闻明确了其兼有的传播者身份。

采用群众提供的新闻线索，并非电视民生新闻独创，但其广泛性和社会影响就体现了改造传统受众角色的意义。新闻线索，即新闻信息源，指"新闻材料的出处和供应新闻材料的媒介。现代社会大众传播媒介的主要新闻来源有：1. 记者采访；2. 通讯社电稿；3. 公众来信来稿；4. 政府、政党、社会团体和部门的文稿及宣传品等"[3]。实际上，长期以来媒体的新闻信息源表现出明显的组织色彩，党政机关、企事业单位及新闻媒体占据重要角色。而公众来信

① 马歇尔·麦克卢汉：《理解媒介——论人的延伸》，何道宽译，商务印书馆，2000年，第78页。
② 左顺荣：《"报料"的筛选及运用——从"南京零距离"的实践看受众提供新闻线索的选择与管理》，载《中国记者》2003年第10期。
③ 甘惜分主编：《新闻学大辞典》，河南人民出版社，1993年，第3页。

和来稿分为两种情况，一种是以个人身份来提供的信件和稿件，数量非常有限；另一种是以通讯员身份采写的稿件。作为一支组织起来的非专业新闻工作者队伍，通讯员或是来自各个单位，或是来自农村，最能反映基层面貌。但是，他们的定位具有较强的行业性，提供的新闻信息和新闻作品也主要是针对本行业工作内容，还呈现出宣传员的色彩。这样的新闻信息源对于立足反映平民百姓日常生活的电视民生新闻是远远不够的，为此《南京零距离》开通了24小时市民热线，一旦发现具有价值的新闻线索就立即由制片人安排记者采访拍摄。节目播出后，根据新闻价值大小线索提供者可以获得50元至1000元不等的信息费。2002年栏目共接听了73000个市民热线电话，一半以上的节目线索由市民提供，市民热线成为重要新闻信息源。同时，栏目还在市民中招聘了上千名信息员，有偿提供新闻线索；招聘自备DV数码摄像机的特约记者，把遇到的突发新闻及时拍下来供栏目选用。仅2002年栏目就由此获得2800余条新闻。这一为各地民生新闻栏目所普遍采用的办法，有效地发动了市民爆料、采集新闻，弥补了媒体自身资源和生产能力的不足，为媒体发挥了"体外造血"的作用。

其次，在节目中安排现场电话、市民进演播室和问题调查，在节目外设置网络讨论，让受众发挥影响力。

《南京零距离》在每天节目结束前，都要安排2～3人打进电话，由主持人与观众直接交流。这些电话反映的一般都是观众在日常生活中遇到的问题，也为栏目提供了新的线索。栏目会派记者去了解调查，第二天做出反馈。但这种形式并不占据主要地位，而是有些类似设置"悬念"，以让观众持续关注。比较而言，将市民请进演播室，直接在屏幕上叙述或主持人面对面调解矛盾双方的做法更体现观众直接参与节目制作。同时，在各个民生新闻栏目中采用较多的还有现场问题调查。《南京零距离》经常会在节目中提出一些问题，如"您是否赞成对随地吐痰现象加大处罚力度""您选择南京城市精神的哪一种表述方式""您是否同意新小区用老地名""您是否赞同高校开放管理""长江大桥的收费站该不该拆"等，来召唤观众参与节目。观众可以通过电话或手机短信表达意见，节目也会公布调查结果。这些主要涉及文化、经济层面的问题调查在很多民生新闻栏目开设初期都有采用，经常有数千名观众参加，既显示了观众对公共问题的关注热度，也为民生新闻增加了公共议题。

此外，民生新闻还利用网络设置栏目论坛，让观众在网上提供新闻线索，发表自己对节目及新闻事件的看法，并与栏目记者、编辑及主持人进行交流。民生新闻从单一的电视媒介拓展到网络媒介，实际是借用网络特征改善了反馈滞后的问题，及时地将观众意见吸纳到节目生产中，从而以一系列传播手段的改进实现了观众参与新闻生产。

三、宣传模式：策划媒介事件

加入了市场竞争的电视民生新闻从一开始就注重品牌推广和栏目宣传，不少民生新闻栏目开办之前就在街头、公交车上做广告，引发受众期待性的关注。而持续在其生产过程中则主要是通过举办各种活动并加以报道吸引关注，如《南京零距离》和《1860新闻眼》每年都要举办40～50场活动，这种做法在业务中被归为活动策划，也就是制造媒介事件。

"媒介事件"（media events）的说法在1992年丹尼尔·戴扬和伊莱休·卡茨所著的《媒介事件：历史的现场直播》一书出版后广为流传，但这里所说的"媒介事件"并非书中界定的"电视直播的历史事件——主要是国家级的事件"[①]，而是施拉姆和波特从丹尼尔·波尔斯丁的"伪事件"（pseudo-events）那里沿用来的"媒介事件"："丹尼尔·波尔斯丁用历史学家的眼光来观察当代的生活，在一些年以前就察觉到，当前的历史开始充满他称为'有意安排的事件'——主要是制造来供媒介作报道的事件。换句话说，不是随着新闻的潮流行动，灵巧的人学会了怎样去推动新闻本身。"[②] 波尔斯丁在《形象》（The Images）中提出的"伪事件"（也译作"假事件"）是经过设计而刻意制造出来的新闻；如果不经过设计，则可能不会发生，诸如记者招待会、大厦剪彩、游行示威等都属于"伪事件"。[③]

媒介事件是大众传播媒介自主设置议题的典型表现。媒体能够通过持续对某一问题的集中报道，使原本不出现在公众视野之内的事件成为一时间社会关注的焦点；如果这一事件主要是由媒体发起、策划，或媒体在其进行过程中起了主要的推动作用，可以认为这样的"伪新闻事件"就是媒介事件。[④] 媒介事件的策划主体可以是企业、传媒等各种利益团体，这里则特指媒体作为活动策划和报道行为主体的媒介事件。电视民生新闻策划的媒介事件主要包括两种形态，一种是配合节庆、重大事件或特殊纪念日推出的大型活动。如《南京零距离》2002年中秋节制作了南京历史上最大的灯笼（直径5.4米），邀请一个五

---

① 丹尼尔·戴扬、伊莱休·卡茨：《媒介事件：历史的现场直播》，麻争旗译，北京广播学院出版社，2000年，第1页。

② 威尔伯·施拉姆、威廉·波特：《传播学概论》，陈亮等译，新华出版社，1984年，第272页。

③ 参见翁秀琪：《大众传播理论与实证》，三民书局，1992年，第113页。

④ 施喆：《〈死亡日记〉：一个媒介事件的构建和伦理分析》，载《现代传播》2001年第2期。

世同堂的家庭参与活动，并进行现场直播；2002 年年底派出五个团队到南非、澳大利亚、法国、意大利、泰国、新加坡和中国台湾地区制作出系列报道《四海情牵——天南海北南京人》；2002 年 12 月租用氦气飞艇拍摄直播节目《空中看南京》；2004 年为庆祝栏目开播 1000 期举办了"千名老人看南京""'歌唱祖国'千人歌咏大赛""千盏灯笼迎国庆""千面国旗赠市民"以及资助千名特困儿童等系列活动；2005 年 9 月派出 100 多名编导远赴俄罗斯、美国、日本、德国、缅甸、埃及、土耳其等国以及国内 30 多个抗日战争纪念地，推出 8 小时直播的《胜利日》；等等。相对于投入巨大、成本高昂的大型活动，还有一种常用的手法是媒体进社区，让栏目组与市民在现实世界中面对面。《南京零距离》不仅推出了"春的问候""夏日清凉""金秋送爽""冬日阳光"等主题活动，还举办"送电影进社区"活动为市民免费放映露天电影；《1860 新闻眼》开展了"1860 进社区，温暖快乐送到家"的活动，主持人与市民一起庆祝春节；《直播南京》组织演出队到社区为市民演出文艺节目等。这种容易操作的策划在各个民生新闻栏目中得到普遍采用，拉近了节目与观众的距离，同时将区域性的活动展现在新闻中，形成放大发散效应。

陈力丹和周俊曾概括了"传媒假事件"的五个基本特征：消息来源与报道者重合、隐藏的动机、导演事件、事件媒介化、暧昧的真实①，揭示了媒介事件的真实形态。从新闻报道的基本立足点来说，是对客观存在的反映，而媒介事件不是"自然"发生的，与常规新闻事件存在着差别。但当事件制造出来后又变成了事实，有实体存在，因此是一种"不真不假"的新闻事件。同时，民生新闻策划的媒介事件还包括在节假日联合有关单位为市民提供免费家电维修、管道疏通和送医上门等服务。这种远远超出媒体本身职能的做法，在为市民排忧解难的形象塑造、情感联络中改变了媒体的传统作为。

由此可以看出，民生新闻栏目策划的媒介事件已经超出了以往的新闻策划思想，不仅仅是在新闻事件发生后组织安排报道或是促进问题解决，而是刻意设计、主动制造事件，是典型的"伪事件"。生产者对其看法多是强化品牌形象、扩大栏目影响力、提升主持人的公众认知度，但从 2006 年《南京零距离》的"送电影进社区"活动获得中国企业策划案例金杯奖来看，这已经不再是单纯的新闻传播范畴，而是企业的公关行为，即"由传媒公开策划并作为新闻进

---

① 陈力丹、周俊：《试论"传媒假事件"》，载《北京大学学报》（哲学社会科学版）2006 年第 6 期。

行报道的公共关系活动"①。杰·布拉克和弗雷德里克·惠特尼认为："假事件就是公共关系的虚构，他们的唯一目的，就是生产宣传效果。"② 如果说，"在信息市场，公共关系铭记具体客户的利益，通过为媒介包装信息而操纵新闻"③，那么对于拥有其他媒介事件策划主体所缺乏的得天独厚优势——传播载体资源的民生新闻栏目来说，则是统合了客户与传播媒介二者身份，用公共资源为自身服务，通过扩大影响力获得企业利益。

在一系列的媒介事件中，尤为引发争议的是民生新闻栏目的"新闻抽奖"：《南京零距离》由记者带上电视机到小区，让居民回答节目播出过的新闻中的有关问题，如果回答出来了，就当场送一台彩电；《1860 新闻眼》记者在节目播出时段随机敲开居民家，如果在看《1860 新闻眼》就送礼品；《成都全接触》在开播第一个月每天送出一台 34 英寸的大彩电。许多民生新闻栏目都对这一过程采用了现场直播的方式，加强了诱惑力。混杂在新闻报道中类似于广告的这种自我宣传并不是完全被接受的，例如湖南经济电视台都市频道的《都市一时间》2004 年 3 月通过《长沙晚报》发布了一份书面声明，表示要在湖南坚决抵制目前在《南京零距离》《1860 新闻眼》《直播南京》等电视新闻栏目中盛行的"新闻抽奖"活动，认为其给电视新闻带来了极大的负面效应，如不去考虑如何靠新闻本身的高质量来吸引观众，浓厚的商业气息让节目充满铜臭味令观众失去信任，全体观众获取信息的时间被强行占取，夹带赞助商广告，收取高于普通标准的参与抽奖短信费用，抽奖无透明度、无中立机构公证等，"如此利用新闻公众资源来谋私，比'有偿新闻'恶劣百倍"④。这在媒体同行之间的直接点名批评是十分少见的，但其所列举的弊端却是事实。媒体应该以记录者的身份去反映社会真实，民生新闻策划的媒介事件不仅远离这一初衷，更是借助新闻传播资源凸显了市场经济竞争中的自身利益。倘若说策划公益活动还能塑造品牌形象，那么新闻抽奖已经变成了赤裸的博彩行为。然而多数民生新闻栏目在直观的收视效应诱惑下对此却是趋之若鹜，放弃了应有的客观公正立场，并逐渐将其演化为平常行为。

通过策划媒介事件，民生新闻实现了议程设置功能，吸引了观众注意力，

---

① 陈力丹、周俊：《试论"传媒假事件"》，载《北京大学学报》（哲学社会科学版）2006 年第 6 期。

② 明安香：《当代实用公共关系》，经济管理出版社，1991 年，第 103 页。

③ 埃弗利特·E. 丹尼斯、约翰·C. 梅丽尔：《媒介论争——19 个重大问题的正反方辩论》，北京广播学院出版社，2004 年，第 148 页。

④ 《长沙晚报》2004 年 3 月 24 日。

赢得了收视率，但也证明了"电视是这样一种媒介，它起着美化和夸大次要的或人为安排的事件的作用"[1]。当传媒按照媒介化动机（媒介）→导演事件（预编码：人为安排、表演）→媒介化→媒介事件（伪事件）[2] 的范式来生产时，新闻栏目就变成了生产者自我表演的舞台，混淆了新闻与广告、真实与虚构的界限，而记者也和广告商一样成为神奇的操纵者。[3]

---

① 威尔伯·施拉姆、威廉·波特：《传播学概论》，前引书，第 275 页。
② 刘自雄：《解析"媒介事件"的内涵》，载《辽东学院学报》（社会科学版）2005 年第 5 期。
③ 让·波德里亚：《消费社会》，刘成富、全志钢译，南京大学出版社，2000 年，第 135～136 页。

第四章 多维叙事与身份书写：
电视民生新闻的文本构成

　　这里的文本主要指电视民生新闻作品，但文本解读并不是在封闭的产品框架内部进行研究，因为文本在文化形式中只是一个手段；严格说来，它只是一种原材料，由此特定的形式（如叙事，意识形态问题框架，表达方式，主体位置等）可以抽象出来。它也可能构成一个更大的话语领域的一部分，或是在其他社会空间里有规律地出现的形式的综合。①

　　电视民生新闻带来的创新是多方面的，既有传播形态上的多元吸收与革新，也有内容层面和叙事层面的变化。但其变化中也包含了一些基本规律，如文本普遍由社会新闻、服务资讯和生活投诉几个方面组成。新闻叙事则相对复杂，隐藏着各种力量在新闻话语场的权力争夺，也导致了差异的存在。对民生新闻文本进行研究，正是要消解其固有的模式，提炼出模式中的基本规律，涉及对文本的阐释、内部特质的分化梳理以及规律的整合。

第一节 电视民生新闻的文本形态

　　各地民生新闻栏目的构成不尽相同，但基本形态又是相似的。如《南京零距离》由"时政要闻""社会新闻""生活资讯""孟非读报""现场访谈""小璐说天气""今日头条""现场电话连线""现场电话调查""现场电话投诉""数字南京""曝光台""滚动字幕新闻"等十余种节目形式组成；《都市一时间》则由社会新闻、政法报道等新闻信息和现场短信调查、"call in 到你家"以及"DV 状态"等版块组成。除去传播形式与包装名目，其核心始终是围绕

----

　　① 理查德·约翰生：《究竟什么是文化研究》，载罗钢、刘象愚主编《文化研究读本》，前引书，第5页。

社会新闻、实用资讯与生活投诉三大部分。而这些内容以实用、服务功能统一在民生新闻的称谓之下，展现了新闻内涵、价值、功能等观念的变迁，透射出电视媒体新的价值取向。

一、社会新闻：从边缘到主流

社会新闻构成了电视民生新闻的主要部分，准确理解社会新闻也是把握民生新闻文本的起点。对于社会新闻，我们并不陌生，它是从内容题材上对新闻进行划分的一种形式，与时政新闻、经济新闻、科技新闻、军事新闻等并列。对社会新闻的定义及范畴，目前却是众说纷纭：

> 反映社会生活中体现社会伦理道德的事件、社会风气、社会问题、风俗民情以及自然界和社会上的奇闻异事的新闻。[①]

> 以社会伦理道德为基础的反映当前社会生活、社会风气和社会问题的新闻。[②]

> 反映当前社会生活、社会问题、社会风气以及各种奇闻异事的报道。有广泛的社会兴趣并以伦理道德为基础。[③]

> 报道类似社会学所研究的范围（人口、就业、道德、秩序、婚姻、家庭等）以及人与自然界中奇异现象的新闻。[④]

> 凡反映社会生活中有关的社会问题，包括伦理道德、人际关系、社会风尚、生活情趣等等，都可以归于此类。社会新闻又和其它许多类别的新闻，诸如法制、文娱、体育、灾害等搭界。[⑤]

这些定义大致界定了社会新闻的报道范畴，但在边界的划定上又是模糊的。李良荣曾指出，在我国的近代报刊上，由"街谈巷议"而萌芽的"逸闻趣事"曾使社会新闻占据了很大部分版面。到 19 世纪 90 年代，由于时代精神的变迁，经济、政治、军事等新闻的数量超过了社会新闻，社会新闻也就从单纯的奇闻逸事转向以治安、法审、灾害等内容为主。[⑥] 此外，在英美等国家，第二次世界大战前只有"硬新闻"和"软新闻"的划分，二战后开始出现"社会新闻"这个词，但它和我们理解的"社会新闻"有所不同，其概念范围不仅包

---

① 甘惜分主编：《新闻学大辞典》，前引书，第 162 页。
② 何崇文：《新闻学基础》，西南师范大学出版社，2000 年，第 303 页。
③ 胡瑞宁：《新闻写作学》，新华出版社，2002 年，第 254 页。
④ 康文久主编：《实用新闻写作》，新华出版社，2001 年，第 189 页。
⑤ 刘祖禹：《说说社会新闻》，载《新闻战线》2003 年第 5 期。
⑥ 李良荣：《中国报纸文体发展概要》，福建人民出版社，1985 年，第 13 页。

括软新闻，还包括环境污染、城市规划等硬新闻，这个"社会"并非"里巷"而是"社会性"的意思。① 民生新闻不仅包括国内通常意义上的社会新闻，也将西方认可的社会新闻甚至时政新闻、生活资讯等涵盖在内，这就使我们很难简单地说民生新闻就是社会新闻，也使民生新闻的概念更加难以用传统方式来归类。在某种程度上，电视民生新闻不仅因为同时包容了社会新闻、时政新闻和生活资讯而难以用传统新闻分类概念来概括，还在于社会新闻本身存在着模糊性，而民生新闻以新的称谓回避了矛盾。

按照民生新闻反映平民百姓日常状态下的衣食住行的根本取向来看，它与社会新闻的核心都在于日常意义。这里的"日常意义"与社会学研究范畴有着一致性，一方面体现为都关注住宅问题、人口问题、家庭问题、就业问题等社会生活状态，另一方面则体现为对制度等宏观概念的认识是建立在日常意义之上的，即"一种制度是：（1）某种已确立的有组织的社会生活方式；（2）某种被一个群体、一个社区或一个社会视为有价值的模式"②。正是在这一基础上民生新闻以社会新闻为主，区别于时政新闻和其他行业新闻，而强调日常生活中的以社会伦理道德和社会秩序为表现的社会生活方式与价值模式。

有学者指出，社会新闻的题材可以分为五大类：

> 一是社会道德风尚，如婚姻恋爱、家庭关系、邻里关系、尊师重道、尊老爱幼等。二是社会面貌，如公共秩序、风俗习惯、风土人情、思想情操等。三是社会生活情况，如人们的衣、食、住、行、福利待遇、业余生活、消费兴趣等。四是社会问题，如就业、青少年教育、妇女生活、交通事故、民事刑事案件、审判侦破等。五是人和自然的奇异现象，如自然灾害、气象变化、特异功能、人体异常以及社会生活及自然界中各种非常的、罕见的、怪异的现象和事件等。③

这种分类几乎囊括了民生新闻所有重点内容，意味着民生新闻的主体并没有脱离社会新闻。而换用新的名称除了扩展社会新闻外延的缘故，还在于传播者力图以市民需求来集约各种信息，以新的包装提升社会新闻的地位。

作为一种题材划分，社会新闻与时政新闻本无高下之分，实际上二者却存

---

① 王中：《"社会新闻"妄言》，载《新闻记者》1983 年第 2 期。

② L. 布鲁姆、P. 塞尔兹内克、D. B. 达拉赫：《社会学》，张杰等译，四川人民出版社，1991 年，第 25 页。

③ 新华社北京分社主编：《中外新闻知识概览》，新华出版社，1987 年，第 139 页。《新闻学大辞典》中分为了十类，角度有所差异，范畴大致相当。

在着地位上的差异："社会新闻属于一种不可归类的类别，它是一些未成形的新闻构成的无条理的废物；其本质是否定的，只在那种无名的、不属于任何已知类别（如政治、经济、战争、戏剧、科学等）的地方存在。"① 长期以来，直接反映时代精神、具有重大性的新闻往往更受人们重视，尤其是在新闻发展史上，中国近现代的巨大变革使时政新闻的价值凸显，并形成了新闻的宏大叙事传统。而社会新闻却在特定的文化背景中，"一直带着挥之不去的'小报'烙印"②。小报在 20 世纪二三十年代曾经盛行，其特征主要在于"能纪大报所不纪，能言大报所不言，以流利与滑稽之笔，写可奇可喜之事"，其缺点则为"往往道听途说，描写逾分，即不免诲淫诲盗之讥，若夫攻讦阴私，以尖刻为能，风斯下矣"。③ 社会新闻与小报尤其是庸俗化的小报的共存就导致了人们的片面认识，于是形成了时政新闻与社会新闻的高与下、雅与俗、载道与消遣的价值对立。中央电视台《新闻联播》以时政新闻为主的典范影响了各个地方台新闻节目的设置，使社会新闻一直处于附属补充地位。

然而，市场的力量给社会新闻带来了生机。被纳入市场体系的传媒按照受众喜好来进行生产，当前中国市民群体的发展又对新闻提出了新的要求，两者相结合，就以收视率为标志将以社会新闻为主要构成部分的电视民生新闻推上了主流新闻形态的位置，即民生新闻改变了社会新闻难登大雅之堂的局面，在电视屏幕上成为主角。如《南京零距离》从 2002 年开播以来就始终以社会新闻为主要内容，除了"孟非读报""小璐说天气"及接听的电话投诉，2002 年8 月 1 日共有 24 条新闻，社会新闻就有 19 条，占 79%；2006 年 8 月 1 日的21 条报道中，社会新闻 14 条，占 67%。虽然数量有所减少，但社会新闻的主体地位并没改变，始终强调反映社会生活情况、社会道德风尚、社会问题及各种奇异现象，而其他电视台的民生新闻栏目也基本如此。同时，中央电视台《新闻联播》自 2003 年改版以来，社会新闻报道数量大大增加，曾经推出的《社会记录》《新闻社区》（原名《地方社会新闻》）等栏目更是一度直接围绕社会新闻做文章，说明社会新闻已经从新闻节目的边缘走向了主流。

这一变迁也隐藏着新闻主体的变化。时政新闻、经济新闻和军事新闻等主要是围绕国家、政府的新闻，社会新闻则以市民所构成的社会领域为范畴。社会新闻并不以行业身份来确定新闻事件中的人物角色，也不局限于人物的显著

---

① 弗兰克·埃夫拉尔：《杂闻与文学》，谈佳译，天津人民出版社，2003 年，第 4 页。
② 殷乐：《电视社会新闻：独特社会世俗景观的构筑》，载《现代传播》2004 年第 6 期。
③ 戈公振：《中国报学史》，生活·读书·新知三联书店，1955 年，第 248 页。

性，而是将广大的普通民众作为新闻主体。正是在这个意义上，以社会新闻为主要构成部分的电视民生新闻，在被人们普遍接受的过程中，提高了社会新闻的地位，扩大了社会新闻的领域，将社会伦理道德、社会秩序以及新时期出现的关于消费等社会问题都纳入其中，展现了一种社会性的关注。于是，以平民为主体的新闻得以正名，并且获得与其他新闻平起平坐的地位。这种变化既是电视新闻场域的变革，包含着传播者以"民生"代替"社会"来走出社会新闻小报阴影的意图，更是对市民的社会身份的认同，强调从平民的角度来重新定位社会新闻。但民生新闻的发展也并没能完全突破传统社会新闻琐碎化甚至庸俗化的局限，导致对它的赞扬与批评并存。

二、实用资讯：从传播到服务

民生新闻包含了社会新闻，但又不等同于社会新闻，它还通过生活资讯等内容显示自己与社会新闻的差别，将节目宗旨确立在服务功能上。正因如此，人们对电视民生新闻节目的界定存在着困惑：按照传统新闻概念，我们现在播的很多东西都不是新闻，但用一种全新的眼光去看它就是新闻，而我们过去的新闻恰恰不是新闻。[①] 这意味着资讯与传统理解的新闻存在着差异，那么究竟什么是"资讯"，它与新闻的结合说明了什么，以及把它纳入新闻节目会带来什么影响，等等，都是民生新闻需要梳理的问题。

所谓"资讯"，就是 information，也被翻译为"信息"。近些年，由于新闻资讯、生活资讯、财经资讯、娱乐资讯、消费资讯和健康资讯等词语取代了"信息"被广泛运用，新闻与资讯的界限也逐渐模糊起来。从信息（资讯）的定义来看，它"是人们对客观存在的一切事物的反映，是通过物质载体所发出的消息、情报、指令、数据、信号中所包含的一切可传递和交换的知识内容"[②]。在这个意义上，新闻与信息存在着一致性，都是客观内容的主观反映，依赖一定的物质载体，包含着可以传播的精神和观念内容。但电视新闻又只是信息中的一种，在形式上属于声像型信息，在内容上属于社会信息。[③] 而且，新闻还有时效性和新颖性等基本特征，因此在选材上也比信息更为严格，有着

---

① 李幸、景志刚：《打造中国电视新闻新模式——关于〈南京零距离〉的谈话》，紫金网，http://www.zijin. net/blog/user1/100/archives/2005/336. shtml。

② 崔保国编著：《信息社会的理论与模式》，高等教育出版社，1999 年，第 15 页。"信息"的概念有多种不同角度的解释，这里选用的是作者综合梳理后生成的通俗说法。

③ 参见宋运郊、高洁：《信息活动原理》，山东教育出版社，1995 年，第 30 页。依据作者的分类归纳所得。

自身的特殊性。

从电视民生新闻的内容来看，选用的资讯（信息）主要是生活服务类。这在中央电视台的《东方时空》中就有所体现——2000 年 11 月改版后一度推出《时空资讯》子栏目，将文化、交通、气候等服务类信息纳入其中。但与新闻杂志节目《东方时空》将资讯作为相对独立的构成部分不同的是，除了气象信息，各个民生新闻栏目都普遍把生活服务资讯和新闻混合。于是，在民生新闻节目中出现了广泛的"新闻资讯化"和"资讯新闻化"[①]的现象。其具体表现有以下几种：

第一，以新闻事件为由头，加入资讯内容，将新闻资讯化。如《南京零距离》2006 年 7 月 29 日的一则新闻《操作工违规操作，游泳者出现中毒》，就是先报道新闻事件，再以字幕形态提供资讯，说明氯气泄露的危害及防范措施；2006 年 8 月 1 日的新闻《应对个税征收，市民搭上"末班车"》，报道的是二手房个税征收前一天（7 月 31 日）市民房产交易量增加，全篇以"手上有两套住房的市民要注意了"的话语来开头，显示出其重点在于对市民进行信息提醒。这种做法已经不仅仅立足于消息报道了，而是从新闻事件出发，添加了其他信息成分，力图将新闻与受众生活相结合，起到提供实用性指导的作用。

第二，给资讯披上新闻的外衣，实现资讯新闻化。安徽电视台《第一时间》2004 年 9 月 8 日的《天气乍凉，谨防季节性感冒》，在天气变化、医院病儿增多的事实基础上介绍健康知识；河南电视台《民生大参考》在 2004 年 11 月 9 日有一条《教您几招灭火逃生小技巧》，实际是借消防日的机会讲解生活技巧；成都电视台 2006 年 8 月 6 日的《骄阳似火焰，消凉也锻炼》，介绍真冰溜冰场内的运动。这些报道往往包含少量新闻事件，有的甚至几乎没有新闻事件，而致力提供各种生活信息与技巧。这时，新闻节目已经成了载体，为其他信息建构话语空间。

第三，在民生新闻整体栏目中穿插天气资讯，并作为独立的版块来直接提供气象及其他服务信息。不少民生新闻节目中都有天气预报版块，如《南京零距离》《民生大参考》《1860 新闻眼》《直播西安》等。这些天气预报打破了就天气说天气的常态，融入了交通旅游、天文地理、衣食住行、医药健康、养身美容等多方面的生活常识，为市民直接提供资讯服务。

由此可见，原先以消息为主的新闻节目变得含混了，类似《防治冻疮教您

---

① 程惠新：《论新闻资讯化与资讯新闻化的危害》，载《浙江传媒学院学报》2005 年第 3 期。

几招》(《南京零距离》2005 年 1 月 6 日)、《二环路沙河边回味"老"成都清凉味》(《成都全接触》2006 年 8 月 6 日)等信息，仅凭一个"新闻"的名称已经很难将它们统合起来。对此，传播者的解释是：它有一个统一的价值基本点隐藏在里面，就是让老百姓看了有用，是老百姓身边的事，能为老百姓排忧解难。这样的新闻功能就不仅仅是传播，而是带了很多服务的功能在里面。传播本身是一种服务，资讯服务，通过电视这个平台来直接服务，实用的服务。[①] 这意味着内容的多样化，甚至超出新闻范畴的存在都有着合理性，即"服务功能"。但是，"服务功能"的说法又是笼统的，像报道新闻传递信息、传播知识普及文化等具体的新闻活动功能，都可以从总体上称为服务功能，而这些功能的实现必须依托于新闻事实的报道。民生新闻却颠覆了新闻传统，以服务的价值目标消解了新闻与非新闻的差异，并且将服务功能狭义化为"实用的"服务。

在信息社会中，信息被大量地生产、传播和消费，它的社会作用也日渐突出，成了当代人生活中所不能缺少的东西。其中，与人们日常联结最紧密、需求最普遍的就是生活信息。由于中国社会的转型是一种整体性的结构变化，社会文化、价值观念、生活方式等都发生了转变，对物质生活的追求、个人欲望的满足，也就逐渐被大家认可，并在提高生活质量的观点引导下将人们的视域更多地投向个体的日常生活。电视民生新闻正是抓住了这一点，以生活信息服务满足大众需求，从而也寻找到一条快速、便捷的提高收视率的路径。因此，"实用的服务"，不仅是民生新闻为自己增添光环的标榜，更是贯穿整个节目制作的重要指标。如河南电视台的《民生大参考》在 2005 年 7 月 7 日播出的新闻头条就是一组实用资讯：8 月 1 日起，全省市级交管部门统一举报电话；夸大保健功效，24 种虚假保健食品被查；郑州将新增 500 多个消火栓；郑州 9月 1 日起使用新标准信封。在民生新闻的实用性指标衡量下，新闻价值中的重要性要素是次于接近性的。

其实这类新闻报道在西方 20 世纪 70 年代就已出现，被称为生活方式报道，"主要是告诉人们人家是怎样生活、自己该怎样生活的报道"。这些报道向受众提供专家的意见，指导他们如何购物、如何保健、如何选择餐馆、如何看一部好电影等。由于贴近生活、贴近普通民众，在受众心理感受和生活经历上

---

① 李幸、景志刚：《打造中国电视新闻新模式——关于〈南京零距离〉的谈话》，紫金网，http://www.zijin.net/blog/user1/100/archives/2005/336.shtml。

有很大的接近性，其内容尽管平平常常，却能引起人们的共鸣，极受欢迎。①
这种选择是新闻价值观念变化的体现，是记者编辑作为新闻价值的直接主体，
在充分考虑市场因素的前提下，结合了受众作为间接主体的需求而进行的
创新。

新闻资讯化与资讯纳入新闻节目的做法，对于社会发展来说，也可以视为
一条通过"生活政治"追求现代性的途径。安东尼·吉登斯认为现代性的追求
者会通过两条不同的政治途径而抵达同一目标，一种是"解放政治"，以建立
新型的国家为目标；另一种是"生活政治"，靠改变日常生活模式为宗旨。②
电视民生新闻的实践，针对社会变迁中出现的经济活动及问题增加的新情况，
在一定程度通过信息指导培养了市民的独立主体意识，增强了市民的应对社会
风险能力和自我防范能力。如《南京零距离》2004 年 11 月 22 日关于鉴别真
假黄山贡菊，2004 年 11 月 27 日关于鉴别黑心棉，以及 2004 年 12 月 5 日关于
鉴别真假羽绒衣等资讯，都是在新闻事件基础上延伸出的生活知识，以专业技
术经验来帮助受众应对问题，从而使市民逐渐改变以往所形成的依赖无所不能
的国家、政府的观念，形成独立意识，并转化为一种日常生活模式。

但是，电视民生新闻将新闻与资讯结合，也存在着不可忽视的弊端。有研
究者指出，这会导致新闻专业性的颠覆，是对社会责任的逃避，还会导致新闻
节目广告性强化，危害新闻舆论安全，等等。③ 而对民生新闻的发展来说，更
突出的问题是在获得即时性效应的同时却又可能重蹈小报覆辙。在 20 世纪二
三十年代曾经兴盛过的上海小报就以此为主要特征："开门七件事柴米油盐酱
醋茶，反映市民的平常生活是小报的基本面貌。所有的报道、小品、评论，衣
食住行总占第一位，是琐细的，碎裂的，片断的，也是有滋有味的。"④ 从食
物、交通、时装、保健到房东与房客的关系，都是小报所着力关注的话题：
"小报为迎合市民，做出一种大众市民的亲密伙伴的姿态，着意制造一种物质
世界的语境，在世俗的层面上，做全方位的扫描和展示，用日常生活的狂欢式
描述营构一个生活版图。"⑤ 电视民生新闻同样建构起了一个日常生活的版图，
引导受众更多地将关注焦点投向琐碎的个体生活，从而也影响了受众对整体生

---

① 参见徐耀魁主编：《西方新闻理论评析》，新华出版社，1998 年，第 148 页。
② 参见安东尼·吉登斯：《现代性与自我认同：现代晚期的自我与社会》，赵旭东等译，生活·
读书·新知三联书店，1998 年，第 247、248 页。
③ 程惠萍：《论新闻资讯化与资讯新闻化的危害》，载《浙江传媒学院学报》2005 年第 3 期。
④ 吴福辉：《小报视界中的日常上海》，载《文艺争鸣》2004 年第 1 期。
⑤ 李楠：《市民文化笼罩下的都市想象——上海小报中的"上海"》，载《学术月刊》2004 年第 6
期。

活世界的认知。

在多种话语争夺媒体资源的情况下，民生新闻带来了新闻话语世俗化的回归，但又遮蔽了其他话语。正如有研究者所揭示的小报与大报的区别："大报以构建社会缩影为宗旨，将政治、军事、经济、文化、教育、社会生活等汇于一炉，组成了所谓的都市写真……（小报）堆积其中的是市民深感兴趣的闾巷传闻和世态人情。"①民生新闻小报化的取向选择也意味着放弃，选择日常生活信息而放弃了对宏大的新闻事件的关注，选择信息的平面化介绍而放弃了对新闻事件的深入把握。就像阿格妮丝·赫勒曾揭示的：我们的日常思维和日常行为基本上是实用主义的②，片面地强调日常性，强调个人利益，局限于实用一隅，使民生新闻放逐了更广泛的、深层的关怀。在远离理想和英雄情结的年代，民生新闻以成本低廉、唾手可得的日常信息建构起了凡俗的现实生活的表征，便可能失去对社会政治、经济与文化的宏观洞察和深度思考。虽然我们不能要求一个新闻节目承担所有的社会价值传承，但民生新闻的泛化可能使市民更加趋向强调个体生活与自我利益，疏离了对现实的反省批判态度，疏离了对日常生活的理想化提升。正因如此，评论者所说的民生新闻体现了人文关怀③，也更多是琐碎的、表层的关怀。

传播学者施拉姆认为，受众接触新闻是为了获得新闻所提供的或早或迟的补偿，这种补偿分为两种：即时性补偿和延时性补偿，前者主要满足受众对信息的需求和好奇心理，而后者则是一些关系个人生存和发展的重要内容。对于公众来讲，后者对其心理作用更持久、体验更深刻，从而也就更加弥足珍贵。电视民生新闻的各种资讯或是告知提醒，或是解释分析，为人们提供了生活服务，可以有效地吸引受众，产生传播效果。但这种直接的、短期的效果，正是基于即时性补偿，没有引发也无须观众深层思考，从而造成了延时性补偿的空缺。民生新闻只注重短期效应源于传播者是在"计算交换价值，而不是真理价值"，其症结如马尔库塞所揭示的：大众传播媒介能把艺术、政治、宗教、哲学同商业和谐地、天衣无缝地混合在一起的话，它们就将使这些文化领域具备

①　李楠：《市民文化笼罩下的都市想象——上海小报中的"上海"》，载《学术月刊》2004年第6期。
②　阿格妮丝·赫勒：《日常生活》，衣俊卿译，重庆出版社，1990年，第178页。
③　参见章剑华："零距离"的电视新闻理念》，载《现代传播》2003年第2期；朱寿桐：《电视新闻的社会关怀——略说〈南京零距离〉的理论意义》，载《现代传播》2003年第2期；陈龙：《新闻本位、舆论监督、人文关怀：民生新闻的公信力要件》，载《中国电视》2004年第6期。

一个共同特征——商品形式。① 信息的混合与对实用性的强调，是新形势下新闻媒体的创新，但是过多的偏重就干扰了新闻的独立性，并将新闻引向工具化的路子，进一步影响到民生新闻的品格提升。

三、生活投诉：从帮助到身份认同

与传统新闻相比，投诉是电视民生新闻又一具有创新特质的组成部分。有的栏目把它作为独立版块，现场直播主持人接听市民的投诉电话，有的是以滚动字幕的形式呈现在电视屏幕下方，更多的是将节目播出前接到的投诉作为新闻信息源，经采访调查后制作成新闻报道。投诉的内容包括多方面，潮州电视台曾将《民生直播室》2005 年接到的投诉做了一个排行，发现市民投诉的热点依次是城市管理、社会治安、环境保护、消费纠纷和教育问题，此外还有机关效能、物业管理、公交车、医疗纠纷等。② 投诉本来是指向有关部门或有关人员申诉，市民遇到上述问题按理说应该是向相关职能部门或工作人员投诉，而纷纷转向新闻媒体的原因一方面在于管理部门监督力量的缺失，市民向职能部门的投诉成本过高；另一方面，电视民生新闻栏目在这一空隙中为市民提供了一个机会，并以本地媒体的接近性、影响的广泛性和接收处理的便捷性获得人们的青睐，成为市民权益受到侵害而处于困境中时的主要求助对象。

市民向媒体投诉大多基于个人生活中遇到的困境，像房屋渗水、购物纠纷、孩子迷恋网络游戏、管理部门乱收费、小贩与城管的矛盾等，这些问题虽然琐碎，但如潮州电视台的排行榜所示，集结起来也是群体的困境。民众为此一直在寻求有效的表达渠道，从而及时走出个人困境，甚至影响和促进社会利益格局的调整。但是，在现实没能提供完备的利益表达机制的情况下，数量众多的市民通过向电视民生新闻栏目投诉来解决问题，说明媒体的介入弥补了机制空缺。从问题的出现到通过民生新闻帮助解决的整合过程，是社会成员的权利突破传统表达方式获得生长的过程。市民的身份确定与权利相联结，电视民生新闻中的投诉作为媒体与市民对这种身份权利的共同认同，就自然成为从日常生活、基层社会、生活世界的缝隙中逐渐生长的、在一个个分割空间中的社会实践现象。③

---

① 赫伯特·马尔库塞：《单向度的人——发达工业社会意识形态研究》，刘继译，上海译文出版社，1989 年，第 53 页。

② 潮州广播电视中心：《2005 年：民生投诉排行榜》，http://www.czbtv.com/msxw/t20060104_21162.htm。

③ 张静主编：《身份认同研究》，上海人民出版社，2006 年，第 12 页。

在向民生新闻求助的人群中，有实证研究显示，收入低的受众在遇到困难时更希望求助于民生新闻。[①] 从社会学角度来看，这一群体显然属于弱势群体，即"由于某些障碍及缺乏经济、政治和社会机会，而在社会上处于不利地位的人群"。在2002年的全国两会上，我国政府工作报告中明确提出了"弱势群体"概念，指出了他们的存在。这一群体往往在物质生活上处于贫困状态，在市场竞争中处于弱势地位，因此在社会和政治层面也处于弱势地位。[②] 可见，在经济、政治和社会生活中处于不利状况下的人群更需要民生新闻提供的帮助。当然，他们并非就代表了求助群体的全部。媒体对求助者虽以市民的称呼来涵盖，但从动机与期望来看这个群体实际上是媒介弱势群体：

> 在传播学意义上的弱势群体，除了包括上述社会学意义上的弱势群体之外，应该还包括了社会的中间阶层，同时排除大众传播媒介的工作人员。这一部分人群在经济收入、社会地位和教育背景上可能有较大差别，但相对于精英阶层而言，他们的共同点是既不可能借助大众媒体传达政令，通过广告、公关活动来宣传自己和企业，也没有机会可以通过演讲、谈话来分析文化现象。[③]

普通市民中存在的媒介弱势群体身份是按照媒介资源的分配来划分的，与社会学上的弱势群体既有区别，又有联系，主要特征在于他们没有参与媒介内容制作的权力，极少有机会在媒体上公开发表意见。目前，我国社会结构和社会阶层日益分化，民众的利益博弈也日益公开化，表达利益诉求的愿望日趋强烈。正基于此，民生新闻为这一群体发出自己的声音提供了广阔的话语空间，改变着弱势者的地位，意味着在权威资源的重新配置过程中也在建构当代中国市民的身份。

身份是"社会成员在社会中的位置，其核心内容包括特定的权利、义务、责任、忠诚对象、认同和行事规则，还包括该权利、责任和忠诚存在的合法化理由"[④]。市民身份除了法律所规定的在国家中具有普遍意义的、无差别的公民身份，还存在着社会地位、文化权利等方面的界定，从而在与"非身份"的相互作用中得以塑造，如媒介接触权利上处于弱势的市民与强势的精英，是否

---

① 参见周玉黍：《媒介抚慰：一种弥合阶层落差的方式——南京市民收视民生新闻行为与动机调查》，载《学海》2005年第6期。

② 参见汪凯：《转型中国：媒体、民意与公共政策》，复旦大学出版社，2005年，第131~132页。

③ 陈俊锋：《媒介弱势群体在大众传播中的地位研究》，载《青年记者》2006年第4期。

④ 张静主编：《身份认同研究》，前引书，第4页。

受到民生新闻关注并借以维权的城市居民与农民，等等。就像福柯所认为的，权力不是任何机构的财产，而是在社会成员——每一个主体的日常互动实践中产生的。这种意义下的权利不是任何主体和机构的专门财产，它能够被任何社会身份操作，形成行动和反应，这些行动也同时建构着不同的社会身份。[①] 电视民生新闻正是在与市民日常生活实践的互动中建构了市民身份，也使得市民的身份与权利认同在很大程度上依赖民生新闻的媒介力量介入，如《温州零距离》曾接到一位观众的投诉，称自己在被某公安派出所办理移交手续时名字写错了一个字，结果导致他有关手续都无法办理，他多次跑有关部门，但一直得不到更正。栏目组立即安排记者进行了采访，促使有关部门改正了工作作风，使投诉问题很快得到了圆满解决。[②] 这些投诉一般都是源自市民个人面对经营商家或某个职能部门，即便是具有典型意义的、可能是群体面临的问题，也由于缺乏集结的渠道与信息的交流，而无法引起足够的重视。市民往往只能以个体身份面对，这就造成了力量的不平衡，在规则与管理体制不完备的情况下很难解决问题。电视民生新闻的介入实际上将市民的私人问题带进了公共领域，使他们获得了舆论支持的力量，从而形成压力，有效地督促对方采取解决措施，并由此彰显了市民群体的身份权利。

现代国家成员的权利一般都由法律所认可，对法律纠纷的处理也应由司法机关来裁决，但实际上市民在生活中所遇到的不少问题很多都无须进入司法程序，而且他们往往是更希望通过媒体获得社会舆论认同。因此，无论投诉内容是关于社会治安、环境保护的公共话题，还是关于个人消费、邻里纠纷等私人问题，市民都是在认为自己的行为具有正当性的基础上提出的，反映了普通人所接受的规则中对"应当""不应当"的基本看法，显示了他们心中的公正、公平理念。这意味着市民投诉是基于媒介使用权的一种自我身份认同，在投诉中所体现的不仅是法律准则，更是生活中的道德准则、社会价值观念。从效果来看，媒体或是帮助解决问题，或是进行舆论监督，带给市民的既有维护权利的工具作用，还有权威认可的心理满足。有学者认为传统中国社会的权利观念中存在着权威导向，即倾向于承认和服从权威，由权威来界定自己的权利；个人权益意识微弱，主张个人谦让。[③] 市民在投诉中，个人权益意识已经增强，寻求权威认定的意识很明显，而媒体镜头此时就代表了一种权威的评判权，肯

---

① 参见张静主编：《身份认同研究》，前引书，第12~13页。

② 林权光：《社会新闻栏目如何把握好正确的舆论导向》，载《视听纵横》2005年第1期。

③ 参见本杰明·史华慈：《论中国的法律观》，高鸿钧译，载张仲秋编《中国法律形象的一面：外国人眼中的中国法》，法律出版社，2002年，第5页。

定了市民的权利伸张。

电视民生新闻也因此受到人们的质疑：对市民的权利支持以什么为标准？施行权利的边界又在哪里？民生新闻出于商业动机，以市民代言人的身份吸引数量众多的受众，难免发生逾越客观态度取悦观众的情况。一种常见的问题是市民投诉无论大小都被诉诸屏幕。类似配偶有外遇、亲戚朋友借钱不还或邻居将杂物放到楼道里等投诉，不管是否具有重要性或典型意义，不少民生新闻栏目都予以采用，导致只强调个体立场而放弃了整体审视，造成新闻资源的浪费。还有一种情况是以无条件地维护投诉方利益为原则，态度有失偏颇。如一些记者在采编过程中，以自己的预设立场对新闻事实进行取舍：

> 见到了消费投诉就立刻想到"假冒伪劣，黑心商家"的大帽子，而不愿对其它的当事人进行实地采访；见到弱势者只会哀其不幸，而将其不幸的责任一味推给社会；对于市民生活中的水电煤气等方面一些具体生活问题，不是切实地分析解决问题的方式，而是都将问题做以平面化的张扬，忽略由这一问题应该引发的深入采访。这些都是市民话语中主观化、非理性化、平面化的表现。这样的新闻不但不能对舆论进行引导，只会将问题简单化，而将社会利益推向对立。①

再有，电视民生新闻设置投诉的本意是立足传媒的公共性，强调媒体的社会责任，力图发挥对社会发展的推动作用。如《百姓说话》作为《都市一时间》的构成版块之一，其自我定位是："跟百姓的切身利益密切相关的问题诉求报道，比如有关通讯资费、食品卫生、客运等内容的投诉报道。我们利用媒体的影响力去促进、帮助他解决问题。"② 但是，在记者直接介入市民纠纷当中、全力奔波帮助解决问题时，媒体已不再是事件的客观记录者，而是担当起了某些政府职能部门的责任，甚至成为审判者。这就改变了新闻工作的专业构想，造成了越位，并且角色的混淆让传播者自己心中也产生了疑虑：

> 我现在是负责民生新闻的记者，老说民生无小事，但有些东西还真让人抓狂！市民的下水道塞了，找记者。市场脏乱，找记者。哪里围墙倒了，找记者……他们似乎忘了，我们记者并不是执法部门，我们并没有实权，能做的只是报道某些事件让舆论督促某些部门。为了新闻效果，我们

---

① 鞠斐：《警惕电视民生新闻背后的立场预设》，载《青年记者》2005 年第 4 期。

② 周新天：《民生的新闻核心竞争力》，"2006 中国电视栏目创新论坛"，http://news. qq. com/a/2006528/001176. htm。

往往并不是报道了某些现象就够了，还要跟踪报道，那也意味了我们代替市民，向某些单位反映情况甚至投诉……遇到好市民会和我们说：你好人有好报！如果遇到一些不怎么样的人却觉得是你的职责，简直就把烂摊子丢给我们记者，觉得我们一暴光就万事大吉了。有时会怀疑自己是居委会的人还是记者？①

新闻媒体本是一个传递信息沟通情况的交流平台，其作用应限于反映民情表达民意，但当呼吁无法彻底解决问题时，超出基本定位、改变事件发展进程的做法反倒才是真正满足市民的期望。铁肩担道义的社会责任感要求记者深入民众生活，关心民生疾苦，而民生新闻服务指向的实践，又让记者承担了额外的角色，被期待成为无所不能的可依赖对象。于是，在普遍观念还停留在新闻只是报道事实的情况下，民生新闻就陷入具有合理性却欠缺合法性的两难局面。

民生新闻在实践中起到了指导和帮助市民解决问题的作用，使它具有了公共新闻的特点。但电视民生新闻的超能量发挥，又造成了市民对其过度的依赖，甚至形成媒体应该或必须为"我"解决问题的思想。这就在张扬市民个体意识、重新书写市民身份的同时，与培养社会成员的独立自主意识相矛盾。因此，与民生新闻交织在一起而得以承认的市民权利发展既属于一种无奈的选择，也应该属于过渡阶段的形式，其转变还有待整个社会关系的调整，包括契约观念的深入、政府职能部门工作机制的改善等。而媒体所承担的社会责任仍需立足于新闻本位，在舆论引导上走向个人问题解决与社会整体利益的协调，起到社会意识整合作用。

第二节　电视民生新闻的叙事策略

叙事理论与电视的结缘已有几十年的历史："广播电视从发明、问世到不断成熟的这几十年也对新批评领域内一门学科的发展起着主导作用，这门学科就是叙述学，或简而言之，就是叙事理论。"② 就叙事学而言，主要是从两个层面来进行研究：一个是受结构主义影响而产生的有关叙事作品的理论，研究

①　http://yanluofly.spaces.live.com/blog/，2006 年 6 月 6 日。

②　萨拉·科兹洛夫：《叙事理论与电视》，载罗伯特·C. 艾伦编《重组话语频道：电视与当代批评》，麦永雄等译，中国社会科学出版社，2000 年，第 45 页。

不同媒介的叙事作品的性质、形式和运作规律，以及叙事作品的生产者和接受者的叙事能力，探讨的层次包括"故事"与"叙事"和两者的相互关系；另一个则是将叙事作品作为对故事事件的文字表述来研究，聚焦于叙述话语。① 叙述学的运用使分析家能在单一的结构中，见出世间的全部故事②，这对电视新闻的研究同样具有价值，伯格就认为电视是绝妙的叙事媒体，可以把电视晚间新闻看作叙事（或包含大量叙事元素）。③

　　叙事在人们的生活中是普遍存在的，观众从屏幕上看到的新闻就是传播者生产的叙事文本，包含了素材的选择与话语表达方式，即"说什么"和"怎么说"。这也正是叙事的必要组成部分：一个是故事，内容或一连串事件（行为、事件）加上我们可以称之为存在的东西（人物、环境）；另一个是话语，即表达，使内容得以传达的手段。④ 新闻作为对新近发生和正在发生的事件的报道必然依赖叙事来实现：运用一定的语言系统叙述、重构新近发生的新闻事实这种活动，便是所谓的"新闻叙事"，产生的口语或文字作品即"新闻话语"。⑤叙事分析可以帮助我们总结电视民生新闻的基本叙事结构、话语表现模式，还可以反映事件与新闻叙事的关系，揭示新闻话语结构是如何隐蔽地表达传者意识、影响观众的。

一、视角：以个体视角为支撑的小叙事

　　叙事视角是叙述者观察和叙述事件的角度，"事件无论何时被描述，总是要从一定的'视觉'范围内描述出来。要挑选一个观察点，即看事情的一定方式，一定角度，无论所涉及的是'真实'的历史事实，还是虚构的事件"⑥。视角的选用是与立场紧密联结在一起的，在电视民生新闻的众多创新特质中，一个突出的表现就是视角与立场的转变。同样依赖摄像机作为媒介手段来"看"世界，却呈现了与以往新闻不同的形态：传统新闻的宏大叙事更多的是站在政府、国家立场，民生新闻则采用了市民立场。一般认为，电视民生新闻

---

① Gerald Prince, *A Dictionary of Narratology*. Lincoln：University of Nebraska Press，1987. p. 65.

② 罗兰·巴特：《S/Z》，屠友祥译，上海人民出版社，2000年，第55页。

③ 参见伯格：《通俗文化、媒介和日常生活中的叙事》，姚媛译，南京大学出版社，2000年，第2页。

④ 塞默尔·查特曼：《故事和话语（导言）》，载奥利弗·博伊德-巴雷特、克里斯·纽博尔德编《媒介研究的进路》，汪凯等译，新华出版社，2004年，第590页。

⑤ 陈力丹：《新闻叙事学·序》，载曾庆香《新闻叙事学》，中国广播电视出版社，2005年，第2页。

⑥ 米克·巴尔：《叙述学——叙事理论导论》（第二版），谭君强译，中国社会科学出版社，2003年，第167～168页。

采用的是"平民视角"，但这个泛化的"平民视角"所反映的立场还不能充分
说明民生新闻内在的复杂性。它由于并非普通市民自己生产出的结果，而是新
闻传媒力图代表市民的选择，包含着传媒自身的立场，隐藏着来自政治、经济
等不同势力的约束，也因此具有复杂的多元色彩。从视角切入的分析，实际是
将电视民生新闻在"平民视角"中所存在的微妙变相作为出发点，探寻它如
何界定新闻事件的逻辑起点、倾向于选取哪些事件作为新闻的素材，以及以什
么样的基调来建构新闻的。

1. 个体层面的新闻叙事

"如果说，影视艺术的基本命题是'看'，那么'看什么'、'如何去看'、
'为什么这样看'就成为接踵而来的问题，而'谁在看'则是问题的关键，它
制约、决定着电影摄影机的机位选取（摄影机所在的位置就是心灵所在的位
置）、构图（小世界的微缩图景）、摄影机的运动（运动的摄影机是一部影片中
真正的叙事人和评说者）。"① 对电视民生新闻来说，所有关于"看"的命题都
围绕着市民来进行。市民，是其内容主体，也是其主要的接受群体。为了与市
民对日常生活状态的认知方式相结合，以及受到中国社会转型中对个体的普遍
重视和影视、文学叙事风格转向的影响，民生新闻的"平民视角"更具体的是
采取一种微观视角切入的"小叙事"（little narrative）形态。在后现代话语中
出现的"小叙事"是与"宏大叙事"（grand narrative）相对的两极，从法国
思想家利奥塔那里来的"宏大叙事"在不断的阐释中被解读为：

> 有某种一贯的主题的叙事；一种完整的、全面的、十全十美的叙事；
> 常常与意识形态和抽象概念联系在一起；与总体性、宏观理论、共识、普
> 遍性、实证（证明合法性）具有部分相同的内涵，而与细节、解构、分
> 析、差异性、多元性、悖谬推理具有相对立的意义；有时被人们称为"空
> 洞的政治功能化"的宏大叙事，与社会生活和文化历史的角度相对；题材
> 宏大的叙事，与细节描写相对；与个人叙事、私人叙事、日常生活叙事、
> "草根"叙事等相对。②

并且，小叙事也以一定程度的消解方式打破了普遍价值观的霸权，使大叙

---

① 戴锦华：《电影批评》，北京大学出版社，2004年，第12页。
② 程群：《宏大叙事的缺失与复归——当代美国史学的曲折反映》，载《史学理论研究》2005年
第1期。

事以及其煞有介事的全球性让位于重视本土精英的本土历史。[①] 民生新闻正是在这个意义上改变了传统新闻一味强调重大性的宏大叙事传统，不再单一地追随政治权威或进行总体性、普遍性思考，而是通过个人叙事展现市民日常生活的琐碎片段。

市民的衣食住行及其中的问题被民生新闻作为重要题材以个体视角来一一展示，如石家庄电视台的《民生关注》在 2007 年 3 月 30 日播出了一条新闻《谁该为我的羽绒服负责》[②]，讲述市民孙女士的羽绒服在洗衣店洗后出现损害状况，她认为是洗衣店的责任，而洗衣店经理说应该找厂家索赔，最终通过律师的话指出应该先鉴定责任人才能解决问题。这条新闻表面上存在着不同人物叙述之间的转换——孙女士、洗衣店经理和律师，以及记者和画外解说词的串联等，但实际上新闻展开的基础视角是孙女士的视角：她在新闻中是叙事行为的中心，是引发事件的人，整个新闻都是以她的经历为线索，洗衣店经理和律师的介入也是她的行动引发的；同时她又是注视的积极承担者，摄像机以她的视域框定和观察着其他人，从而形成了对她作为主体的认同。就新闻标题《谁该为我的羽绒服负责》来看，一个"我"字像是强音符号鲜明地标示了新闻的个人话语角度，而为置办婚事购买红色羽绒服的背景介绍和"几天后取衣服的时候却让孙女士大吃一惊""心爱的羽绒服被洗成了这样，孙女士的心情可想而知"等语言，则为新闻素材着上了浓厚的个人感情色彩。

采用微观视角，从个人的具体经历入手，注重展示事件的过程与细节，是民生新闻叙事的典型手法，在大量节目中都有体现，而《南京零距离》中的"甲方乙方"版块更是以个体市民的角度讲述其生活故事。如"天若有情"讲陈海舟在家庭变故后的婚事，"想说爱你不容易"讲一对青年男女的婚恋波折，以及苏志国寻找离家出走的妻子，王富珍为弟弟与自己姊妹打官司，等等。于是，平民视角被化解为市民个体的小人物、小身份、小感觉的小叙事，并最终使民生新闻成为无名的普通市民宣讲自己喜怒哀乐的公共空间。

2. 从个体角度切入的新闻叙事

除了在个人事件中采用小叙事，民生新闻对一些与市民群体相关的公共事件也大多采用同样的方式予以表达，一方面以个体叙事强调公共事件对个人的影响，另一方面又以此作为典型构成市民群体整体感受的缩影。如《南京零距

---

① 马克·柯里：《后现代叙事理论》，宁一中译，北京大学出版社，2003 年，第 120 页。

② 参见附录。

离》2006 年 7 月 30 日播出的新闻"今年空调市场没有'火'",作为相对宏观的经济现象分析却并没有用抽象的数据来进行整体概述,而是让市民与专家出镜从各自角度来表述。先是通过采访个别市民呈现消费者视角的认识:原因是"价格上涨",影响有"安装迅速,服务质量提高";然后以专家视角进行解释:"价格上涨是生产成本上涨的缘故","销售量回落是正常的";最后在统合中实现媒体的意见表达,即这一现象是正常的变动,对市民没有不良后果。于是,媒体在这种个体为支撑的叙事中,改变了抽象统计数据的宏观展现和意识形态的直接传达,将市民最真切的认知和感受诉诸屏幕,而将"社会稳定"的意识形态悄悄嵌入。

电视民生新闻采用市民个体视角的叙事策略清晰地表达了它在态度和立场上与市民的紧密衔接,其叙事结构与以往新闻相比较显示出了新的特征[1]:

表 4.1　不同的新闻不同的声画组合方式

符号	以往新闻报道常见的声画组合	民生新闻常见的声画组合
声音	导言+访问 或 导言+旁白	导言+原音+旁白+原音+现场结语
画面	主播+人物 或 主播+画面	主播+人物+画面+人物+记者

增加的人物画面与原音不仅让新闻更生动丰满,而且由于"外在叙述者与人物叙述者的区别,即讲述其他人情况的叙述者与讲述自身情况的叙述者(这样的叙述者被人格化为个人)的区别,包含着'真实'的叙述修辞上的差别"[2],因此各个个体的视角和声音更容易获得身份相似的观众的认可,并在观众心目中冲淡了传播者是"异己"存在的意识,从而更逼近客观"真实"。

以个体角度实现的平民视角,是电视民生新闻"民本取向"的一个现代转化体现。民本思想在中国古代历史上已有很多阐释,但这些观点始终是围绕着君主专制统治的轴心,将封建王朝的君臣凌驾于民众之上,并没有对"民"的权利做出伸张,"民"的存在也只是一个整体性的抽象概念。而民生新闻所反映的社会意识与古代思想中的民本"原型"存在着根本区别,这不仅反映在题材上选择市民日常生活的衣食住行话题,更反映在叙事中对个体的人的看重,以普通个人、个人的生活作为新闻报道主体,从微观视角讲述市民生活状态,呈现普通大众的欲望叙事:"'小叙事'——都是小人物,小故事,小感觉,小

① 李舒、胡正荣:《"民生新闻"现象探析》,载《中国广播电视学刊》2004 年第 6 期。
② 米克·巴尔:《叙述学——叙事理论导论》(第二版),前引书,第 24 页。

悲剧，小趣味……，然而，它们却是最逼真地切近当代人的身体与心灵的痛楚。"①

可以说，无论是个体事件还是公共事件，民生新闻大都有明显的个人视角。个人在前者中是叙事的完全主体，在后者中则是宏大议题简约化的支撑点，使民生新闻由此承认个人的主体性，肯定市民个人的世俗生活包括物质欲求的合理性和正当性，从而在个体－群体心性结构及其文化制度之质态和形态变化中折射出现代性的转换。②

二、聚焦：在看与被看之间的权力偏向

在叙述学中，"聚焦"（focalization）与"视点"（point of view）、"视角"（perspective）等术语相互交织而少有明晰区分，米克·巴尔就倾向于采用"聚焦"的说法以从一系列术语中摆脱出来，她认为"聚焦就是视觉与被'看见'被感知的东西之间的关系"③。作为关系范畴的"聚焦"连接了观察者和观察对象，而与之不同的是杨义的观点："视角讲的是谁在看，聚焦讲的是什么被看，它们的出发点和投射方向是互异的。"④ 本文根据后者的阐释将"视角"与叙述者联系、"聚焦"与被观察方面联系来进行对应分析，也就是这里侧重于米克·巴尔所指的"聚焦对象"的分析。

在电视民生新闻中，个体市民承担着重要的叙述者角色，其聚焦对象往往是给他带来问题、变化的人或事物，也是他观察和思考的对象。这一身份与电影的主人公角色有着相似之处："在绝大部分影片中，主人公同时是视觉叙事的中心：他/她是镜头、段落视点的设定依据，机位的选取与运动的方式参照着他/她所在的空间位置或心理感受，摄影机的视听呈现出他/她之所见，呈现他/她之所感。"⑤ 电视民生新闻在极力展现市民立场的过程中将市民作为叙事主人公，摄像机跟随个人的视角去展开新闻叙事，而对于观众来说，他们所接收到的对象的形象就在此过程中由聚焦者所确定。因此，下述问题显得至关重要："1、人物聚焦什么：它所瞄准的是什么？2、它如何从事这一点：它以什么态度来观察事物？3、谁对之进行聚焦：它是谁的聚焦对象？"⑥

---

① 陈晓明：《小叙事与剩余的文学性——对当下文学叙事特征的理解》，载《文艺争鸣》2005年第1期。

② 刘小枫：《现代性社会理论绪论——现代性与现代中国》，上海三联书店，1998年，第3页。

③ 米克·巴尔：《叙述学——叙事理论导论》（第二版），前引书，第168页。

④ 杨义：《杨义文存》（第一卷），《中国叙事学》，人民出版社，1997年，第245页。

⑤ 戴锦华：《电影批评》，前引书，第13页。

⑥ 米克·巴尔：《叙述学：叙事理论导论》（第二版），前引书，第177页。

2006 年 12 月 13 日《成都全接触》曾播出了一条根据市民投诉采编的新闻：当事人称在马路边以 3500 元购买了一台名牌笔记本电脑，原以为值市价 8000 元，却无法使用，经朋友鉴定是垃圾电脑，仅值一二百元。后来再次见到售卖者时与其发生争执，并一同到了派出所。新闻的叙事地点在派出所的院子里，当事人承担了叙事主人公的角色，身着西装领带，拿着笔记本电脑坐在椅子上面对镜头。伴随着当事人的对事件的讲述，镜头不时相应地扫过售卖者。于是，观众看到身着深蓝色防寒服的中年售卖者站在远处，眼神躲闪着镜头的捕捉。整个叙述从投诉者的角度展开，记者以串联的方式出现，似乎是客观的，仅仅呈现投诉者的经历讲述和意见表达。但引导方向又是突出的，如投诉者讲到再次在同一地方遇见卖者背着装有电脑的背包时，记者问："你认为他在干吗呢？"回答："肯定又是在骗人。"在缺乏专业技术确证和派出所给出结论的情况下，新闻已有明显偏向，而且是非价值判断也已呈现出来，构成了在市民与"骗子"的矛盾中展开的叙事。

表层看来，市民是新闻话语的主体，以自己的亲身经历讲述和意见表达构成新闻，但新闻传播者通过视角确定、镜头分配、发言机会的控制等画面语言叙述技巧实践了自己的意志：当事人的正面近景镜头及充分的话语表达机会已经显示了传播者对他的认同，而另一个人物——售卖者始终沉默地处于被看的位置，被统驭在当事人的目光威慑之中。正如在日常生活或语言叙事艺术（小说、叙事诗、戏剧等）中，社会的权力结构呈现为作品中人物间不均等的话语权的占有或话语权被剥夺；在电影中，视点、视点镜头的占有与否则成为话语权的拥有与剥夺的视觉对应物。[①] 电视摄像机的聚焦伪装成了人物的目光，而事实上，却是在"看"与"被看"之间施行着权力。

其实，多数民生新闻都比较注重报道的平衡原则，让聚焦对象也有叙述的机会，从而使观众看到冲突的起源，了解各个人物如何不同地看待同样的事实。但这并非就能真的达到"不偏不倚"或客观地呈现新闻事件，因为在特定角度下的聚焦不只是简单的"看"，更是一种"凝视"（gaze），表现了一种与眼睛和视觉有关的权力形式，"当我们凝视某些东西时，我们的目的是控制它"[②]。传播者假借市民的眼睛隐藏在摄像机后面，对世相做出探察和控制。

《成都全接触》2005 年 4 月 20 日有一条新闻"繁华闹市把家安"，报道的是一些流浪汉居住在成都熊猫广场的现象。记者虽然也采访了流浪汉，提出了

---

① 戴锦华：《电影批评》，前引书，第 13 页。
② 丹尼·卡瓦拉罗：《文化理论关键词》，张卫东等译，江苏人民出版社，2006 年，第 139 页。

"以何为生""晚上住在这儿吗""有多长时间了"等问题，但流浪汉并没有成为叙事主体，没有交代生活困境的缘由，更多的镜头是从远处对其的审视，再加上市民的批评指责，就构成了对流浪汉凝视的合围之势。新闻事件发生在一个广场上，而广场作为城市空间的一种结构和形态表现，"必然会折射出特定时代的政治、经济和文化状况，也必然浸透着主流意识形态因素"①。古时的广场是人们可以聚集在一起议政、交往的社会活动中心，而 20 世纪 90 年代以来中国的城市广场更多的是市民休闲、游玩的地方，也是城市形象的集中展示之地，因此流浪汉的出现在新闻中就成了格格不入的另类，干扰了普通市民的生活常态，正如接受采访的市民所说"不敢坐""不文明行为""影响城市形象"等。于是，流浪汉成为"异己"的存在暴露于权力镜像之中，受到各种目光的审视。然而所谓的"己"却值得深思，两个发言的人作为市民代表显示这个"己"，或者说"我们"，而流浪汉未被纳入其中，只能是"他们"。由此，民生新闻的市民立场明显表露出一种具有选择性的存在——"正常"的多数市民，也就是在此有凝视权力的、拥有城市居住权的市民，而不可能成为其受众的流浪汉被遗弃了。此外，新闻还在无意识中流露出对超出严格规范和监控现象的担忧，借市民口吻的指责以及寻求警察和城管来管理，无不是说明其维护秩序的强烈态度。广场本身应有的开放性、公共性、多元化等意义都被否定了，广场符号的特殊所指在这条新闻中展露无遗，成了摄像机延伸话语权力的平台，被用以强化社会的空间秩序。

三、说话方式：姿态下移与地位重构

"说话方式"是指媒介组织向受众说话的方式，是"同某个文本或句子中那些建构表述的方面相对的、旨在确立说话者和听话者彼此关系的内容"②。说话方式是传播活动中一个不可缺少的构成部分，它包含了对话发生的情景类型，意味着媒介文本创造了其目标受众的一个虚构形象，然后对这种虚构人物说话，从而也就反映了媒介对自身和受众关系的认识，是一个节目风格的直接表现。

说话方式一方面建构了节目和媒介组织的形象，另一方面也会影响观众对节目的认知。长期以来，各地新闻媒体的说话方式都是以中央电视台《新闻联

① 倪伟：《空间的生产与权力敞视——透视当代中国的城市广场》，载王晓明主编《在新意识形态的笼罩下——90 年代的文化和文学分析》，江苏人民出版社，2000 年，第 98 页。

② 约翰·费斯克等编撰：《关键概念：传播与文化研究辞典》（第二版），前引书，第 168 页。

播》为典范，而究其来源当属对延安电台在革命环境中形成的一种清越、干脆和坚硬播音风格的继承。在第一代播音员夏青、齐越等人的播音中建构起了一种铿锵有力、大气凛然的气质，代表了革命化的声学谱系。以此为基础形成的新闻话语风格是高度政治化的，爱憎分明的政治立场、强大的论辩和教谕色彩，都显示出以超越日常的言谈形态和言说逻辑，也超越了作为声音主体的个性化特征，成为国家声音标准化的样板。而这一风格为赵忠祥、邢质斌等播音员和主持人所继承，凸显了播音员作为国家声音代言人的身份。①

这种说话方式与人们日常生活中的说话方式是不同的，有一种陌生化或反常化的效果。关于"陌生化"，俄国形式主义代表人物维克多·什克洛夫斯基曾说过："艺术的手法是事物的'反常化'手法，是复杂化形式的手法，它增加了感受的难度和时间，既然艺术中的领悟过程是以自身为目的的，它就理应延长；艺术是一种体验事物之创造的方式，而被创造物在艺术中已无足轻重。"② 与之相似，革命的新闻话语也产生了陌生化的效果。这实际是中国无产阶级新闻风格的特有标志，并以其创造性和差异性来反抗日常的感觉方式和因循守旧的固定模式，使受众摆脱平常和混沌不觉的状态，进入宏大的国家话语体系当中。与日常形态保持距离，使这种说话方式能获得强大的权威性和可信度，以及道义上不容置疑的正确性。

但是，曾经陌生的新闻说话方式在延续了几十年之后已经形成了一种稳固的模式而不再新奇，并且随着中国的社会转型，那种在距离中保持的神圣感和权威感同时也因疏远而成为一种政治话语的理想性存在，与经济的、文化的表达方式渐行渐远。从 20 世纪 80 年代以来，境外的声音体系开始伴随着流行音乐、影视节目等进入，于是在多种话语风格的比较中，原有的新闻说话方式不再具有陌生化效果。正如菲斯克分析英国广播公司（BBC）的说话方式时所说："在 BBC 的里思时期（从 1922 年直到约 1960 年代中期），它主要通过其说话方式而在公众头脑中为自己刻下一个独一无二的印象：这是一种正式的、上流风格的、权威的、有文化品味的方式；或另一个角度说，就是一种妄自尊大的、高人一等的、傲慢的、自负的方式。"③ 中国社会出现的多元语境使人们逐渐打破原先单一的新闻说话方式，并导致"国家机构的声源垄断局面发生

---

① 参见张闳：《现代国家声音系统的生产和消费》，载蒋原伦、张柠主编《媒介批评》，第一辑，广西师范大学出版社，2005 年，第 6 页。

② 维克多·什克洛夫斯基等：《俄国形式主义文论选》，方珊等译，生活·读书·新知三联书店，1989 年，第 6 页。

③ 约翰·费斯克等编撰：《关键概念：传播与文化研究辞典》（第二版），前引书，第 169 页。

了根本性的改变"①。传统的新闻说话方式以革命激情和集体主义精神召唤着大众，同时也使受众在敬畏之中可能感到疏离。而进入了消费化、世俗化的话语年代时，相应适合内容主题的新的说话方式也就应运而生了。

中央电视台《东方时空》十多年前开始改变电视语态，尝试要求主持人要像说话一样说话，要给信息传播带上强烈的个性色彩，传播者与观众必须首先建立起一种"与话双方"的平等，平等之后才可能建立亲近感。② 电视民生新闻正是在这样的基础上确立了自己的说话方式：以日常"说"的方式来取代"播"的方式，以平常化来取代反常化。比较而言，"播"意味着传者处于主体地位，是上对下的宣讲，而"说"是一种对等的人际交流的形态，要关注对象的理解能力、接受状态和话语情境；"播"多采用书面语言，强调正式性、规范性，而"说"倾向于用口语化、日常化的语言与观众交流，具有通俗性和灵活性，以亲切的口吻来拉近距离。口语的渗入使民生新闻以与现实生活一致的形态来召唤受众，包括在新闻中出现"您"这样直接对观众的召唤，造就了人们日常谈话聊天的氛围。

说话方式的这种变化也是新闻走向大众过程中一个必然的阶段，因为电视新闻符合了"相关性"的标准才能融入受众微观层面的文化中。"相关性"中涉及新闻的内容，正如观众的生活经验与文本中的描绘是一致的，这在民生新闻的内容构成中已经反映出来；更关键的是，"相关性"还关系到一个重要的形式问题——"不是对不同故事的选择决定了相关性，而是叙述故事的方式决定了相关性"③。电视民生新闻的说话方式就体现了受众日常口头交流的特征，语气、词汇都与人们平时的谈话相似，甚至为了进一步密切关系，还出现了《阿六头说新闻》等采用方言播报的民生新闻。

方言是一种跟标准语有区别的地方语言，是局部地区的人们使用的语言，由于电视民生新闻生发于各个地方台，在区域传播中使用方言便体现了与当地文化的更好融入。语言既是文化的构成部分，又承担着文化的传承，而在每个民族文化中都存在着大量构成了大众文化的亚文化。这些亚文化维持着各自的特性，"从最微观的层面上来看，这些亚文化就是我们在日常生活中通过口头、面对面而接触的许多共同体"④。普通话是汉民族的共同语，方言则是民族语

---

① 张闳：《现代国家声音系统的生产和消费》，载蒋原伦、张柠主编《媒介批评》，第一辑，前引书，第8页。
② 孙玉胜：《十年：从改变电视的语态开始》，前引书，第48~49页。
③ 约翰·菲斯克：《解读大众文化》，杨全强译，南京大学出版社，2001年，第202页。
④ 约翰·菲斯克：《解读大众文化》，前引书，第203页。

言的地方分支。同一地域的自然、社会环境形成了共同的文化心理结构和价值观念，这又往往是通过方言来承载与表征的。从社会语言学观点来看，方言能提供深刻的社会纽带；从地区观众来看，方言是日常生活中使用的更自然的语言。因此，民生新闻的方言播报，成了联结本地观众、再现本土文化的有力工具。

本来在民生新闻中大量的市民出镜时用的已多是"原生态"的方言，而当主持人也开始采用方言时，就标志着又一种新的突破。传统的电视新闻都采用的是标准语，即现代汉民族的共同语——"以北京语音为标准音，以北方话为基础方言，以典范的现代白话文著作作为语法规范的普通话"。1955 年中央提出推广普通话的语言文字工作任务以来，普通话作为合法的官方语言除了在大众传媒中普遍使用，还逐步扩展到各地的教育、文化等方面。因此，在几十年的新闻用语中方言一直都处于边缘地位，难登大雅之堂。而以区域观众为目标市场的电视民生新闻，却让方言在大众传媒中活跃起来。2004 年杭州西湖明珠频道的方言民生新闻《阿六头说新闻》获"全国百佳栏目"，2005 年方言节目在广州、杭州、成都、重庆等城市纷纷涌现。但是，方言节目始终没有获得进一步认可，相反还受到若干约束。2000 年国家颁布的《中华人民共和国国家通用语言文字法》对广播电视播音用语作出明确规定：广播电台、电视台以普通话为基本的播音用语；如确实需要使用方言（如在少数民族地区的广播和对台港澳的广播等），必须经过国务院或省级广播电视部门的批准；2005 年国家广电总局颁布《中国广播电视播音员主持人职业道德准则》，规定"除特殊需要，一律使用普通话。不模仿有地域特点的发音和表达方式"。规则决定了什么样的说话方式才是合理的、正当的，但这种约束力量在市场面前失效了。宁波电视台的方言节目《来发讲啥西》一度是宁波广电集团收视率最高的自办节目，扬州电视台的方言节目《今日关注》拥有超过电视剧时段两三倍的收视率，如此可观的市场效益使民生新闻对方言的青睐有增无减，于是便在形式上对规则的约束和传统新闻播报方式构成了挑战。

关于用方言说新闻的现象也引发了许多争论，有肯定意见认为新闻运用方言进行报道体现了地方性的节目定位，是从语言上对受众的贴近，改变了"普通话生硬的播音腔"，"把一天中发生的新闻以本地话的方式演绎出来，一开口就拉近了与观众的距离"[①]。也有批评意见认为，这触犯了规则，消解了大众

---

① 翁晓华、吴军：《贴近：电视新闻的致胜之道——兼谈〈阿六头说新闻〉的创作特色》，http://www.tvnet.com.cn/data/news/NewsDetail.asp?nid=18067。

媒体在语言上的示范功能，易造成族群歧视和族群撕裂，会影响对国家和民族的认同等。① 然而，现实是：方言说新闻同时受到了媒体与观众的偏爱。一方面，随着区域性收视市场的开掘，针对特定地区、特定受众的小众化、分众化传播日益盛行，方言成为媒体追逐的有效武器，它使新闻更容易嵌入观众的日常生活文化；另一方面，对于观众来说，来自市井里巷的方言俗语走上电视屏幕实质上是对百姓日常文化的认同，意味着新闻的去精英化和平民化，更是对自己话语权力和文化身份的肯定和尊重。长期被限制的、边缘化的方言伴随着民生新闻在电视荧幕上大规模出现，产生了仪式性的身份确认作用，改变了唯普通话权威、标准的局面。正如菲斯克借用德塞图"抵制"策略的阐释：电视中存在高等的、经典语言与低等的、民间的大众语言的冲撞，低等语言可能会与电视的官方语言发生有益的冲撞，狂欢景象是这种冲撞的结果。②

民间的话语、口语化的表达和世俗生活的具体语境，这些更符合电视媒介人际化交流特征的方式，给民生新闻带来了即时效应。但是，民生新闻遍地开花的形势又使之面临激烈的同类竞争，因此除了在说话方式上与人们日常表达的无限接近，传播者又开始寻找有特色的说话方式。由于说新闻本身就是说理和叙事相结合的，于是，通过对说理、叙事技巧的强调，与一般新闻的平静语态不同的说话方式在民生新闻中被彰显出来。播音员的冷静客观、不动声色、去个性化在民生新闻中不再是追求目标，而融入了适当的情感、具有血肉和独特风格的主持人才是其形象标志。如《南京零距离》主持人孟非和《元元说话》（《第七日》）主持人元元在"幽默＋质疑"的基础上各有特色，孟非是"犀利＋个性化"，元元是"宽厚＋到位"，都以介入新闻事件的点评受到观众欢迎。"播新闻"与"说新闻"的差别更体现在后者鲜明的主观表现上："南京新闻频道有个《东升工作室》，主持人东升以其'中老年形象'和干预社会、勇于为百姓说话的特色，夺走了无数青春靓女帅哥型主持人的风采；南京十八频道邀请报社记者老吴来'韶韶'新闻，这位一口老南京话的胖胡子大叔，说话大胆，非常出彩，大受南京当地观众的青睐。"③ 就这样，"说新闻"使民生新闻栏目被看作市民的代言人，并进一步树立起自己与市民同等身份的形象。

民生新闻模仿真实生活中人们对新闻事件的感慨和议论已经突破了客观原

① 邵培仁、李雯：《语言是桥也是墙——对方言广播电视新闻节目的疑虑与拷问》，载《杭州师范学院学报》2004 年第 5 期。

② 参见约翰·菲斯克：《电视文化》，前引书，第 349 页。

③ 舒克：《说新闻 在流行中变异》，http://shuke.dy.blog.163.com/blog/static/8809322007213 11412547。

则，但是对界限的逾越使它更真实，更具有生活气息和人情味，更为观众所认可。一时之间以"说新闻"为名的民生新闻栏目蜂起：杭州有《阿六头说新闻》，绍兴有《师爷说新闻》，温州有《百晓说新闻》，南京有《大刚说新闻》……各个栏目纷纷以主持人的个性化为品牌标识，极力回归日常人际语言交流的态势。普通话不标准、播音出现口误、咳嗽等都不再是问题，甚至主持人生病缺席了两天的解释①、主持人戴眼镜好看还是不戴眼镜好看②都可以作为新闻节目的开端，只要让观众感受到他们是真实的人，而这些瑕疵似乎就成了其真实存在的明证。主持人的个人角色就这样被有意识地强化了，并希望被观众视为街头的大叔、隔壁的小妹等具体实在的个体，实践着民生新闻所注重的亲近感、非正式化与日常化原则。

但是，"说新闻"的泛化也使生产条件和能力不一的新闻节目良莠并存。在一些民生新闻栏目中说新闻被简单地等同于与观众聊天、拉家常，仅仅停留在形式层面，误认为主持人将新闻稿演化成口语表达，加入"嗯、啊、吧、那么"等词语点缀或蹙眉、点头的动作便具有了亲切感和平民化姿态。其实，优秀的主持人需要具有深厚的新闻素养和记者功底，而绝不是浮于表层的刻意表现，并且只有走出演播室参与到节目的采编和制作过程中，才能领会新闻、进入新闻，做出准确的点评。例如《南京零距离》的主持人孟非，既有记者、编导的工作经验，又集江苏电视台城市频道制片人和主持人身份于一身，才得以使其说新闻达到情从语生、形从意出的高度。然而，知识丰富、思维敏捷的高素质主持人需要寻找和培养，对于诸多急于求成的民生新闻栏目来说很难有这样的耐心准备。于是，片面地强调表达形式而忽略内在积累，结果往往只是得其皮毛、失其精髓。

当"说新闻"不再陌生的时候，越来越多的民生新闻栏目为了加大吸引力，迅速占领市场，在形式层面的追求走到了极致，甚至出现了曲艺演员说新闻。《阿六头说新闻》中的一位主持人周志华是资深滑稽演员；2006 年 4 月山东电视台开播的《百姓百事》，由相声演员连伟、东风主持；济南电视台新闻综合频道的《有么说么》由评书表演艺术家刘延广担任嘉宾主持人。这些主持人在调节气氛和调动观众情绪方面具有一定的优势，但也增添了许多表演的成分，如《阿六头说新闻》制片人翁晓华是这样说的："他们两个人真正是新闻的主播，他们的配音完全不像在念稿子，就像跟你在说话一样，在演播室里面

---

① 《成都全接触主档新闻》2007 年 8 月 25 日。
② 成都电视台都市生活频道《秀说天下事》2007 年 8 月 24 日。

不按照文稿，有的时候手舞足蹈，甚至有的时候会拿出一个道具来，讲到电蚊拍，拿电蚊拍，讲到一本书拿一本书，拿一个茶杯敲一敲，有的时候会演戏，有时候会唱歌，有点戏剧化的新闻主持。"① 新闻演播室由此成为电视书场，说新闻也带上了"戏说"的色彩，平常的说话方式开始走上了陌生的戏剧化之路。

民生新闻说话方式的发展演变始终围绕着传播效果和观众胃口。原先的"新华体"以新闻稿的宏大、抽象用词和播音员字正腔圆的庄严语气建构起了一种权威与大气，但也造成了居高临下的说教姿态，与大众日常生活相疏离。说话方式的改变，则打破了原有模式，"降低"了电视媒体说话的口气，在节目形式上变得尊重别人、贴近生活、关注百姓。这对媒介组织来说属于重大调整，因为它所传达的不仅是对受众的认识，也是对自身的认识。说话方式里包含着传播双方的身份建构，改变实际上就标志着受众身份的"抬高"和媒体身份、传播者身份的"降低"，由一种上对下的宣讲下移为平等的交流，从而电视开始回归世俗生活。但是向世俗的回归在商业逻辑下却是无边界的，主持人从"说"到"演"并非真的以贴近日常交流形态为宗旨，而是将民生新闻作为消费品来生产，获取更大利益。在地域新闻资源有限、同题报道导致同质化的情况下，传播者更倾向于用不同的表现形式来获得收视率。这主要在于对题材的开采通常需要搜集多方信息，掌握更多的背景资料，还需要培养新闻人才耗时探讨，导致经济、时间成本高昂，而戏剧化的演绎可以只涉及单一事件，又能声情并茂地吸引观众，自然成为迅速见效的策略。形式大于内容的民生新闻表明以商业原则和新闻原则结合指导的新闻实践是很难达到平衡的，市场要求与新闻规范的差异使其难以生产出高质量的新闻，从而纷纷倒向了有市场需求的娱乐化的发展。

四、声音：立场分担与柔性代言

"声音"是电视民生新闻叙事策略中不可忽略的要素，它与图像一道构建出民生新闻的意义，"对于那些一直被压抑而寂然无声的群体和个体来说，这个术语已经成为身份和权力的代称"②，因此这里无意从形式层面去分析民生新闻的音响构成，而是立足于民生新闻的话语质态和话语主体剖析，揭示其表

---

① 翁晓华：《制片人谈阿六头》，http://www.hangzhou.com.cn/20050101/ca675693.htm。
② 苏珊·S. 兰瑟：《虚构的权威：女性作家与叙述声音》，黄必康译，北京大学出版社，2002年，第3页。

达的究竟是谁的声音、是何种声音。

话筒的指向与摄像机一样意味着权力的分配，新闻话筒处于电视权力的高端位置，同时也是社会权力机器的加速挡，在新闻话筒出现的地方，尽管有时候是在忧国忧民，这一般是大人物的声音形象，有时候是在忧人忧己，这是小民有难的呼告。[①] 按照民生新闻的自我定位来看，其"声音"当以小民的呼告为主，为平民百姓代言。实际上其构成并不单一，因为新闻通过叙事结构和仔细选择被采访对象来控制现实中的多种声音，对事实形成限制性反映，而且它并非都由屏幕上可见的叙述者承担，其中还有诸多隐藏的声音。通过对这些或隐或显的声音的梳理，我们可以进一步确认民生新闻的身份，并寻找出其信息里隐含的意识形态和价值体系。

1. 专家权威的声音

"今天，全世界的男女们都在分享着一种生命体验模式——时间与空间、自我与他人、生活中的种种可能性与危险的体验。"[②] 这些体验就是马歇尔·伯曼所说的"现代性"，而生活中的各种可能性与风险多来自传统世界向现代世界的转变。随着中国社会的全面转型，曾经的社会秩序和生活方式发生了剧烈的变动，焦虑与风险成了当前社会的一大特征。由于当下社会同步渗透着"前现代""现代"乃至"后现代"的多元格局，呈现了复杂的"现代"特征：成为现代的就是发现我们自己处在一个预示着冒险、权力、欣喜、发展和自我变化的环境——同时又处于一个威胁着摧毁我们所拥有的一切、我们所知道的一切和我们所是的一切的世界。[③] 在知识越来越多的分化或功能专门化的情况下，应对风险与变动的办法在电视民生新闻中就是求助于"专家"。

所谓"专家"，或者说"专业人士"，是对某一门学问有专门研究的人，或擅长某项技术的人。"专家"的整体存在构成了"专家系统"，即"由技术成就和专业队伍所组成的体系，正是这些体系编织着我们生活于其中的物质与社会环境的博大范围"[④]。现代社会中的"专家"是无处不在的，即便仅仅坐在家里就已经被卷入了专家系统，因为我们不再自给自足，无论房屋、食物还是其他生活用品、文化产品都依赖行业的专门知识与规范来生产。而且，市民面临

① 张念：《话筒工场及其神话》，载蒋原伦、张柠主编《媒介批评》，第一辑，前引书，第20页。
② 马歇尔·伯曼：《现代性——昨天，今天和明天》，周韵译，载周宪主编《文化现代性精粹读本》，中国人民大学出版社，2006年，第22页。
③ 马歇尔·伯曼：《现代性——昨天，今天和明天》，前引书，第22页。
④ 安东尼·吉登斯：《现代性的后果》，田禾译，译林出版社，2000年，第24页。

着社会转变带来的若干现实问题，在强调理性和制度的现代社会中也愈发需要专业参考意见作为指引策略。因此，电视民生新闻出现了一种新的新闻报道模式：市民遇到问题→多方矛盾→专家意见→问题解决或提供解决办法。

例如新闻《委托承建意向书丢失以后》[①]：遇到问题——市民田先生购买了一套还没有开工建设的房子，交付了 40 多万元的房款并与开发商签订了委托承建意向书，但对方拿回去盖章却没按约定交回意向书；双方矛盾——开发商说重新签一个，而田先生担心以前的意向书被另作他用，希望找回原始意向书，记者陪同前往商榷被开发商工作人员阻拦；咨询律师、提出解决办法——这个意向书不符合规定，建议田先生在媒体发布公告。由此，民生新闻普遍采用的这种模式给人们形成一个印象：常人无法解决的问题到了专家那里也就达到了化解的终点，专家的声音意味着权威的判断。

在民生新闻中，作为专家身份出现得最多的就是律师，其他还有医生、心理学家、社会学家等，他们都以各自领域的专门知识为市民解决生活中的问题和规避风险提供对策。从新闻工作者的角度来看，要解决各类纷繁复杂的具体问题已经超出了传统新闻工作的范畴，而依托专家为资源库，既能谋策，实现有效的信息传递，又能以信息的严肃性和专业性强化自己的权威。于是，专家成了民生新闻不可缺少的支柱，成了人们普遍依赖的力量："虽然我不得不信任他们的能力，但是与其说是信赖他们，还不如说是更信赖他们所使用的专门知识的可靠性，这是某种通常我自己不可能详尽地验证的专业知识。"[②]

对专家的信赖并非始于民生新闻，正如吉登斯所言，人们对专家的信任和依赖实际是对专门知识的信赖，而这多来自现代科学对人类社会生活的巨大促进作用所导致的一种崇拜。但是，专家的声音在新闻中凸显，并以之为解决问题的标志，显示出一切问题都可以掌握和控制，就有了神化的作用。"知识就是力量"被民生新闻在无意识中强化了，新的力量崇拜生长起来。这种力量在很大程度上以"专家"角色来实现，取代了曾经的巫师、家长或国家形象。然而，对这种力量崇拜与合理性建构又存在着片面化的隐患。首先是可行性的问题，若无论大事小事都按照专家策略进入制度化程序，赋予理性思考的同时却提高了解决问题的成本。如前文提及的《谁该为我的羽绒服负责》，为一件衣服做烦琐的调查，或是动辄就像民生新闻的流行语言"用法律手段维护自己的权利"，与其说是提供了解决办法，不如说让当事人提供更高的解决问题成本。

① 参见附录。
② 安东尼·吉登斯：《现代性的后果》，前引书，第 24 页。

其次，凡事都以专家的专门知识为行动准则，看起来帮助市民解决了具体问题，实际上却将日常生活引向更复杂的专业程序，可能导致削减人们的自主行为，弱化了其应对能力。

民生新闻中出现的专家以社会科学和自然科学研究者居多，他们"从事专业工作，通常总在于为某一具体的个人、组织或集团——如政治家、领袖人物、企业、政府、学校、军队等提供专业知识与专业技术的服务"[1]。在这个意义上，民生新闻的确将专家及其知识融入了百姓生活，实现了为大众日常生活服务的转变。但专家所发挥的知识的力量实际上大多是针对经验世界的工具理性，他们所习惯的科学研究态度有时是与百姓生活态度相疏离的，比如他们会非常冷静地把受到不公正歧视与对待的人们用非常中性的和抽象的社会学术语描述为"弱势群体"或"边缘化群体"等，他们的任务只是对之进行探索——发现规律与原因并作出预测及提出对应的办法与方案。[2]

与之形成反差或作为互补的是主持人，例如《南京零距离》主持人孟非。孟非不是专家，也许在具体问题的解决上他并不能提供什么有效的策略，但是他有浓厚的人文关怀色彩，有怀揣着理想对现实进行批判的态度。尤其是"孟非读报"版块的新闻点评，始终保持着对各种问题的质疑。例如2006年8月3日读《现代快报》的《卖身、卖器官有点泛滥》，针对媒体不断报道的当事人要出卖自己身体的新闻现象，孟非呼吁一个有责任心的公民和媒体别简单批评当事人，"不要忽略了这种现象背后的社会原因"。正是这种对"为什么"的追问、对新闻事件意义的寻找，使他获得了市民观众的赞赏[3]，并被认为是犀利地表达了公众的意见。专家与主持人的区别则在于他们普遍采取的是技术价值取向。知识分子的使命在于通过自己专业领域的工作，不停地对那些设定为不言自明的公理提出疑问，从而动摇人们的心理习惯、他们的行为方式和思维方式，拆解熟悉的和被认可的事物，重新审查规则和制度，在此基础上重新问题化（以此实现他的知识分子的使命），并参与政治意愿的形成（完成他作为一个公民的角色）。[4]

价值取向上的偏离使专家的声音汇聚成了工具理性的宣言，客观理性的分

---

① 曹文彪：《专家与学者——关于两类知识分子的一项社会文化考察》，载《学术研究》2005年第12期。

② 参见曹文彪：《专家与学者——关于两类知识分子的一项社会文化考察》，载《学术研究》2005年第12期。

③ "孟非读报"是《南京零距离》中收视率最高的版块，见王寅：《光头孟非不去央视》，载《南方周末》2003年8月28日。

④ 米歇尔·福柯：《权力的眼睛》，严锋译，上海人民出版社，1997年，第47页。

析使一切问题化解为技术、策略问题。因此，在有用与意义之间，民生新闻偏重于前者，以提供具体问题解决办法的方式将应对风险的责任交还给市民，而停止了对事件背后的意义探寻和深层原因的追问。

2. 政治宣传的声音

人们将新闻与历史进行比较时说"今天的新闻是明天的历史"，其实不仅仅是二者因为都在时间的链条上对事件做真实的记录而相似，更是在"发现并强调事件的联系使它们构成单义的因果方面"①　存在着相似之处。这也是"用事实说话"的本质，即新闻需要依托事件本身的内在性和叙事推理性，构成声音的统一与完整。电视民生新闻改变了单一的官方叙事，以记者、主持人、市民和专家等多种声音编织成"声音之网"，但这并非意味着无序的众声喧哗，而是通过嵌入的政治理念将它们统合起来。

电视民生新闻注重采用与市民生活相关的题材，即便是相对宏大的新闻事件也常常是从市民的感受或对市民造成的生活影响方面入手。像《南京零距离》2003 年 3 月就曾报道了一艘载有 200 吨浓硫酸的货船在长江南京水域沉没的消息，报道切入的角度是市民最关心的"南京水质有没有受到污染?"，并通过跟踪调查得出结论："浓硫酸容器没有破损。由于流出的速度很慢，加上江水稀释，因此南京市的水质未受严重影响。"鲜明的立场表现了对市民生活的关怀，而最终的结论是对紧张氛围的一种缓解，叙事的材料选择和因果组接以看似"光明的尾巴"给市民做了交代，隐喻着没有直接出场的国家力量的可信赖，至于"污染"与"严重影响"之间的差异则被淡化。因此，在民生新闻发出的声音中，究竟"谁是话语的主体?"②　并非显而易见的。

曾有研究者指出，不同类型的报纸往往会根据自己面对的受众群体选用相应的立足点来报道新闻，比如"市区某处水管爆裂"的信息，机关报着眼于"市长到现场，市民很满意"；精英报着眼于分析社会机制方面的弊端，甚至揭示其中可能存在的腐败问题；而都市报则着眼于水管爆裂给市民生活带来的不便。③　电视民生新闻的立足点与都市报相似，强调事件对市民生活的影响。但这往往只是出发点而已，正如布尔迪厄所说："话虽是自己说的，但谁也不能

---

① 　约翰·菲斯克：《解读大众文化》，前引书，第 162 页。
② 　布尔迪厄：《关于电视》，前引书，第 22 页。
③ 　孙玮：《现代中国的大众书写——都市报的生成、发展与转折》，复旦大学出版社，2006 年，第 40 页。

肯定自己就是这话的主体。"①《南京零距离》2006 年 7 月 29 日的第一条新闻是八一医院的烟囱爆破。新闻首先说明大烟囱带来污染而失去了使用价值，出于环保目的拆除，并强调爆破时间安排在凌晨四点是出于不影响人们正常生活和工作的考虑。对于一般市民观众来说，具有吸引力的主要是烟囱爆破瞬间的视觉冲击以及获知烟囱被拆掉了的信息，但实际上烟囱爆破的画面很短暂，更多的镜头是公安、交警、城管和消防部门工作人员的现场准备工作。新闻所包含的大量铺垫话语成了高潮的延时等待，显示真正的话语主体在发出召唤声音以获取市民群体的认同。

其实民生新闻中也不乏从市民生活切入，体现政府、领导关怀及"执政为民"方向的新闻，使以往直接的政府工作介绍变成了与百姓生活相关联的嵌入式信息。这些表现说明电视民生新闻正追求着普遍满意的目标：民生新闻鉴于自己的定位，自觉地与时政新闻作了分工，压缩了时政与会议新闻的报道数量，更多地关注普通群众的生活状态和情感诉求。充分地运用了民生新闻所搭建起来的强势传播平台，用各种群众喜闻乐见的形式，将党和政府的声音传到了千家万户。② 由此一来，民生新闻将社会新闻与时政新闻嫁接，使反映市民日常生活的新闻间接地与社会的宏观政治结构相联系，并成为隐藏的国家意志守护者。

然而，这并非电视民生新闻与生俱来的形态，通过对《南京零距离》2002年和 2006 年各一天的节目内容比较即可窥见一斑：

表4.2 《南京零距离》节目比较

	2002 年 8 月 1 日节目内容	2006 年 8 月 1 日节目内容
1	总政歌舞团昨晚在宁激情献演	消防官兵上演"时装秀"
2	132 家无证照"网吧"被揭露	油气两用出租车延长经营权
3	今年月饼会让人放心吗	助力车尾气危害不小
4	200 吨船舶今起禁行"夹江"	应对个税征收 市民搭上"末班车"
5	一制假窝点被端掉	搭错"末班车"的李老伯
6	梧桐树上的"炸弹"被清除了	个税征收第一天 二手房交易冷清
7	河岸塌方"吞"掉一车棚	高温酷暑：确保南京居民电不受影响
8	摩托车驾乘需守规	高温酷暑：绷紧安全生产弦

---

① 布尔迪厄：《关于电视》，前引书，第 22 页。
② 朱寿桐主编：《民生新闻概论》，前引书，第 85 页。

续表4.2

	2002 年 8 月 1 日节目内容	2006 年 8 月 1 日节目内容
9	雨花路今日发生两起车祸	高温酷暑：38 度露天作业原则上要停工
10	中山南路高架桥发生一起连环车祸	脑子转得快　高考笔记也卖钱
11	今天下午一外地男人当街服药自杀	公交候车座成了"铁板烧"
12	警方今日成功解救一名外地轻生男子	高温引发南京多处停电
13	财迷心窍竟骗看病钱	停电后，请关闭电闸
14	严惩罪犯，群众称快	甲方乙方：想说爱你不容易
15	南京玄武警方摧毁一行骗团伙	供电公司总经理解读今夏用电形势
16	二楼管道堵塞　一楼邻居遭殃	加油！老爷车
17	消防队员又灭一马蜂窝	七夕情人节：老年人的温馨节日
18	熟人竟是"贼"	五大出行方式　市民青睐公交
19	长乐路一家超市出现"早产"奶	环保设施不达标　污水浸溢闯了祸
20	居民用电签合同了	肿瘤病人遗体捐献受社会赞扬
21	8 月 1 日起南京将实行食品质量安全准入制度	南京高校支持开放管理
22	今天，因私购汇正式开放	
23	零距离提醒：水价上调前用户须将水费结清	
24	生日酒宴放倒 10 客人	

2006 年 8 月 1 日的新闻内容与早期相比有了明显的变化，一是将新闻更多地置于关注市民整体生活的高度，减少了对灾祸新闻与个体性反常事件的报道，而强调引导功能，即便是报道某户居民家电视机冒火的消息也以"停电后，请关闭电闸"的方式来提醒市民；二是增加了党政领导及政府职能部门工作的展示，如"高温酷暑"系列报道中出现了南京市市长、市委副书记等领导干部到工厂、建筑工地慰问的内容。这一变化过程说明民生新闻的初衷是偏重于市场因素的，强调以受众兴趣为旨归，以收视率为指标，走大众化的路子，而随后时政信息的加入则是管理部门的规约和媒体调适的结果。在"事业单位，企业化管理"的既要宣传又要经营的双重要求下，民生新闻也尝试着双重标准的探索。

　　媒介走向市场之后，使得新闻从业者感受到了源自市场竞争的呼唤，就是要建立自己独立的专业人格，这就将专业理念与"宣传体制"的冲突凸显到了表面。如前面所说，正面冲突相对是少有的，冲突更多地表现在相互收编中。但这不等于说冲突不存在，而是说冲突以比较隐蔽的形式表现出来。其中一种形式是新闻从业者以各种方式与宣传体制打起了"游击"。[①]

电视民生新闻寻求平衡点，实际是随着政治约束力的减弱而强化市场因素，又在政治要求呈增势时调整内容构成。目前伴随着电视民生新闻的普遍出现和逐渐成形，对应的政治要求和管理策略也愈发明晰。在这个过程中，对于民生新闻意味着需要加强时政新闻及宣传，对于管理部门来说则意味着需要通过大众化的新闻模式加强宣传教育，依托受众对民生新闻既有的认知达到超过传统新闻的宣传效果。

从整体发展方向来看，"两头满意"是民生新闻进一步追求的目标。无论是收视率还是传播过程中市民的积极参与都表明民生新闻已经得到群众的广泛认可，而如何在此基础上实现宣传教育作用等问题就伴随着提高民生新闻品质的呼声凸显出来。以市民关注的事件为切入点，传播政府工作的亲民、为民形象是一种做法，还有一种做法是通过叙事进行积极引导。例如由四个版块拼贴而成的关于旧房拆迁的新闻《告别牛市》[②]：马大爷在老房子门口摆弄花草，小王拍老房子的照片，蒋先生说习惯走旧的木楼梯，以及搬了家的张女士回来和邻居吃散伙饭，等等。以新闻的定义来衡量，其报道的应该是牛市老房拆迁的事件，但这里的事件叙述仅仅是一句话带过的背景，而浓厚的情感抒发贯穿了整个新闻，呈现的主要是居民略带伤感的留恋。这就以怀旧的声音为情感释放渠道，整合统一为告别过去、奔向新生活的声音。因果关系确定的叙事框架、鲜明的引导声音将事件设置进特定的意义当中，恰如菲斯克所说的控制新闻"真实"的"弥补性"企图：

> 这个隐喻指的是将事件拉入演播室中的安全的社会中心意识所需要的努力程度。新闻对其文本策略的强调是证实这一过程的努力，它说"事实"只能被我们的大机构性作者所写，它们可以调动所有这些声音并将它们纳入一个导向关于事实的知识的等级体系中，这些事实比它们中的任何一个都重大，或比建构它们的任何其他方式都重大，因为它创造了一种统

---

① 陆晔、潘忠党：《成名的想象：中国社会转型过程中新闻从业者的专业主义话语建构》，《新闻学研究》，2002 年第 71 期。

② 《南京零距离》2006 年 7 月 29 日。

一的、连续的、无可否认的常识。①

作为社会上层建筑的新闻事业，有着特殊的文化意义，它不仅传递信息，也可以是思想武器、舆论工具。而处于社会转型中的中国新闻事业不仅要承担这些功能，生产文化产品，还要承担市场经济背景下的商业盈利功能。电视民生新闻正因此而具有了代表性，是"转型期新闻谨慎过渡"②的体现。虽然各个电视台的民生新闻栏目发展进程不一致，民生新闻的声音可能是多元的、游移的，但它实现了"耳目喉舌"功能上的新的尝试，实现了主流意识形态宣传的日常化。可以说，民生新闻在看似琐碎、散漫的新闻背后并没有放弃宏大叙事的企图，而是把握了"建构一种可以嵌入文化生活和政治生活中的常识性现实的推理权力是权力的社会关系的关键"③的原则，隐蔽地发出宣传教育的声音。

3. 舆论监督的声音

民生新闻反映百姓生活也必然会包括百姓意见、情绪，这就在一定程度上为市民提供了发出自己声音的平台，让公众话语"不再仅局限于人们私下小群体日常生活的普通议论，而使个人从正规的渠道自由地向社会大众及政府发散的言论"④。这种公众的议论即舆论，"是公众关于现实社会以及社会中的各种现象、问题所表达的信念、态度、意见和情绪表现的总和，具有相对的一致性、强烈程度和持续性，对社会发展及有关事态的进程产生影响"⑤。从这个角度来看，对舆论的反映应该是民生新闻代表普通民众声音的最直接表现。

与其他类型的新闻一样，民生新闻可以反映舆论，而且应该反映舆论，并且就舆论的特质来看，民生新闻比其他新闻在舆论作用上更为突出。首先，舆论的主体是公众，是一个分散而模糊的组合体，一般是通过对某个事物的关注和意见表达而联系起来的。由于民生新闻采集的信息多来自基层群众生活，尤其是市民还会作为信息源主动打来投诉电话或反映意见，因此民生新闻成为舆论汇集的纽带，也更容易获取社会舆论，了解真实的公众意见。其次，"就舆论的数量、强烈程度和持续性而言，对社会整体感知方面的舆论，社会的最大多数，即社会的中下层公众，经常决定着舆论的发展方向，具有较高文化水平

① 约翰·菲斯克：《解读大众文化》，前引书，第 164 页。
② 寿为民：《社会转型期的新闻应对》，载《视听纵横》2004 年第 5 期。
③ 约翰·菲斯克：《解读大众文化》，前引书，第 159 页。
④ 侯蓉英：《〈南京零距离〉对公众话语空间的建构》，载《中国电视》2004 年第 6 期。
⑤ 陈力丹：《舆论学——舆论导向研究》，中国广播电视出版社，1999 年，第 11 页。

的所谓精英阶层的舆论，有时并不能够左右这种舆论"[1]。以社会中下层人群为主要受众的民生新闻，必然成为其意见公开表达的主要媒介，而且在引导舆论方向的作用上更为关键。

新闻事业作为社会的一个舆论工具，影响力极强。它通过反映舆论，并以放大器的形式对各种社会行为构成约束力、引导力，起到监督作用，因此人们常常把媒体反映舆论的手段与社会监督的功能连接在一起。并且，人们又经常对媒体的舆论监督功能做狭义化理解，仅将其视为媒体的批评报道。其实，完成舆论监督功能的方式有多种，如公开报道事实、批评不良行为、即时褒贬、设置议题新闻组织讨论等，既可以是正面的讨论，也可以是针对各种错误、落后、阴暗、消极和腐败现象的公开揭露与谴责。只不过在强调正面宣传的新闻时代，批评的声音更见特别，对今天的受众更有"解气"之效，所以受到较多关注。电视民生新闻从一开始，就因数量众多的批评报道而引人侧目。有统计显示，江苏电视媒体在 2003 年 11 月 28 日一天的新闻中，批评揭露类的占各个栏目新闻总量的比例分别为《南京零距离》50％、《法制现场》50％、《直播南京》33.3％、《服务到家》14.3％、《标点》7.7％、《1860 新闻眼》7.1％。[2]此外，民生新闻舆论监督的范围也很广泛，有研究者认为，电视民生新闻的舆论监督主要集中在以下几个方面：

> 首先是对社会的丑陋现象进行深刻批判与揭露。在日常生活中，与百姓最接近的是政府管理与服务部门，他们最直接地感受到这其中的是是非非。例如政府管理部门的官僚主义、衙门作风令百姓深恶痛绝，城市中某些角落有人从事一些见不得人的勾当，歌舞厅中的色情表演、非法网吧对青少年的影响、商品交易、服务行业的欺诈行为等……其次是对政府某些管理职能部门的腐败与官僚主义进行监督，如在《南京零距离》上，市政建设中挖断水管、电缆的报道几乎每周两三天就能见到一次。某公路收费站竟然在深夜强拦执行紧急救火任务的消防车，要收过路费。申报世界文化遗产的国家重点文物保护单位居然被出租给个体户搞经营。有关部门的腐败、官僚使公众利益遭受损失……再次是批评市民生活中种种非文明行为。《南京零距离》几乎每周都有报道某些南京市民因为喝醉酒引发的问题。如醉卧街头、醉卧下水道、酒后吵架等，这些新闻中人的不文明举

---

① 陈力丹：《舆论学——舆论导向研究》，前引书，第 22 页。
② 朱寿桐主编：《民生新闻概论》，前引书，第 75 页。

止，经过电视曝光后，对广大市民都有警示作用。[①]

简而言之，民生新闻舆论监督的对象不仅包括公共权力及把握公共权力的人，还包括其他社会成员，涉及政治、经济、文化和社会道德等各个层面。

电视民生新闻的舆论表达主要体现为三种形式：一种是让市民直接面对镜头发表对各种现象问题的看法，并大量运用同期声，让舆论表达更真实、直接。据统计，在南京和成都地区具有代表性的几档民生新闻节目中，市民的出镜率都超过了50％，有的甚至高达80％以上。[②]一种是栏目设置讨论话题，市民通过短信参与，然后用数据统计大家的意见。还有一种是主持人在新闻事实基础上做出评论，代表公众舆论。这几种形式往往是结合起来的，既通过主持人评论归纳总结和引导公众舆论，又强调以市民的言论为支撑，展示其平民立场和平民视角的代言人身份。例如《都市一时间》2006年12月播出的系列报道《拷问长沙公交：别再涨价了》[③]，就以市民对长沙公交票价上涨不满的舆论为切入点，进行了多方调查。新闻分为六期，第一期和第二期报道了空调车使居民负担加重，并提出问题："一方面是老百姓冷落收费高的豪华公交，企盼廉价公交，一方面是公交公司认为一元收费无法维持运营成本。空调巴士的出现将这一怪圈摆在了人们面前，那么，这一怪圈该由谁来破解呢？"第三期和第四期针对公交分段收费变相涨价引发的矛盾进行报道，展示了市民与公交公司两方面的苦衷；第五期和第六期则通过北京公交介绍、专家提议和相关国家政策解读对问题进行了深入思考，提出解决办法。这六期新闻组合在一起就是一个调查性报道，层层递进地反映了舆论的发展。在该系列报道中，舆论作为"信念、态度、意见和情绪表现的总和"[④]，首先表现为两元公交票价与市民原有判断标准及其对公用事业管理的认知产生矛盾，引发市民不满情绪，然后强度逐渐增大，矛盾激化，发生了乘客因此殴打驾驶员的现象（第五期），使这个报道的价值显得尤为突出。同时，新闻注意了平衡报道的原则，给不同观点的多方以均等的表达权利和机会，其中，市民出镜发言十次，公交公司经营管理人员和司机、调度员出镜发言九次，市物价局、公用事业管理局干部出镜发言两次，表明新闻立足于为大家"解惑"，理性细致地分析问题、引导舆论。这样，新闻将市民舆论与主持人对国家提倡廉价公交的政策解读相结合，

①　陈龙：《新闻本位、舆论监督、人文关怀：民生新闻的公信力要件》，载《中国电视》2004年第6期。

②　张金辉、程前：《电视民生新闻本质解读》，载《媒体竞争研究》，www.cwmedia.org。

③　参见附录。

④　陈力丹：《舆论学——舆论导向研究》，前引书，第20页。

指出公交公司追求经济利润和低价公交之间的矛盾，并通过专家提议说明政府应予以补贴从而起到对公用事业的调节作用。这个"市民反响强烈"（原新闻中用语）的新闻，反映群众生活中的热点问题，传递平民大众的呼声，是民生新闻发挥舆论监督的功能的典范之作，直接对地方政府在实施国家政策方面提出了要求。不过，它敢于提出质疑、保障自己代表市民做合理追问的依据，是"国家建设部等四部门联合发文要求，政府应对城市公交实行补贴，保障公交最低票价"的规定。这项政策作为贯穿整个系列报道的主线，反映了民生新闻在体制框架内谨慎适度的舆论监督。

电视民生新闻是电视新闻步入市场的尝试，其收视率带来了可观的经济效益，因此与时政新闻相比较，它拥有了更宽松的环境，在批评报道方面多了一些被默许的自由度。不过这主要表现在报道数量上，在质的方面仍有明确的框架约束，正如有研究者认为的，传媒可以批评和怀疑，但要保持在一定的限制条件内，维护现存体制和社会稳定，在现行社会制度和政治体制框架内对批评和怀疑的限制在任何传播制度中都存在，国内的新闻活动同样受到约束，这其中除了来自法律和职业道德规范，还有有关新闻宣传工作的管理规定等。

民生新闻更多的舆论监督是对经济纠纷、消费问题和社会不文明现象的批评报道。大量相似的、浮于表层的批评报道在吸引受众做道德评判的同时，却给民生新闻带来了品质上的问题。过多的对社会负面的展示与社会整体真实面貌之间存在着偏离，其建构的拟态环境也会影响大众对客观世界的准确认知。于是，民生新闻早期的锐气逐渐丧失，开始转向求稳、求安全之路，如一句评价《第七日》和《南京零距离》的话所说：当初以犀利批评报道见长的这两档栏目正在扬弃它们的这一撒手锏。[①]

民生新闻力图发出平民舆论之声的努力，也尝试选用"去政治化"的题材让大家参与讨论。江苏卫视《1860新闻眼》2004年10月23日播出了一则《骑马能不能进闹市》的新闻。就一个男子骑马在闹市区的人行道上散步的事件，记者走访了有关部门和专家。在了解到没有法律法规禁止街上骑马之后，栏目设置了一个问题："马究竟能不能上马路？"一万多名观众短信参与进来，63％的观众认为不可以，37％的观众认为可以。短信引发了大众的讨论：法律没有禁止的就是合法的吗？闹市骑马是否侵犯他人的公共空间？观众还查阅有关法律文件，试图找出骑马者合法或不合法的根据。立法部门则开始研讨，有无必要将之写入法规。上万名观众参与讨论显示了民生新闻的吸引力、大众参

---

① 金力维：《"民生新闻"不再犀利 孟非元元回顾各自经验》，载《北京晚报》2004年7月5日。

与公共事务讨论的热情以及对发出自己声音的渴望，新闻也由此呈现出公共新闻的特征。① 但偏重于类似题材的做法，就意味着对其他范畴的遗忘，于消遣之中遮蔽了民生更厚重的本质。有研究者指出电视民生新闻舆论监督的一个重要作用：

> 民生新闻类节目很好地转移了公众视线，起到社会安全阀的功能。另外，民生新闻适度的批判性报道可以使大众找到一个发泄社会不满的渠道，从而缓解社会不满情绪的积聚和升级。②

与传统新闻叙事相比，电视民生新闻的声音更趋多元化，尤其是以往很难被媒体追随的、处于日常生活状态中的普通市民获得了更多的新闻话语权力。"叙事既是一种推理模式，也是一种表达模式。人们可以通过叙事'理解'世界，也可以通过叙事'讲述'世界。"③民生新闻的"讲述"与市民日常的真实讲述并不完全一致，它还嵌入了自我判断中认为"应该"有的声音。这使它一方面成为政府声音的传达者，以与百姓生活紧密连接的姿态，而成为一种柔性代言；另一方面，引入专家的声音分析解决民生问题。于是，民生新闻以众多批评报道区别于传统新闻面貌，在市场支持和政治约束的张力中一定程度地建构了公众自由的话语空间。

第三节　电视民生新闻的新闻框架

"框架"概念源自心理学家贝特森（Bateson），后被社会学家欧文·戈夫曼（Erving Goffman）移植到社会学研究中，为人们怎样运用自己的期望来理解日常生活的意义提供了系统性的阐释，启发了新闻传播的框架理论研究。从20世纪80年代兴起的框架理论，对"框架"有各种解释：一种观点认为框架是选择所感知的现实的某些方面，并使之在传播文本中更突出，促成一个独特问题的界定、因果解释以及如何处置的忠告；一种观点把框架定义为一个起到中心组织作用的概念，以使人认识到与之相关的事件，暗示争论的东西，并由此导致其他事件"没有发生"；还有观点认为框架是一个持续不变的认知、解

---

① 张恩超：《从民生新闻到公共新闻》，载《南方周末》2004 年 11 月 4 日。
② 朱虹：《民生新闻兴起的社会效应分析——以南京媒体为例》，载《学海》2006 年第 6 期。
③ 伯格：《通俗文化、媒介和日常生活中的叙事》，前引书，第 11 页。

释和陈述框式，也是选择、强调和遗漏的稳定不变范式。① 框架理论所包含的核心思想实际延续了李普曼的"拟态环境"概念，即媒介对现实的反映是"拟态"的生产，在客观现实基础上有着传播者主观的建构，而这又会影响受众对客观现实的认知。与大众传播学研究中的"把关人"理论、"议程设置"理论不同的是，框架理论不只关注传播的内容层面，也不简单地把媒介生产与受众反应视为对应关系，而是以"关系"视域将文本考察与整个外在环境相联系，对媒介如何建构社会现实做出了拓展性探索，其内涵如图 4.1 所示②：

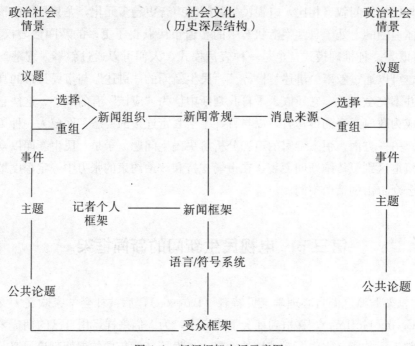

图 4.1　新闻框架内涵示意图

框架理论连接了传播者的文本生产、受众期待视野和社会文化背景，在大众传播媒介研究中，"媒介的框架就是进行选择的原则——是强调、解释与表述的符码。媒介生产者常用它们建构媒介产品与话语，不管是文字的还是图像的。在这种背景下，媒介框架能使新闻记者，比如，对纷繁错综、常常矛盾的大量信息进行迅速而例行的加工与'打包'。因此，在对大众媒介的文本加以

① 参见黄旦：《传者图像：新闻专业主义的建构与消解》，复旦大学出版社，2005 年，第 230、231 页。

② 张克旭、臧海群、韩钢等：《从媒介现实到受众现实——从框架理论看电视报道我驻南使馆被炸事件》，载《新闻与传播研究》1999 年第 2 期。

编码的过程中，这些框架就成为一个重要的制度化环节，而且，在形成受众的解码活动上还可能发挥某种关键性作用"①。

电视民生新闻在文本形态、传播方式等方面的特征显示了自身框架的存在。首先，电视民生新闻的选材与再现现实的方式体现了加姆森（Gamson）对"框架"的两类定义：一类是指界限，代表了取材范围；一类是指架构，以此来解释、转述或评议外在世界的活动。② 民生新闻选择与市民生活相关的题材确定了其反映实景的范围，而表达方式又影响了受众的理解，二者共同框限着受众的认知。其次，对收视率的追求使民生新闻强化了"相关性"原则，注重新闻与社会文化的融合，"例如，新闻工作者在报道中所使用的语言或对事件的描述，其基础大都来自社会文化中为广大受众所熟悉的故事结构（或称新闻框架）"③，即框架的生产是文化框架内的生产，以原来的框架为基础，又使原来的框架处于变化的动态过程中。吸收大众文化、俗文化资源，增强节目吸引力，是民生新闻普遍的做法，也构成了其新闻框架与社会文化框架的互动、交融。再有，电视民生新闻开创了大时段的地方电视新闻格局，《南京零距离》《都市一时间》时长 60 分钟，而《成都全接触》在近年的发展中更是从起初的60 分钟一度延伸为一天多个版块：《成都全接触午间播报》35 分钟、《成都全接触新闻冲击波》（节目预告）15 分钟、《成都全接触主档新闻》80 分钟、《成都全接触特别视点》20 分钟、《成都全接触 900 播报》55 分钟、《成都全接触夜新闻》60 分钟。数量巨大的自产新闻必然要求记者、编辑寻求迅速便捷的信息处理方式，并形成常规生产模式。按照吉特林的说法，框架作为持续不断地选择、强调和遗漏的范式，能够使新闻记者迅速处理大量信息，并按常规包装信息，使之有效地展现给受众。因此，新闻框架分析意在以文本为立足点剖析民生新闻整合信息的规律化处理方式，并从其突出的故事框架和文化框架结构方式特征角度，来揭示民生新闻如何在当下社会文化背景中建构新闻事件的意义。

一、电视民生新闻的故事框架

《现代汉语词典》中将"故事"解释为：真实的或虚构的用作讲述对象的

---

① 约翰·费斯克等编撰：《关键概念：传播与文化研究辞典》，前引书，第 111 页。

② 参见臧国仁、钟蔚文、黄懿慧：《新闻媒体与公共关系（消息来源）的互动：新闻框架理论的再省》，载陈韬文等主编《大众传播与市场经济》，炉峰学会出版社，1997 年。

③ 张克旭、臧海群、韩钢等：《从媒介现实到受众现实——从框架理论看电视报道我驻南使馆被炸事件》，载《新闻与传播研究》1999 年第 2 期。

事情，有连贯性，富吸引力，能感染人，如神话故事、民间故事；文艺作品中用来体现主题的情节，如故事性。传统的故事研究属于文学研究范畴，而新闻和文学作品由于真实与虚构的界限一直被当作相互分离、几近对立的文类来对待，并在不同研究范式的导引下，追求各自的目标、遵循不同的路线。如今，新闻的客观性原则在吸引受众的目标冲击下被放诸其次，对感染力的追求使新闻传播者由保持距离的姿态开始转向探寻新闻和非新闻作品之间在讲故事方式上的家族关系，新闻学研究也得以承认两种文类在讲故事方式上是"同根同源"① 的："排除掉虚构的部分，我们仍可说新闻报道系以其特有的文学体裁真实地记录着社会故事。"②

　　但是，研究者对"故事"的界定又是有差异的。有人认为"故事"是事件的原生态，不包含叙事成分，叙述者运用某种媒介讲述"故事"，形成叙事话语，体现意义③；也有研究者将"故事"视为以特定方式表现出来的素材，是一种编排（ordering）的结果④。电视民生新闻文本呈现的故事正是后者的体现，包含了传者在选择和报道过程中的态度表达，一是选取具有故事因素的新闻事件，即"具备了优秀小说的一些价值特征，比如主角与对手的矛盾冲突、许多戏剧性的情节、神秘色彩和人性化等等"⑤；二是在报道中突出事件的故事因素，即用小说家的思维来构思新闻报道，"寻找故事中潜在的喜剧、悲剧、讽刺或冲突因素，在采访和写作过程中重点强调这样的因素。尤其要重点关注故事主角和对手之间的紧张关系"⑥。这意味着在具体操作中，民生新闻主要是以情节化和人物化来实现故事的讲述。

　　英国作家福斯特认为故事是按时间顺序安排的事件的叙述，情节也是事件的叙述，但重点在因果关系上，例如"国王死了，然后王后也死了"是故事，"国王死了，王后也伤心而死"则是情节。⑦ 他所说的"故事"与前述的认识有区别，但对"情节"的界定反映了表面上按照时间顺序出现的事件被加以解

---

　　① 参见詹姆斯·库兰、米切尔·古尔维奇编：《大众媒介与社会》，杨击译，华夏出版社，2006年，中译本序第 11 页。

　　② 蔡琰、臧国仁：《新闻叙事结构：再现故事的理论分析》，载《新闻学研究》1988 年第 58 期。

　　③ See Chatman, S. *Story and Discourse*, *Narrative Structure in Fiction and Film*, Cornell University Press, 1981. p. 19.

　　④ 参见米克·巴尔：《叙述学：叙事理论导论》，前引书，第 3 页、第 91 页。

　　⑤ 威廉·E. 布隆代尔：《〈华尔街日报〉是如何讲故事的》，徐扬译，华夏出版社，2006 年，第 10 页。

　　⑥ 威廉·E. 布隆代尔：《〈华尔街日报〉是如何讲故事的》，前引书，第 48 页。

　　⑦ 福斯特：《小说面面观》，苏炳文译，花城出版社，1984 年，第 75 页。

释和重组，包含着叙述者的主观解释，甚至还增添了情感成分。其实，情节不仅仅是依照因果逻辑组织起来的一系列事件，黑格尔就认为，情节应"表现为动作、反动作和矛盾的解决的一种本身完整的运动"[①]，即事件发展中还包含了矛盾冲突。电视民生新闻的情节也大多是依附于冲突展开的，在对《第一时间》的抽样统计中显示，仅天灾人祸、法制和维权类明显以冲突为核心展开的新闻报道就超过了总量的 42％，其中既有冰箱坏了无法修理、小区停水居民用水困难、广场环卫工人工作和老人晨练发生矛盾等问题，也有水果摊主为争抢顾客打架、老太被骗买了掺水香油、众路人齐心协力抓住抢包贼等偷盗欺诈案件和各种纠纷争斗事件。[②]

　　冲突意味着打破原有平衡状态，从新闻的特质来看，"有新闻价值的事件是那些破坏平衡或恢复平衡的事件。平衡状态本身是没有新闻价值的，也是绝对不会有人去写的，除非它是不平衡状态的潜在对立面，详细描述的往往都是不平衡状态"[③]。民生新闻一般是从纷繁复杂的事态中找到两项或两项以上的对立作为冲突的主要执行者，对立者可能是人、机构、制度、法律、舆论，甚至是人和本人的意志冲突，并在电视屏幕上将之表现为有形的图像代表。[④] 以《成都全接触》2006 年 8 月 6 日的新闻为例，总共 19 条新闻，就有 15 条按照二元对立原则来组织，与生活常态形成反差。其中最多的是安全事故类（包括车祸）报道，如民工因大意摔伤、台灯线短路引发家庭火灾、电线断裂导致绿化工触电身亡和横穿马路的老太太被车撞死、酒后开车导致翻车等。这类报道中，作为画面展现的是与常态形成对立的意外事故，即安全与危险的冲突，而新闻大都把主要原因归结为当事人的疏忽，并用这样一个启发意义来框限这类故事：如果大家有足够的安全意识和警惕性，事故是可以避免，或者事故的损害是可以减弱的。其次是纠纷类报道，顾客与店主的争吵、租车人的债主扣车和停车场里车被砸、停放在市场里的货车丢失等。纠纷类报道常常以各方的争执作为报道的起点，即从矛盾激化的高潮开始，再回溯起因、说明过程，推动情节发展，最后根据事件的解决情况用点评作为结尾的交代。以高潮为起点以及对冲突双方语言、神情和动作的着重展现，实际是立足于电视媒体的视听特质，强调了故事的戏剧化色彩。民生新闻一般都将这类人与人之间的冲突首先

---

　　① 黑格尔：《美学》第 1 卷，朱光潜译，商务印书馆，1979 年，第 278 页。
　　② 参见陆晔、王硕、侯宇静：《突破从"民生新闻"开始——〈第一时间〉与地方电视新闻发展前瞻》，载《现代传播》2004 年第 4 期。
　　③ 约翰·菲斯克：《电视文化》，前引书，第 200 页。
　　④ 参见王颖曜：《电视新闻叙事的戏剧可能与表现》，载《新闻大学》2004 年第 4 期。

划归到道德范畴，以"和为贵""互相体谅、谦让"等劝解结束，意味着个人道德修养水平决定了事态发展，而无法在道德层面来解决的冲突则多由当事人或主持人表态要"通过法律渠道解决"，重新恢复平衡状态。再者是法制案件类报道，如在自动取款机上安装盗窃装置偷钱、"黑"中介诈骗、偷车贼逃窜中撞车等。这类由警察与坏人构成的二元对立最具戏剧效果。民生新闻往往着重展现其中的擒拿场面和作案过程，以大众平日难以见到的动作性场景来增添吸引力。而"偷车贼仓皇逃窜，一头撞上出租车"更是在相互对立的形式间展开巧合关系的叙述，构成修辞学上的"反衬"与"反常"："把两件事物对立起来（猎手反被猎物所杀）或是事件与自身对立（祖母是名诈骗犯）的反衬，以及思维或行为方式与日常习惯或逻辑相抵触（'司机未至，火车先行启动'）的反常"①。同时，这类报道惯常用惩戒话语点题，小偷撞车是"多行不义，必自毙"，其他则是"天网恢恢，疏而不漏"等，以正义的胜利来彰显平衡状态的重建。

由此可见，依附于冲突展开的情节是民生新闻结构的中心，而在相对稳定的陈述和阐释框架中界定问题、解释因果以及给出如何对待的忠告，则成为记者对纷繁复杂的信息进行迅速而例行的加工的基本模式。电视民生新闻面对节目竞争，甚至是在受众多种消遣活动的选择竞争中，以故事化手法改变了新闻严肃乏味的形象，并通过冲突、悬念等戏剧化设计使节目具有观赏价值，保证观众持续的注意力。故事从平衡状态被打破开始，以平衡状态重新恢复或展示能恢复平衡状态的路径结束，说明了"平衡是现行社会秩序价值观念的再生产，这种社会秩序很少用直接的方式来表现，而只是根据它所受到的破坏来间接表现。因此它被神化了，成为理所当然的、事情原本如何的常识性观点，而这是维持现状所必需的"②。至于平衡被打破到恢复的过程描述，在多数民生新闻的新闻框架中都是基于单一的因果关系，少有背景资料链接和事件的延伸思考，因而使其总是在封闭的、可以预见的框架内把握关系，将真实事件中存在的张力或偶然性排除在外，结论自然也流于片面和简单化。故事是有头有尾的，而生活中的具体事件却是在不断延续的，人为地截断这种延续过程，使其他很多可能性被忽略，事件的丰富性在民生新闻中被压缩成了单义形态，维持的是不断印证的道义理念。

形象的故事使信息变得具体，而故事中不可缺少的还有人物。在电视民生

---

① 弗兰克·埃夫拉尔：《杂闻与文学》，前引书，第9页。
② 约翰·菲斯克：《电视文化》，前引书，第201页。

新闻中出现的人物多是市民，主要承担了当事人和目击者两种角色。当事人是事件的参与者，他们要么促成了事件的发生，要么受到事件的直接影响；目击者则是以观察者的身份对事件进行补充说明或做出价值判断。民生新闻中的人物既是事件、情节发展的动因，也是其关注的对象，如云南电视台的《民生关注》在 2006 年 8 月 30 日播出的一条新闻《接踵而至的通知书》：

> 几天前，我们报道了西双版纳一位学生收到 12 份录取通知书的事情，最近，施甸县一名叫段丽的学生也遭遇了这样的事。
>
> 段丽填报的志愿是云南经济管理职业学校，正当她在家等待录取通知书的时候，8 月 4 号她收到了第一份录取通知书，上面写着辽宁工学院云南学部四年本科类，专业是计算机科学与技术；随后的几天，段丽又陆续接到武汉理工大学网络教育学院、云南北美职业学院等 9 份录取通知书，段丽感到很纳闷，自己并没有填报这些学校，怎么会被这些学校录取了呢？
>
> 段丽："我们看了以后，好像觉得有点假，然后又问了同学，还有亲戚朋友，他们都说很假，没有教育局的公章，我也不敢去读反正收费也是太高了。"
>
> 经记者调查，这些学校要么属于综合性职业院校，要么是网络教育学院和民办专科学院，虽然大多具有国家承认的办学资质，但都属于成人教育系列，这些院校在入学方面没有太高的要求，只要是高中毕业都可以入学。当然也不排除有人假冒这些学校的名义发放所谓的录取通知书，如果考生遇到这种情况，一定要到当地招办等相关部门进行咨询，以免受骗上当。

新闻以讲述事件经过为基本脉络，站在当事人角度，带领观众一道经历事件过程，用当事人的语言和分析来证实判断，给出指导性意见。并且，从现象展示、问题设置到应对态度的提出这种具有故事讲述色彩的做法，将观众从近距离观察带到远距离思考。新闻报道以典型个案反映有一定普遍性的事件，目的在于起到提醒、警示作用，而人物在故事中则起到强化事件的真实性和生动性的作用："有的时候，我们必须看到他们的面孔，听到他们的声音，才能真正相信那些别人告诉我们的事实真相。"[1] 但是人物的特点并不突出，段丽与该媒体曾经报道过的收到 12 份录取通知书的学生没有太大差别，这意味着民

---

[1]　威廉·E. 布隆代尔：《〈华尔街日报〉是如何讲故事的》，前引书，第 23 页。

生新闻中的人物具有类型化特征，与情节相比有着不同的地位。

二者的主次之分在文艺研究中也有不同的认识，黑格尔将人物性格看作理想艺术表现的真正中心，金圣叹认为《水浒传》百看不厌的原因是作者把一百零八个人的性格都写出来了；而亚里士多德提出悲剧的六个成分（即形象、性格、情节、言词、歌曲和思想）中"最重要的是情节，即事件的安排；因为悲剧所摹仿的不是人，而是人的行动、生活、幸福……他们不是为了表现'性格'而行动，而是在行动的时候附带表现'性格'"①。这种差异在对事实进行报道的民生新闻中表现为偏重情节、轻视人物。虽然各条新闻中的人物姓名、身份，事件发生的时间、地点都不相同，却给人相似甚至雷同的感觉，原因在于他们的行动目的、意义与基本方式相似。弗拉基米尔·普罗普在《民间故事形态学》中对一百个俄罗斯民间故事进行分析后归纳出了几种承担不同功能的人物角色：坏人、捐赠者（提供者）、帮助者、公主和他的父亲、派遣者、主人公（探索者和受害者）、假主人公，并指出，在一个故事中，人物的作用是稳定的不变因素，独立于角色的表演和由谁表演的问题。② 民生新闻中的人物同样表现出这些类型来：好人与坏人、警察与罪犯、伤害者与被伤害者、救助者与被救助者、行动者与反对者，等等。这种二元对立的结构方式更多体现了人物的行动元功能③，使人物作为情节的推动者的意义远远大于人物性格、精神气质的展示。

高速的生产方式和一次性的消费方式决定了电视民生新闻无暇顾及故事的深入思考和人物角色的多重展示，而更多的是将人物视为新闻故事的形象载体，强化新闻的真实性、生动性，并借人物语言传达符合社会秩序的价值观念。有的民生新闻更是突破传统观念，以拟人化手法将"物"作为人物角色来报道，如北京电视台《第七日》在第 85 期有一个小型专题报道《最后的蟑螂》，反映的是北京全城动员灭蟑螂。新闻没有重复已有的宣传报道，而是大胆采用拟人化手法，以蟑螂口吻自述的方式，模拟蟑螂低视角平拍，又实拍了市民围追堵截的灭蟑螂行动，还借来北京科学教育电影制片厂有关蟑螂的资料片，提高了观众的收视兴趣：

　　我是蟑螂，用我的眼睛看世界就是这样，什么什么都很高大，前些年

---

　　① 亚里士多德：《诗学》，陈中梅译注，商务印书馆，2003 年。
　　② 参见约翰·菲斯克：《电视文化》，前引书，第 197 页。
　　③ 参见 A. J. 格雷马斯：《行动元、角色和形象》，王国卿译，载张寅德编选《叙述学研究》，中国社会科学出版社，1989 年，第 119 页。

总听有人唱：我们是害虫，还有什么杀死，杀死。我就是那歌里唱的害虫，我觉得没招谁没惹谁，可人们就是讨厌我，大概是因为我什么都吃，而且哪儿哪儿都去，繁殖速度也快，十几天就能当上爷爷。我们生生不息……不信我躲到抽屉里，你看着啊：（同期：小姑娘开抽屉，尖叫）

我还一绝活，就是有"第六感觉"，什么风声、雨声、脚步声，一点风吹草动我就能感觉到。想灭我，哪儿那么容易啊！

……啊，怎么超市里也全是我们的名字，灭蟑药，居然摆了两层货架，一种，两种，三种，四种，哎哟，数不过来了，十几种吧。

……您瞧瞧，有设机关的，有下毒药的，还有放毒气的，真是没活路了，哎呀不好，要封门了，快逃出去。

……真是悲惨世界呀！惨啊，看来，我是躲得过初一，躲不过十五了。还是回大本营吧。啊，蟑螂药。赶快跑。啊，这儿也有药，怎么到处是药！没处躲了，怎么办哪，啊！

主持人：

这蟑螂是我装的，真正的蟑螂没这么聪明，否则灭起来就更困难了。不招人待见的蟑螂倒有个好听的别名，叫富贵虫。正是因为好吃的多了，蟑螂有了口福；高楼多了，就有了蟑螂喜欢栖身的管道；再有，就是旅游的人多了，把蟑螂从这儿带到那儿，又从那儿带到这儿。所以，灭蟑螂的要点是一起动手，不留死角。人心齐，泰山移，何况小小蟑螂呢。①

《最后的蟑螂》具有浓厚的文学虚构色彩，以拟人化手法增添了新闻的趣味性，起到了渲染气氛、增加感染力的作用。新闻自由发挥的空间是无人能把握的蟑螂"内心活动"，因此观众一般也不会质疑其真实性。电视民生新闻与文学创作的结合更趋明显，其主要目的是通过故事化手法提升节目的观赏价值，将类似"人心齐，泰山移"的理念传播出去。同时，这也使民生新闻表现出娱乐消遣的特征来。

事实无法自身言说，其意义的呈现依赖新闻框架的存在。框架是组织材料的必要条件，能够将零散的信息或经验组合成有一定主旨的整体，而民生新闻以故事框架赋予了表象特定的理解方式。其文本一般包括故事、事件的归因和一个抽象的概念，故事将概念具体化，发挥了在家庭观看环境中吸引受众注意力的作用，但当观点、事件由一个个独立的个体说出、演绎出之后，现象便遭遇个人化、特殊化，必然性被偶然性遮盖，削弱了其普遍意义。作为电视民生

---

① 吴郁：《映日荷花别样红——北京电视台主持人元元的风格》，载《当代电视》2002年第7期。

新闻快速生产的一种普遍模式，在简单的预设框架中阐述问题、分析原因、进行道德判断、提出解决之道，看似提供了不断变化的新信息，内核却是在相似的故事中重复生产着常识，将受众认知引向稳定的社会价值观。

二、电视民生新闻的文化框架

民生新闻作为地方台参与竞争的一个产品，注重将新闻事件讲述得曲折动人，富有吸引力，让观众主动选择收看，甚至形成约会意识，处于对故事的期待中。这就改变了新闻严肃、与日常交流有距离感的传统，并通过故事形态将新闻嵌入大众的日常生活中。民生新闻与观众建立密切联系，依赖两个方面的"相关性"：一是内容的相关，即观众的日常生活经验与文本中的描绘是一致的；二是叙述故事的方式与观众文化习性相关。正如菲斯克所说："相关性需要文本与高于文本的读者的社会经验紧密结合：阅读不仅仅是一种符号的解码行为，而且要借助于早已存在的文本。阅读是一种文化实践，而非一套技能。"[①]

对此，电视民生新闻继承了民间说书的文化特质，在市民文化传统的基础上搭建新闻框架。"说书"是宋代民间艺人讲说故事的特殊名称，指用口头语言敷衍故事、专重讲说的伎艺。[②] 随着市民阶层的壮大，宋代的勾栏瓦舍、明清的茶楼书场等游艺场所繁兴，"明清时，我国城乡居民已养成观戏听曲（书）的欣赏习惯"[③]。民生新闻正是在这一市民文化习性的基础上对新闻报道的内容和形式做出调适：宋代说书"情节生动，语言通俗；声调铿锵，节奏多变；态度鲜明，感情饱满"[④] 等艺术特色在民生新闻中多有体现：以曲折的故事情节和民间口语来演述，甚至于直接用曲艺表演者来讲述新闻；说书中常见的尊老尚齿、孝顺勤劳、明哲保身、趋利避害等市井民众的社会人生经验、告诫警示也在民生新闻中频频出现，起到褒贬是非、为师为戒的作用。这说明民生新闻不只是人们了解周围世界的窗口，还是媒体"传道"和受众消遣娱乐的工具。正如有研究者所说：我们的先人习惯于听说书人或聪明的巫医编织故事、读廉价的恐怖小说或最新的连载小说，收听广播剧或每到周末便涌进当地的小剧院去；如今我们却更多地待在起居室里，聚集在荧光闪烁的魔盒子前，满足

---

① 约翰·菲斯克：《解读大众文化》，前引书，第 203 页。
② 胡士莹：《话本小说概论》，中华书局，1980 年，第 1 页、第 158 页。
③ 鲍震培：《曲艺俗文化特质论》，载《天津社会科学》1999 年第 2 期。
④ 胡士莹：《话本小说概论》，前引书，第 83 页。

我们对故事的永不满足的渴望。在当代美国社会里，电视是头号说书人。①

　　同时，民生新闻在事件归因、主题提炼方面注重与普遍既存的社会道德观念达成一致。民生新闻的故事框架大多以二元对立模式为支撑，这既是对市民日常生活中矛盾的提炼显现和市民喜好的善恶是非评判模式体现，也是新闻叙事技巧对民间的故事讲述文化传统的继承。然而，二元对立又包含着一定的意识形态，杰姆逊就从格雷马斯的矩形分析中得出结论："任何二元论都是一种意识形态"②，即二元论是无法解决的问题，如果只有两项，那就是永远的二元对立，进入了一个死角，圈进了意识形态这一封闭的系统，要解决困境必须依靠"第三者"或"中介者"。民生新闻在一定程度上就扮演了这样的中介者角色，或是解决问题改变二元对立，或是点明走出二元对立的路径。如昆明电视台《街头巷尾》2006 年 8 月 13 日播出的一条新闻：

　　　　这对 80 多岁的老人，结婚 68 年了，可最近他们突然打起了离婚官司，这究竟是为什么呢？

　　　　孔淑华老人今年有 82 岁了，自从得知丈夫要和自己离婚以来，老人经常为这事哭泣。孔淑华老人的丈夫孔广华今年也有 87 岁了，他们是1937 年结的婚，老人说结婚后她与丈夫感情一直很好，如今他们的 6 个子女也成家立业了，可丈夫却突然提出要离婚。

　　　　老人怎么也不相信和自己患难 60 多年的老伴会提出离婚，她现在就想亲耳听老伴说说离婚的理由，可半年多了她怎么也找不到老伴。

　　　　事情还得从去年说起。去年 12 月中旬，孔淑华老人的丈夫生病了，小儿子孔泽云说自己家离医院近，为了看病方便就把父亲接到自己家居住。在接下来的一个周里，孔淑华老人先后去看过丈夫三次，之后小儿子一家和丈夫突然消失了。

　　　　孔淑华老人和其余 5 个孩子用尽了各种办法寻找丈夫，一直没有结果，今年三月份，孔淑华老人向派出所报了案。到了今年 6 月初，老人接到了法院的通知，说丈夫已经向法院提出离婚申请了，理由是她虐待丈夫。老人的其余 5 个子女告诉记者，他们从未见过母亲虐待父亲。如今他们已经为母亲请了律师，准备打这个离婚官司。可一波未平一波又起，代理律师在进行取证调查的过程中发现，两位老人的房产如今已经过户到了

────────────────

①　莎·科兹洛夫：《叙事理论与电视》，载《世界电影》1993 年第 2 期。

② 　弗雷德里克·杰姆逊讲演：《后现代主义与文化理论》，唐小兵译，北京大学出版社，1997 年，第 154～155 页。

小儿子孔泽云的名下。

这下孔淑华其余 5 个子女对父亲提出离婚有了新的想法。

离开孔淑华老人家的时候，记者走访了老人的邻居。

87 岁的老人究竟为什么要与自己相伴 68 年的老伴离婚呢？这其中真的有财产的因素吗？记者多次与老人的小儿子进行联系，可都没能联系上。

俗话说清官难断家务事，但不管怎么说，68 年相濡以沫的婚姻是应该被珍惜的。

这对 80 多岁的老夫妻要离婚，既有夫妻双方的二元对立，更引出了牵涉财产纠纷的子女间的二元对立。新闻没有彻底调查清楚问题的根本症结，也没有呈现完整的结局，但结尾一句"68 年相濡以沫的婚姻是应该被珍惜的"，显示出其定位于调解者的身份。这与中国传统文化有应和之处，因为中国人在处理人际关系、家庭关系和族群关系等方面形成了独特的文化体系，传统上多依靠"礼治"而非"法治"来维持社会秩序。民生新闻恰恰就扮演了这样的角色，偏重于情感、伦理道德的说服，将问题的解决归结到"珍惜"以调和矛盾。由于当代都市社会中，很多小的民事纠纷无须进入法律程序，加上传统习俗中调解矛盾的长者或族长已随着生活方式的改变不复存在，于是民生新闻便承担了为市民主持公道这一新的责任。虽然民生新闻作为"和事佬"对双方各打五十大板，就像"珍惜"无法解决对立一样，因抢时效截取而来快速处理的事件片段还停滞在表象层面，但它仍完成了对故事的讲述。其实，现实生活中的事情远不是这么简单，于是为了不让故事无休止地延伸下去，民生新闻的第三方评点实际是设置结局的一个手段，提示观众故事结束了。也正因如此，民生新闻作为中介者在解决问题方面是效力有限的，更多的只是故事讲述者，造成其社会功能"不是致新知，而是相反，重新加固我们对世界和生活的既定看法"①。

经常收看民生新闻的观众会发现，新闻中的人名、地名、场景等发生着变化，但新闻中的故事是相似的，连"意外"也脱离不了交通事故、公共安全、天灾人祸等自然或人为事件。严格来说，这些"新"闻不过都是最近发生且过去一再发生过的旧闻。"如果新闻所报道的都是'旧'事，阅听众应该不只是对刚刚发生的'新'事件有兴趣，而系透过新闻叙事确认自己和社会之间具有某种心理或文化联系。由文化的角度观之，新闻叙事的功能可能就在满足大众

---

① 肖小穗：《传媒批评——解开公开中立的面纱》，黑龙江出版社，2002 年，第 16 页。

某种心理需求，或是帮助大众完成某种社会心灵仪式。"① 这意味着民生新闻在文化价值上发挥了电视的"游吟职能"，即电视的社会角色与中世纪凯尔特社会中的游吟诗人一样，"从其呈现的社会获得表意的'原材料'，再将它们加工成独特的形式，而这些形式看似'可靠'、'忠实于生活'，并不是因为事实如此，而是由于游吟诗人的专业技巧以及逐渐同游吟演出相联系的人们的熟稔与快乐"②。

电视民生新闻的"拟书场式"表现出对传统文化的继承，使其逐渐显露出与文化的互文性特质。这里的互文性指向文本的生产能力，指向文本如何能够改变从前的文本，如何重建现存的习俗（文类，话语），以便创造出新的习俗。除了结合或是回应其他文本，一个文本的互文性还可以被看作体现了它与习俗（文类、话语、风格、行为种类等）的潜在复杂关系，它们统统被建构起来，以便形成一个话语秩序。③ 蒂费纳·萨莫瓦纳认为互文性是"由文本所承载的记忆，作者的记忆和读者的记忆。因此而发生变化的文学创作——从记忆的不同方式，到不同的诠释——把互文性的两个基本的组成部分结合起来：变换和联系"④。对传统文化资源的吸取，借助于早已存在的文本，使民生新闻得以在观众的记忆中形成文化产品，以熟知的样式与人们的生活相关联。

但更重要的还在于与当下社会文化意识的结合。由于电视节目在满足人们不同需求的基础上呈现了多样化的发展趋势，新闻节目与其他节目相互补充又相互争夺受众群体，因此民生新闻对市民需求和社会文化意识的把握，实际也是对消费市场的把握。伴随着中国的社会转型和文化变迁，人们在物质生活和消遣娱乐方面的需求逐渐受到重视，因此民生新闻一方面采制市民日常生活中的信息，另一方面又以具有娱乐色彩的故事来兜售产品。这就使民生新闻除了与上述传统文化构成互文关系，还包括与大众文化的互文，甚至民生新闻因此也成为大众文化的表现与构成部分。对大众文化一个简要的操作性定义是"以大众传播媒介（机械媒介和电子媒介）为手段、按商品市场规律去运作的、旨在使大量普通市民获得感性愉悦的日常文化形态。在这个意义上，通俗诗、报刊连载小说、畅销书、流行音乐、电视剧、电影和广告等无疑属于大众文化"⑤。然而，随着媒体市场竞争的深入展开，除了上述种类，一贯被视为客

---

① 蔡琰、臧国仁：《新闻叙事结构：再现故事的理论分析》，载《新闻学研究》1988 年第 58 期。
② 约翰·费斯克等编撰：《关键概念：传播与文化研究辞典》（第二版），前引书，第 23 页。
③ 诺曼·费尔克拉夫：《话语与社会变迁》，殷晓蓉译，华夏出版社，2003 年，第 94 页。
④ 蒂费纳·萨莫瓦约：《互文性研究》，邵炜译，天津人民出版社，2003 年，第 134 页。
⑤ 王一川：《文学理论讲演录》，广西师范大学出版社，2004 年，第 307 页。

观、理性和严肃的电视新闻也开始呈现出大众文化的特质，如具有强烈的实用功利价值和娱乐消遣功能，具有批量复制和拷贝功能的创作生产方式，具有快速、直观、应时的创作特点，具有主体参与、感官刺激、精神快餐和文化消费的都市化、市民化、泛社会化的审美追求，特别是具有与后现代文化及广义市场经济文化的契合性和呼应性。① 民生新闻正是在大众文化的影响下构建了与市民普遍消费的文化相吻合的新闻框架，通过讲故事将传递信息和娱乐功能综合起来，在市场规范和新闻规范之间寻求平衡："如果重要报道非常乏味，例如有关经济趋势或者政治观点的辩论的新闻报道，那么市场规范和新闻规范会发生冲突。如果有关某议题和事件的报道会挑战公认的神话或偏见，或者对广泛接受的国家政策提出质疑，又或者对广受欢迎的领导人提出疑问的时候，新闻的要求和市场的要求也会产生冲突。"② 对最大数量的观众的争取，使节目定位于常识而不是另类的观点，倾向于为人们所熟悉的样式而不是创新，以保证节目对既有道德和思想的确认而不是对它们进行挑战。也就是说，民生新闻在市场竞争中将新闻框架建构在社会文化框架之中，形成了和消费相协调的符号环境。

电视民生新闻与大众文化相互渗透的新闻框架也就由此具有了多重意义，正如雷蒙·威廉斯所说：

> 大众文化不是因为大众，而是因为其他人而得其身份认同的，它仍然带有两个旧有的含义：低等次的作品（如大众文学、大众出版商以区别于高品位的出版机构）；和刻意炮制出来的以博取欢心的作品（如有别于民主新闻的大众新闻，或大众娱乐）。它更是现代的意义为许多人所喜爱，而这一点，在许多方面，当然也是与在先的两个意义是重叠的。近年来事实上是大众为自身所定义的大众文化，作为文化，它的含义与上面几种都有不同，它经常是替代了过去民间文化占有的地位，但它亦有种很重要的现代意识。③

一方面，在大众消费时代，故事化成为人们最乐于接受的一种叙述方式，而电视叙事的象形特征，以及其运动图像之中强烈的故事性，使以电视为代表

---

① 艾斐：《时代精神与文学的价值导向》，山西教育出版社，1999 年，第 90 页。
② 约翰·H. 麦克马那斯：《市场新闻业——公民自行小心？》，前引书，第 133 页。
③ 雷蒙·威廉斯：《关键词：文化与社会的词汇》，前引书，第 356 页。此处译文参见陆扬、王毅：《大众文化与传媒》，上海三联书店，2000 年，第 12～13 页。

的图像叙事无疑最受当代大众的青睐。① 民生新闻以其故事形态为普通市民所喜闻乐见，使新闻得以与电视剧、综艺娱乐节目竞争，引发了受众对新闻的关注与参与热情，具有现代意识。另一方面，它将"生产快乐"（而不是"生产意义"）作为主要的制作原则，注重人们的日常生活经验和体验。因此，民生新闻的新闻框架将故事、体裁和修辞，以及商品文化的逻辑与日常生活的利害、价值和意义融为一个整体，但是强调故事的戏剧性和大众趣味，也使之更凸显了娱乐功能。

---

① 于德山：《大众传媒时代的电视文化与当代中国叙事格局》，载《中国电视》2001 年第 12 期。

第五章　敞视与遮蔽：迈向大众新闻的电视民生新闻

电视民生新闻作为地方媒体置身于政府和市场共同作用下的产物，对中国电视新闻形成了多重影响，它不仅在走向大众的同时改造了传统新闻的形态，赋予了平民大众参与传播的权力，还对社会的权力结构和社会文化发展模式产生影响。但是，其中隐藏的自身利益追求又使其产生的社会意义是多方面的，甚至也包含着矛盾。

第一节　市场驱动下的电视大众新闻

大众新闻是伴随着大众化报纸而出现的。在工业革命后期，西方各国先后出现了面向社会中下层的通俗报刊，因读者均为平民大众，故称为大众化报纸。其内容上注重地方新闻、社会新闻以及软新闻；形式上文字通俗，版面活泼，可读性强；经营上完全商业化，大量刊登广告，以此来降低售价，扩大发行。廉价报纸的出现使商业报纸更加兴盛，逐步成为资产阶级报业的主体，并为其向现代报业演变奠定了基础。正是在这样的市场运作中，最初从通俗报纸开始的新闻形态逐渐遍及其他各种媒体，形成了具有普遍性的大众新闻。英国社会学家哈特利就认为"大众新闻"（popular journalism）是指"那些大量销售的报纸、期刊和广播电视节目，它们专门从事名人逸事、生活方式以及'非消息性'报道，并不注意日常政治新闻报道。这是一种蒸蒸日上的新闻形式，它正在取代传统的'严肃'新闻，即使在'严肃'新闻的最后堡垒即所谓'高品位'大报也是如此"①。中国的大众新闻实际上始于都市报，但通过民生新

---

① 约翰·哈特利：《从权力到识别：大众新闻与后现代性》，载马戎、周星主编《21世纪：文化自觉与跨文化对话（一）》，北京大学出版社，2001年，第234页。

闻才将大众新闻推衍到电视媒体。

一、民生新闻开启的电视大众新闻

大众新闻实际是现代工业文明的产物，既包括媒介产品的大批量生产，也包括人数众多的传播对象。民生新闻作为电视大众新闻的基本特质，包含三方面构成因素：基于市场考虑的生产、数量相对较多的大众自愿接受和有别于传统新闻的形态。

首先，在媒体领域，伴随 20 世纪 80 年代初广东珠江经济广播电台对商业广播模式的引进、90 年代初商业广播电台和电视台在上海浦东的建立，以及 1994 年中央电视台新闻评论部的成立，市场理性开始被普遍采纳。这些市场策略进而渐渐地向其他媒体领域蔓延，促进了中国媒体业对创新意识、企业家精神和生产领域相对自主性的提倡，同时使媒体更多地顾及大众品味、民生热点和感性话题。① 市场的驱动力量使媒体工作者的精英主义有所调节，通过关注大众、关注市场需求改变了往常新闻以时政信息为主的内容和偏重自上而下的发布形式，更能响应受众的要求。

具体表现在电视民生新闻层面的就是指导思想由"传者中心"向"受众本位"转变。以往新闻专业研究者倾向于将新闻视为向读者和观众传递世界信息的有效文本，假设受众接收新闻是为了获知周围世界的现实状况，并且在国家叙事话语为主的情况下，媒体发挥的是号召和引领功能，因此受众"需要知道"和"应该知道"什么的观念占据新闻采制主导地位。而随着受众研究的发展，积极的、活跃的受众被发现，同时文化产品的日益丰富，又使受众的选择范围扩大、选择的主观能动性凸显。这就使媒体生产者重新思考新闻对受众意味着什么，加之现代电视新闻尽管是为大众生产的，却一般都是被个体在家庭环境中消费，于是，受众为何接收新闻、如何利用信息并从中获得满足，乃至受众的每一个个体接触新闻的动机和目的都开始成为传播者关注的焦点："我能从这个信息或故事中获得什么？它能怎样运用到我的生活中以及我为什么要注意它？"②

对这些问题做出研究的"使用与满足"理论由此成为电视民生新闻的重要资源。美国社会学家 E. 卡茨等人在 1974 年论述了对媒介使用与满足进行调

---

① 赵月枝：《选择性新自由主义的困境？——中国传播政治的转型》，载《二十一世纪评论》2008 年 6 月号。

② Bird Elizabeth，"News We Can Use：An Audience Perspective on The Tabloidisation of News in The United States"，in *the Public*，Vol. 5（1998），3.

查研究的基本逻辑："(1) 具有社会和心理根源的 (2) 需要,引起 (3) 期望,(4) 即大众媒介和其它信源（的期望），它导致 (5) 媒介披露的不同形式（或从事其它活动），结果是 (6) 需求的满足,和 (7) 其它或许大都是无意的结果。"而罗森格伦在参照马斯洛需要层次的基础上指出,与低层次的需求（心理及安全的需求）相比,高层次的需求（交往、爱、被承认及自我实现的需求）对使用与满足模式的关系最大。① 基于社会转型带来的大众心理根源的需要,如普通百姓作为个体在生活中面临的问题需要得到帮助和指导、围绕个体和家庭生活需要了解相关信息等,造就了民生新闻的市场空间,使之通过新闻、资讯和投诉帮助,以及平民化的姿态让受众获得解决问题的办法、生活参考及身份认同等多方面的满足。与哈特利所指出的 19 世纪以来西方新闻在整体上发生的转变相似,即"现代职能"（权力话语）向"后现代话语"（身份认同）的转变。大众新闻逐渐形成,新闻内容从冲突、进步、竞争和灾难等注重比较性和冲突性的内容转向世俗说教、和睦相处、私用领域和身份认同感等方面。大众新闻由此充分发挥了曾被权力话语压抑的新闻潜能,即满足人们的认同感、愿望等,并将这些替代民主判断的概念引入日常集体形象共享和事件的复述之中。②

其次,市场环境中的民生新闻"受众本位"观与无产阶级新闻事业所遵循的群众路线存在着相似之处,但也存在差别。

马克思曾经说,报刊生活在人民当中,和人民共患难、同甘苦、齐爱憎,它把它在希望与忧患之中从生活那里倾听来的东西,公开地报道出来。③ 这就是把人民群众看作新闻事业的主人和依靠力量,要求新闻事业必须服务于人民群众。中国共产党在新闻工作、宣传工作中一直十分强调这一思想。1942 年,结合整风运动,《解放日报》发表社论《致读者》,宣布把少数人办报的方针转变为群众办报、全党办报,并且这也成为根据地党报的办报原则。1948 年 4 月 2 日,毛泽东在《对晋绥日报编辑人员的谈话》中指出:"办报和办别的事一样,都要认真地办,才能办好,才能有生气。我们的报纸也要靠大家来办,靠全体人民群众来办,靠全党来办,而不能只靠少数人关起门来办。"④

---

① 丹尼斯·麦奎尔、斯文·温德尔等:《大众传播模式论》,祝建华等译,上海译文出版社,1997 年,第 103、104 页。

② 参见约翰·哈特利:《从权力到识别:大众新闻与后现代性》,前引书,第 234 页。

③ 中国社会科学院新闻所编:《马克思恩格斯论新闻》,前引书,第 104 页。

④ 中国社会科学院新闻所编:《中国共产党新闻工作文件汇编》（上）,新华出版社,1980 年,第 3 页。

如果从反映民生疾苦、帮助市民解决问题、广泛征集民间新闻线索和吸纳大众参与等方面来看，民生新闻具有传承无产阶级新闻事业的一面。但不可忽略的是，民生新闻的受众本位观是一种市场战略选择的思路，其内在驱动力很大部分是为了获取经济效益。电视民生新闻的先发典范《南京零距离》，被人们认可的标志是以其收视率与经济效益做出的衡量。虽然高收视率的确是观众认可的体现，但广告收入也直白地宣告了其市场价值，这是各个地方台竞相模仿的主要动机。因此，民生新闻的"民生内容、平民视角和民本取向"与群众路线有着形式上的相似性，或者说在追求传播效果层面有着一致性，但绝非不考虑媒体自身利益的单纯"为人民服务"。更何况，占据中国人口三分之二的农民的消费能力抵不上相对少数的城市居民，无法成为广告商青睐的人群，从而也难以成为民生新闻关注的对象，步入市场的民生新闻就只能以市民受众取代广大群众，以受众（消费者）本位替代群众路线。

作为市场驱动下的大众新闻也使民生新闻与群众路线指导下的新闻存在差别。就像陶东风在当代中国大众文化研究中，鉴于新中国成立前有所谓"大众化""大众文艺"等概念而特别指出"商业性大众文化"与"革命性大众文化"的差异，认为革命性的大众文化（群众文化）包括20世纪三四十年代的那些快板书、街头剧、顺口溜等，还包括赵树理的小说、李季的《王贵与李香香》、20世纪50年代的新民歌等大众化、通俗化的文学艺术。这些作品是革命的一种类型，与当前的大众文化一样具有流传广、文本简易通俗等特点，却没有我们今天所说的"大众文化"的商业化、追求利润、感官刺激的色彩。同样，电视民生新闻在追求大众化的策略上，不只是内容贴近民众生活、形式通俗生动，更追求新闻的故事冲突展示、戏剧化演绎等溢出新闻本质要求的东西。因此，如果说"革命性大众文化"强调道义上的追求和理想价值观的培养，那么民生新闻更偏重吸引观众的市场效果。

再者，电视民生新闻改造了传统电视新闻的形态，尤其是在文本构成上体现出党报新闻向大众新闻的转变。有研究者将二者区分为"指导性新闻"与"大众新闻"。指导性新闻的特征是"传播内容上主要是宣传党的路线、方针、政策，以指导各条战线当前工作为己任，以政治、经济、科教新闻为主。在传播形式上以非事件性新闻为主，所以会议新闻、领导讲话、工作业务性报道往往较多"。而大众新闻"是以市民的需求和兴趣作为报道主题的新闻，以软新闻和事件性新闻为主，其传播模式为自下而上，以'受众'为本位，要求高品位。信息量较大，实用性、服务性、可读性较强"①。

这种分法实际上说明了传统新闻与大众新闻在出发点上存在的不同：传统新闻注重政策解读和宣传工作，大众新闻则更关注普通观众的兴趣点而淡化宣传色彩。所谓"宣传"，是"运用各种符号传播一定的观点，以影响和引导人们的态度、控制人们行为的一种社会性传播活动"②。宣传有很多种形式，通过传播新闻达到宣传目的是其中一种。但是新闻与宣传存在着表现上的差别：新闻重信息，宣传重形式；新闻重新异，宣传重反复；新闻重事实，宣传重观点；新闻重时效，宣传重时机；新闻重沟通，宣传重操纵；新闻重平衡，宣传重倾斜。③ 从这个角度来看，民生新闻更注重选用事件性的新闻，而大大减少了以宣传为主要目的的会议新闻、领导新闻。但这并不意味着以民生新闻为表现的大众新闻放弃了宣传，反而它还常常通过主持人的评论影响人们态度、通过训诫话语引导人们行为，只不过直接的宣传话语在新闻中占据的比重明显减少。如本书第四章第二节所论述的，民生新闻倾向于引导人们遵守现代生活理性规则和维护社会秩序，而宣传的声音更多的是以夹带的方式、柔性代言的方式嵌入。这也显然增强了新闻传播的相对自主性和专业性，将受众由单纯接受宣传教育的对象转变为信息服务的对象。

二、依从于商业逻辑的大众新闻

商业化给媒体带来了繁荣，但并不意味着大众新闻能单纯地按照商业原则运行。首先，政府有着对新闻传播事业的严格管理；其次，新闻本身也要遵循一定的专业规则，新闻的任何商业化运作必须与新闻规范相结合。

美国学者约翰·麦克马那斯曾对理想的"规范新闻业"和现存的"市场新闻业"做出区分，认为"规范新闻业"指的是新闻媒介在资源许可的范围内，传播关于当前议题和事件的新闻信息，主要目的是尽可能促成公民对于社会环境的理解，新闻内容是为公众利益服务的。"市场新闻业"与之相反，指新闻媒介传播信息的主要目的是使企业获得尽可能多的利润，有可能（虽然不一定）会以牺牲公民理解力为代价。④ 二者分别依据新闻理论和市场理论来生产（见表5.1）⑤：

---

① 艾风：《指导性新闻与大众新闻》，载《新闻界》1996年第3期。
② 陈力丹：《新闻理论十讲》，复旦大学出版社，2008年，第1页。
③ 陈力丹：《新闻理论十讲》，前引书，第3、4页。
④ 约翰·H.麦克马那斯：《市场新闻业：公民自行小心?》，前引书，第266页。
⑤ 参见约翰·H.麦克马那斯：《市场新闻业：公民自行小心?》，前引书，第130页。

表 5.1　新闻生产的新闻理论与市场理论

新闻理论	市场理论
一个事件/议题成为新闻的可能性	一个事件/议题成为新闻的可能性
与事件的重要性成正比	与信息可能对投资者、赞助者等各方造成的损害成反比
与认为内容重要的受众规模成正比	与发现新闻的成本成反比
	与报道新闻的成本成反比
	与所吸引的广告商愿意为之出资的目标受众的规模成正比

　　这一比较显示出处于市场中的新闻业结合新闻专业规则的前提是遵循成本与效益、投入与产出的经济原则，而不考虑人力、资源等成本问题的理想新闻模式无法在市场中生存。因此，民生新闻往往是在新闻理想与商业现实之间妥协，从而呈现出以下特质。

1. 新闻个人化

　　新闻个人化是指在报道中突出个人因素，而弱化制度、社会和政治背景的新闻倾向性。作为民生新闻的突出特征，在内容上以个体事件为主，突出市民身份；在叙事策略上选用以个体视角为支撑的小叙事，即便是与市民群体有关的公共性议题也常常是从个体角度来切入；在语言风格上将官方文件式语言转换成人际交往式的通俗谈话版本。

　　从积极的一面来看，新闻个人化有助于人们与发生在远处的事件产生联系并找到自己和事件的相关性：对新闻故事中易于判断为是正面还是负面的个体的关注，可以使新闻受众将自己的私人情感和想象直接投射到公共生活上面。即便是公共事务也能因此带来效力："展示公共事务的个人化一面也许是让人们明白其效果的最有用手段。人类学者约翰·瑞福德（John Rayfield）多年前曾令人信服地揭示：人们能记住的是那种按照时间叙事的、有清晰结构的、有道德是非观点的、有生动形象的故事。而传统的新闻，以人物、地点、时间构成的倒金字塔结构却是最难记住的。"[1]

　　从另一方面来看，民生新闻因此展示的意义更偏重于个体责任，对社会性问题也多化约为个别问题，把观众培养成了被动的看客，而放逐了对宏大议题

---

[1]　Bird Elizabeth，"News We Can Use：An Audience Perspective on The Tabloidisation of News in The United States"，in *the Public*，Vol. 5（1998），3.

的广泛思考，遮蔽了真实而深刻的事件发生动因："很显然在新闻中充斥着真实的个体，但在通过个人来表现事件时，新闻依据的是经典现实主义的程式，它所呈现的相关人士的行为、言语和反应构成了一个可信易解的真实世界摹本。社会和政治问题只有能够被个人体现的时候才会被报道出来，于是社会利益的冲突也被人格化为个体之间的冲突。这种方式的后果是事件的社会根源缺失了，并且个人动机被假定为所有行动的起因。"[①]

2. 新闻戏剧化

民生新闻所表现出的戏剧化趋势首先是在事件叙述过程中不仅注重抓取事件的冲突、画面的视觉冲击力，还有意制造悬念，从而在整体上按照"迷你电视剧"的原则来制作，即有起承转合，随着行动的逐渐升级，达到高潮，最后加以评价或谴责。叙述方式上也从传统新闻的客观讲述转变为带有情感的"拟书场式"、说书人现场演绎，甚至为了追求视听效果，还出现了案件"回放"、事件"重演"、在新闻中加入电影电视片段、以快镜头或慢镜头突出画面、给人物动作配上音乐、给动物加以拟人化的心理表白等做法。可以说，新闻戏剧化是把新闻视为媒介商品而做出的引人入胜的包装。这使新闻更"好看"了，在与其他节目尤其是娱乐节目竞争的情形下，的确能留住部分观众，却背离了新闻的客观性原则。作为现代商业报刊的产物，客观性原则不仅在理念层面成为媒介专业化的一个标志[②]，还在操作层面衍生出将事实与意见分开、以超脱情感的中立观点表述、努力做到公平和平衡等具体规则。而民生新闻的戏剧化表达就将传播者对事件的认识、判断和夸张毫不掩饰地加入新闻，并且改造了事实，使新闻业推崇的"用事实说话"也变成了与真实时空相扭曲的"事实"。

然而受众对此的反应却是引人深思的。美国学者伊丽莎白·波德关于新闻"重演"的一个调查显示，中年人和老年人不喜欢重演，认为这是欺骗，减损了新闻的真实性，典型的反应是既欣赏这一技巧的戏剧价值，又不相信其影响；而年轻人反倒欣赏重演。这种代际差别不仅源于年轻人可能是视觉化的一代，还源于所调查的年轻人更加玩世不恭，不相信任何新闻或"事实"。[③] 现代技术让新闻事实的影像更多受到操纵、更多呈现出非自然状态，而又让一般

---

① 约翰·菲斯克：《电视文化》，前引书，第 424 页。此处译文参考大卫·麦克奎恩：《理解电视：电视节目类型的概念与变迁》，苗棣等译，华夏出版社，2003 年，第 92 页。

② 黄旦：《传者图像：新闻专业主义的建构与消解》，前引书，第 68 页。

③ Bird Elizabeth, "News We Can Use：An Audience Perspective on The Tabloidisation of News in The United States", in *the Public*，Vol. 5（1998），3.

观众真假难辨或者说在收看新闻的传统习惯中没有考虑过传播者的制作手法问题。这就使现实的力量被攫取，波德里亚所说的"比真实更真实"的"超真实"出现了："大众传播的这一技术程式造成了某一类非常具有强制性的信息：信息消费之信息，即对世界进行剪辑、戏剧化和曲解的信息以及把消息当成商品一样赋值的信息、对作为符号的内容进行颂扬的信息。简而言之，就是一种包装和曲解的功能。"[①]

3. 新闻片段化

新闻片段化，主要是指事件被孤立开来单独对待，新闻事件之间以及事件与背景之间彼此孤立，没有联系。民生新闻的片段化主要在于新闻栏目多以简短消息为构成，多数内容无需做深度开采；另一个原因是基于成本的考虑，因为将事件放到广泛的语境中，需要花更多的时间、精力做背景资料收集和深入调查，而多数新闻都须当天制作完成；还有一个原因则是为了避免麻烦，避免对新闻事件做出推测性联系时引来争议或因挖掘问题带来风险。这就导致"在新闻报道过程中，日常生活百态被媒介出于新闻目的而扭曲了。结果是，一个新闻事件脱离了它的环境、背景和意义，而置身于一个陌生的环境中——新闻报道的环境。因此，为了报道新闻事件，报道者们把事件的来龙去脉简化了，同时也把事件的本来面貌改变了。"[②]

对民生新闻来说，持续时间短、即时性强、有图像素材且易于说明的新闻一般会在电视中优先播出，毕竟容易让观众注意和记忆的往往是生动的视觉形象和语言。因此，选择具有新鲜性、新奇性或刺激性的新闻材料远比做深度报道来得容易，且成本低廉。但由于民生新闻栏目遍地开花，一个城市甚至一家电视台拥有几个同样定位的栏目，而在新闻资源有限、新闻时段较长的情况下，也出现了在不影响成本或不冒风险的前提下深化素材的做法。如四川电视台的《新闻现场》，除了展示现象，还常常展示当事人心理态度发展变化过程、追踪事件的后续发展。还有民生新闻栏目在消息之外加入了新闻调查版块，如《成都全接触》的"现象"（后更名为"发现"）。但大多数仍只是停留在平面化的细节堆砌当中，并没能改变新闻片段化的情况。类似民工讨薪、医患纠纷和留守儿童受到侵害等新闻事件，即便在短期内多次出现，民生新闻大多仍作为个人问题戏剧化地展示冲突，停留于浅表层面，少有触及问题的体制背景和发

① 　让·波德里亚：《消费社会》，前引书，第131页。
② 　约翰·H. 麦克马那斯：《市场新闻业：公民自行小心？》，前引书，第271～272页。

展趋势。这样一来，新闻更加琐碎，"从新闻中，公众看不到对这个世界从历史、经济和政治等各个方面发展趋势的全面剖析，他们所能看到的只是一个在那些似乎专断的、神秘的力量掌控之下的混乱世界"①。而要求新闻把事件放在特定的社会背景、各种事物的联系中去分析其产生的原因、社会影响、后果，做出合乎真实的解释，就成了难以实现的理想图式。

4. 新闻常识化

新闻有一个显著的特征在于"新"，然而作为批量生产的大众新闻除了时间、地点、人物和场景的"新"，能给观众带来启发的新的意义却甚少。每日发生的新闻事件在民生新闻中总能找到相似的意义诠释和解决办法，一般纠纷是当事人之间需要相互体谅忍让，犯罪是会受到法律制裁，求助是专家解答，不幸有社会好心人关怀……这种意义或者说结论都来自传播者的生产，因为事物自身几乎不会有一个单一的、固定的、不可改变的意义，是传播者通过表征它们的方法给予不同事物以意义：所用的有关它们的语词，所讲的有关它们的故事，所制造的有关它们的形象，所产生的与它们有关的情绪，对它们分类并使之概念化的方法，加于它们之上的各种价值。② 新闻能形成一个个完整的文本在于传播者将事件从生活中抽取出来，以特定的框架设置其意义，也就意味着新闻文本的意义由传媒按照特定的模式生产出来。

民生新闻意义层面的常识化，就是将新的新闻事件纳入固有知识文化体系中。如第四章第三节所揭示的，多数新闻事件都被套入好人与坏人、警察与罪犯、伤害者与被伤害者、救助者与被救助者、行动者与反对者的二元对立故事中，记者改变的不过是旧新闻中的可变项，如具体的人名、地名和一些具体的行动方式，而保留了故事中的常项（故事功能）。这样的新闻框架已经成为民生新闻稳定的制作模式，使得电视新闻报道实际上成为被预先设定的作品：新闻和其他电视节目一样是有程式可循的，它的程式虽然深入人心却又不被留意，在严酷的最后期限的制约下，只有一系列程式才能实现必需的速度和效率。报道的类型、报道所采用的形式、报道的编排结构等，都早在当天的事件

---

① W. 兰斯·班尼特：《新闻：政治的幻象》（第五版），杨晓红等译，当代中国出版社，2005年，第 87 页。

② 斯图尔特·霍尔编：《表征——文化表象与意指实践》，徐亮等译，商务印书馆，2003 年，第 3 页。

发生之前就已经被确定下来。[①]

常识，意味着其"真实性"（truth）被认为是显而易见的、自然而然的、必然如此的、永恒不变的、无可争辩的以及"我们总是/已经知道的"一种知识类型。[②] 这样的知识类型在民生新闻中被一再重复生产，除了日常新闻的快速生产要求，还有一个关键因素来自受众的制约。受众选择性理论显示，选择性接触、选择性理解与选择性记忆好似环绕着每个受众的三道防卫圈，从外线到内线依次与大众媒介相抗衡，逐级抵御媒介对自己原有立场的冲击，不断抗拒信息对自己既定认识的袭扰。其中最外围的那道防卫圈就是选择性接触，即个人倾向于使自己接触那些与己原有态度一致的大众传播，而避免接触与己意不合的传播的现象。[③] 正是为了突破受众的防卫圈，大众新闻无法以挑战者的姿态阐释新闻事件意义，而被要求"和社会共同认定的社会规范、价值观和态度相一致。这是认知基础价值的具体表现。除了读者先前的知识和信念之外，还涉及到现行的观点和态度。也就是说，在意识形态一致的既定文化和社会中，那些与记者和读者观点态度都一致的新闻更容易被理解，当然也就更容易被接受，进而被融合"[④]。与观众现有态度、信仰或行为尽量保持一致，避免挑战或惹恼多数观众，就使大众新闻呈现出与精英报纸新闻明显不一样的地方，更倾向于传统的世界观和价值观，"诚然，它们聚焦于社会常规逾越者，但是它们的聚焦通常是具有强烈的道德谴责的意味"[⑤]。不同的新闻素材、相似的阐释框架，民生新闻就像做填空题一样将事件的多义性解读框限在常识中，重复生产着既定的社会价值观。

民生新闻的个人化、戏剧化、片段化和常识化既便于操作又能换来较高的收视率，使之成为一种标准化的生产模式而为各地方媒体所模仿，影响到了中国电视新闻面貌的整体构成。而这一构成中，市场规范与新闻规范的结合却并不是平衡的。民生新闻对以收视率为大众化衡量指标的突出追求，造成了商业逻辑对新闻逻辑的僭越，最终二者的结合限制了生产出更高质量的新闻。

---

① 约翰·菲斯克：《电视文化》，前引书。此处译文参考大卫·麦克奎恩：《理解电视：电视节目类型的概念与变迁》，前引书，第99页。

② 约翰·费斯克等编撰：《关键概念：传播与文化研究辞典》（第二版），前引书，第45页。

③ 沃纳·赛佛林、小詹姆斯·坦卡德：《传播理论：起源、方法与应用》（第四版），前引书，第78页。

④ 托伊恩·A. 梵·迪克：《作为话语的新闻》，前引书，第126页。

⑤ 丹尼尔·C. 哈林：《美国新闻媒介中的商业主义与专业主义》，载詹姆斯·库兰等编《大众媒介与社会》，前引书，第222页。

三、大众新闻的娱乐化修辞及影响

大众新闻在走向大众的同时，也因其种种特质给新闻带来了娱乐化趋势。在美国新闻传播研究中，1992 年卡茨提出了术语"新式新闻"（the New News）："一个速配的混合物，它部分是好莱坞电影和电视电影，部分是流行音乐和流行艺术，它将流行文化和名人杂志混合起来，使小报式的电视节目、有线电视和家庭录像相互结合。"① 新式新闻的一个主要表现是将信息与娱乐结合起来，甚至还出现了将 information（信息）与 entertainment（娱乐）合成的新词 infotainment（娱讯），说明了新闻与娱乐之间持续增长的各种形式融合现象。②

这种随着商业化浪潮席卷而来的产物，被国内研究者看作一个动态的过程："最初是纯娱乐消闲的娱乐性节目和内容的大幅上升，最终则发展到把距离娱乐性最远的那部分媒介内容——新闻，向娱乐强行拉近，使新闻与娱乐之间的界限变得日益模糊，即所谓新闻娱乐化。"新闻娱乐化最突出的表现是内容上软新闻（西方媒介也称之为"大众新闻"）的流行，即减少严肃新闻的比例，将名人趣事、日常事件及带煽情性、刺激性的犯罪新闻、暴力事件、灾害事件、体育新闻、花边新闻等软性内容作为新闻的重点。娱乐化的另一个结果就是媒介在内容和形式上都尽力使硬性新闻软化：在内容上，新闻竭力从严肃的政治、经济活动中挖掘其娱乐价值；在表现技巧上，强调故事性、情节性，从最初强调硬新闻写作中适度加入人情味因素加强贴近性，实现硬新闻软着陆，发展到极致便衍变为一味片面追求趣味性和吸引力，强化事件的戏剧悬念或煽情、刺激的方面，走新闻故事化、新闻文学化道路。③

由此看来，大众新闻与新闻娱乐化之间存在着共生关系。在内容上，大众新闻的题材选择本身就是新闻娱乐化的表现；在形式上，大众新闻的报道手法又加剧了新闻娱乐化趋势，甚至影响到其他新闻。为了揭示新闻娱乐化的内在多种关联和效果，这里采用菲斯克对"娱乐"的阐释，将它视为大众新闻的"修辞化策略"："一个具有意识形态的概念，属于 20 世纪比较成功的修辞化策略之一。它似乎将普遍接收的、源于印刷报刊与生动的电子媒介，包括视觉－听觉、叙事与表演等类型的主流产品轻而易举地归结为一种饮食起居制度

① 沃纳·赛佛林、小詹姆斯·坦卡德：《传播理论：起源、方法与应用》（第四版），前引书，第 9 页。

② 威廉·哈森：《变革时代的美国新闻业》，付玉辉编译，载《国际新闻界》2006 年第 3 期。

③ 林晖：《市场经济与新闻娱乐化》，载《新闻与传播研究》2001 年第 2 期。

（regime）。然而，它不过是个人满足、文本形态与工业组织的一种复杂的聚合过程。"① 这里所说的"修辞"与人们平常说的在使用语言的过程中，利用多种语言手段以达到尽可能好的表达效果的语言活动有所不同，是在当代意义上理解为"运用话语和象征来达到某种目的"②，意味着大众新闻通过个人化、情感化和戏剧化等新闻娱乐化的策略去实现媒体、政府、大众与社会等多方面的契合。

一般认为，市场经济中媒体的逐利推动了新闻的娱乐化进程，然而作为新的社会文化产物，它又是多元因素交织的结果，需要放到我们所处的这个时代的经济生产方式与交换方式以及社会结构这样的框架中才能得到很好的解释。除了新闻产品生产者的欲求（市场角度），还有新闻产品消费者的需求（受众的心理需求）和社会体系承认——报刊官方意志和公共舆论的承认（意识形态与准意识形态角度）等。③ 从政府的管理角度来看，新闻娱乐化可以缓解民众的公共事务热情，消解民众的不良情绪；可以提高媒体的经营活力，缓解社会经济压力。从媒体生产者的角度来看，新闻娱乐化是满足市场需要与自身追求经济效益的统一；同时由于地方媒体条件受限，对在政策和人才、技术、资金上有难度的硬新闻望而却步，转向选择难度低、花费小却可能市场效果好的且受众兼容面宽的软性内容和技巧，以在激烈的市场竞争中求生。从受众需求角度来看，一方面是具有普遍性的人类需求，如劳伦斯·维纳用内容和过程两个维度来描绘受众新闻需求获得满足的"地图"，内容的满足主要来自认知行为，过程的满足主要涉及情感或者情绪④；施拉姆则借用弗洛伊德的快乐原则和现实原则对比说明人接触媒介用于娱乐是在无意识中的欲望满足。⑤ 另一方面在于中国社会转型中，随着社会阶层的分化出现了经济文化地位层次有所区分的受众，尤其是处于社会下层的受众需要相应的文化产品，需要新闻提供生活的参照系，包括以调侃的方式消解现实生活的不安、转移日常的压抑情绪，等等。

这样，新闻和娱乐的嫁接具有了现实性，"无论男女老幼，无论身份、阶

① 约翰·费斯克等编撰：《关键概念：传播与文化研究辞典》（第二版），前引书，第96页。

② 大卫·宁等：《当代西方修辞学：批评模式与方法》，常昌富等译，中国社会科学出版社，1998年，第1页。

③ 吴飞、沈荟：《现代传媒、后现代生活与新闻娱乐化》，载《浙江大学学报》（人文社会科学版）2002年第5期。

④ 约翰·H. 麦克马那斯：《市场新闻业：公民自行小心？》，前引书，第170页。

⑤ 参见 E. M. 罗杰斯：《传播学史——一种传记式的方法》，殷晓蓉译，上海译文出版社，2005年，第69页。

级、种族、国别、教育等各方面的差异，只要是人，娱乐通常总是需要的。大众化时代，娱乐产品最容易成为畅销品"①。面对新闻娱乐化的潮流，许多知识分子深感忧虑，尤其是对大众新闻由此带来的庸俗化、低俗化提出了批判，认为其消解意义、躲避崇高、缺乏人文精神和社会责任感。并且，经济领域中的"劣币驱逐良币"现象在传播界衍生出自己的"格雷沙姆法则"：在争夺受众的竞逐中，正规的严肃新闻遭遇煽情性、畸趣性、丑闻性的劣质新闻的排挤甚至驱逐②，导致媒介信息含量简化，遮蔽大众对社会重大事件的关注度，减弱媒体的社会公器职能。应该说，这些批判都有合理之处，清晰地指出了市场侵袭下新闻娱乐化的弊端。但是，这种观念有一种先在的对新闻和娱乐根深蒂固的认识：电视节目中的信息部分和娱乐部分存在不言而喻的区别，信息节目客观、真实，具有教育性，而且十分重要，娱乐节目则相反，它是主观的、虚构的、逃避现实的、琐碎的，并且通常是有害的。于是，信息节目是"好的"电视节目，而娱乐节目则是"坏"的，制造娱乐也就意味着放弃规范，迎合低俗。③ 这实际上秉承了法兰克福学派对资本主义文化工业的单一性、同质性和虚幻性的批判，带有精英主义色彩："'娱乐'这个词使用起来，通常带有些受人鄙视的感觉：娱乐不过就是娱乐。这种鄙视当中隐含着两种对比：其一关乎美学判断，娱乐（逗趣的、即时的、琐碎的）是与艺术（严肃的、超越的、深刻的）相对的；其二涉及政治判断，娱乐（无关宏旨的、逃避主义的）是与新闻、与现实、与真理相对的。"④

因此换一个角度来思考，民生新闻的娱乐化趋势又存在必然性和推动新闻大众化的意义。我们应该看到新闻娱乐化是媒体基于复杂的历史社会情境做出的选择，"可以视为地方电视台确立区隔优势，获得可与国家电视台抗衡的包括新闻的采、编、审、播在内的实力和权力而主动做出的一种选择"⑤。菲斯克更是认为，通俗性报刊削弱了新闻与娱乐之间的对抗性是很有必要的举措，为了使新闻更加通俗，它需要有能力娱乐性地吸引受众。⑥ 况且，新闻的功能

① 林晖：《市场经济与新闻娱乐化》，载《新闻与传播研究》2001 年第 2 期。

② 王竹介：《新闻娱乐化——一把双刃剑》，载《中国新闻出版报》2007 年 4 月 5 日。

③ 参见约翰·菲斯克：《解读大众文化》，前引书，第 201 页。

④ 西蒙·弗里斯：《娱乐》，载詹姆斯·库兰、米切尔·古尔维奇编《大众媒介与社会》，前引书，第 188 页。

⑤ 熊慧：《走出新闻娱乐化研究的误区——对当前电视新闻娱乐化研究的几点不同意见》，载《新闻记者》2007 年第 9 期。

⑥ 尼克·史蒂文森：《认识媒介文化——社会理论与大众传播》，王文斌译，商务印书馆，2001 年，第 149 页。

在于实现新闻的大众传播，那么评价它的标准就必然包括娱乐性，"如果电视新闻自信地宣称它在所有新闻媒体中的地位就是使它的大众性成为其明确的个性"，"它不应以信息标准来评价，而应通过对大众的吸引力来判定自身价值。我们应当要求我们的电视新闻使世界上发生的重大事件家喻户晓，要求电视新闻符合大众口味，并努力使它们融入大众文化的社会意识。若想鼓励各种各样的人收看电视新闻，并让他们记住和思考它所提供的事件，电视新闻必须符合大众趣味、相关性和令人满意的生产力的关键标准"。[①]

于是，在社会整体意识形态世俗化的背景下，新闻娱乐化不仅是平民的审美趣味追求，更是新闻走向大众的策略。如秦皇岛电视台的《今日报道》宣传词"我们求的是'平凡'"，以"俗"来让普通民众都看得懂、喜欢看。正因如此，在人们对新闻娱乐化做出道德上的批评居多的情况下，当前更需要关注的是中国受众究竟怎样看待新闻娱乐化，它带来了怎样的社会影响。

根据研究者此前所做的"新闻娱乐化背景下的受众反应"[②] 实证调查显示，新闻娱乐化产生了多重的效果。第一，新闻娱乐化促进了新闻的大众化。传媒长期以来形成的教条刻板的风格使其与受众相互隔膜，受众更多是作为被动的接收者。娱乐化的新闻，强调了传媒与受众间的生产与消费关系，两者关系更具有平等的意味，这也激发了受众的关注热情，说明娱乐化的表达方式使大众传媒更成为真正意义上的"大众"传媒。第二，引发受众以游戏化态度对待社会事件，传统道德和社会责任感消解。调查发现超过样本数五分之一的受众评论对娱乐化的新闻持调侃态度，说明导致了受众在新闻娱乐化背景下对传统规范解构的结果。大众传播有着巨大影响力，娱乐化的新闻传播由此改变了受众的思考方式。"我们使用大众传播媒介的方式也许改变了我们对其他沟通方式的使用；当我们改变沟通方式，我们也很真实、很有意义地改变了自己。"[③] 在娱乐化的信息包围中，很多受众放弃了对事件的人文思考和社会反思。当新闻事件在媒体商业化操作中彻底成为大众娱乐消费符码时，也导致了大众的冷漠和责任感丧失。新闻娱乐化制造大众的娱乐口味，也制造了巨大的道德真空。第三，新闻娱乐化加剧了人群的社会认知分裂与对立。受众对新闻事件的认知和评价存在巨大的裂痕，这首先是由于社会转型进程加速，意识形态和利益立场分化凸显，但新闻娱乐化加剧了这种分裂。一般认为，娱乐化的

---

① 参见约翰·菲斯克：《解读大众文化》，前引书，第 210、201 页。

② 参见谭筱玲：《新闻娱乐化背景下的受众反应》，载《成都大学学报》2005 年第 3 期。

③ 丹尼斯·K. 戴维斯、斯坦利·J. 巴冉：《大众传播与日常生活——理论与效果的透视》，台湾远流出版事业股份有限公司，1993 年，第 18 页。

新闻可以间接缓解民众的公共事务热情，消解民众的不良情绪，起到个体与社会间的润滑剂作用。然而，新闻娱乐化使传媒淡化了思想的积极引导作用，从而减弱了整合社会认同的能力，凸显了深层价值体系建构的冷寂。在媒体所传达的海量信息之中，个人"人性结构中自然人与社会人的分裂与对立，经济人与道德人的分裂与对立，享乐欲望与价值理性的分裂与对立"①都得以展示。第四，新闻娱乐化的报道方式本身也成为受众关注的一个焦点，调查中有5％的受众对媒体新闻报道方式提出批评，如对新闻娱乐化缺乏深刻性的批评，要求新闻关注体制和社会环境；对媒体的越位审判和夸张用词表示不满；对新闻从业者缺乏人文关怀提出批评；等等。这表明，新闻娱乐化背景下，受众并不必然走向平庸和盲从，部分受众的自我精神与批判能力不容忽视。

由此可见，认为受众以怀疑的、抵制的、狂欢的方式来接受这类风格的新闻不免过于乐观。"在严肃性报刊生产出轻信的主体的同时，耸人听闻的小报却鼓励读者对文化生产更具批判态度。"②这在中国并不现实，多数受众仍是受到新闻文本的影响。美国传播学家M. E. 麦库姆斯和D. L. 肖于20世纪70年代曾在《大众传播的议程设置功能》一文中指出，大众对当前重要问题的判断与大众传媒反复报道和强调的问题之间，存在着一种高度的对应关系，但还只是认为传媒议题仅影响到人们的认知范畴。而20年后议程设置概念的内涵已大为扩展，不仅关注媒介强调了哪些议题，还关注这些议题是怎样表达的，"议程设置是一个过程，它既能影响人们思考些什么问题，也能影响人们怎样思考"③。调查中超过五分之一的中国受众对待新闻事件的游戏化态度印证了这一点，正如麦克卢汉所说："传播媒介……是巨大的社会比喻，它们不仅传递信息而且告诉我们存在着什么样的世界；它们不仅激发并娱悦我们的感官，而且，通过改变我们所使用的传感设备的比例，确实在改变我们的性格。"④这就让人必须思考民生新闻以何种表达方式来呈现新闻，它又将受众的认知与态度引向何方。

如山东齐鲁电视台的《拉呱》，据央视索福瑞提供的数据，平均收视率是55％，而在济南这一指标高达75％。作为一档民生新闻栏目，其内容包括溜

---

① 李西建：《重塑人性——大众审美中的人性嬗变》，湖北人民出版社，1998年，第201页。

② 尼克·史蒂文森：《认识媒介文化——社会理论与大众传播》，王文斌译，商务印书馆，2001年，第149页。

③ 沃纳·赛佛林、小詹姆斯·坦卡德：《传播理论：起源、方法与应用》（第四版），前引书，第285页。

④ 威尔伯·施拉姆、威廉·波特：《传播学概论》，前引书，第138页。

门撬锁、鸡毛蒜皮、路见不平、拌嘴饶舌、第三者插足、儿子打老子，也包括拾金不昧、见义勇为、家庭和睦、邻里相帮等。而在表达方式上，更是超出了"播新闻"或"说新闻"，直接变成了以相声演员来"演新闻"，如同郭德纲的相声一般："他的大多数相声说的都是一件一件的小事，这与我们的《拉呱》没什么不同。而我们，每天有 35 分钟时间都在'说相声'。"① 其中，有一则新闻说的是一个村偷牛贼猖獗，老乡们只好挽着牛缰绳睡觉。主持人"小么哥"点评道："逮住这几个，我给他们拴上环，让他们犁地去。"还有一则新闻说的是一个小伙子男扮女装，顶着一个头盔去女澡堂偷窥，为了扮得更像女性，他在胸前的衣服里放了两个苹果。新闻结束后，"小么哥"说："唉，你这个小子啊，怎么不放两个西瓜呢？"街谈巷议不加更改地、全真地被搬上了电视屏幕，似乎民生新闻彻底地"草根"了，但也反映出新闻娱乐化使新闻走向大众的同时，传媒迎合甚至激发消费者的欲望却是没有边界的。且不谈格调，这种制造一种全新的"曲艺新闻"或"新闻曲艺"，已经使新闻娱乐化影响到了新闻本体的存在价值，新闻与娱乐开始本末倒置。其结果如班尼特所说：

> 如同个人化一样，如果主要把戏剧化作为一种吸引受众的手段，目的是把他们的注意力转移到事件的深层背景上来，那这种趋势也就不是什么让人担忧的问题。戏剧可以帮我们感受历史、科技、政治和人类关系的伟大力量。戏剧被用来引发人们思考是件好事。但如果戏剧被当作一种廉价的情感工具，只表现人类的冲突、艰辛、脆弱，或者干脆沦落为闹剧，那事件的深层次的意义，很容易被淹没在表层的情感波动中。戏剧本身具有一种潜在的启迪心智的优势，但这一优势因为那些只作用于感官、让人激动、愤怒的情节剧或者说那些个人化的事件描述而荡然无存。因此，新闻往往与肥皂剧别无两样，只不过故事的后果比电视娱乐频道节目的后果更重要罢了。②

在一定程度上，新闻娱乐化已经不是在自觉满足受众需要，而是在刺激受众欲望。大量充斥着打架的血腥、婚外恋的窥隐的新闻也严重影响了民生新闻品质。这种倾向的确使新闻更容易接近大多数人，但是也导致人们实际从新闻

---

① 文静：《单口相声播新闻："草根"让电视新闻娱乐化？》，http://news. xinhuanet. com/newmedia/2006−10/30/content _ 5265965. htm。

② W. 兰斯·班尼特：《新闻：政治的幻象》（第五版），前引书，第 55 页。

中所得到的东西变得琐碎化。① 更为重要的是，与其说这些内容有助于市民讨论和处理日常生活中的道德、法律和秩序问题②，不如说是塞满了大量低成本的"填充物"："电视台以此来延长节目时间的材料，例如对较小型的交通事故、小型火灾或者不重要的政治观点的报道……从市场的观点来看，'填充报道'的生产成本很低，可能生产很高的利润。"③ 填充物能带来高收视率，却会让社会缺乏有益信息的滋养。

而这一趋势还蔓延到其他严肃节目，如中央电视台对科教节目提出了4∶3∶2∶1的制作要求，即趣味性占节目的40%，情节（包括线索、人物）占30%，画面支撑占20%，知识点占10%。这一趋势不仅影响了受众的认知，改变了传统新闻讲究寓教于乐或寓教于事、"无意中感激"的道德原则，也使新闻从业者在理想的告知义务与现实的吸引受众、娱乐受众要求之间感到无所适从。

市场给媒体带来了机遇，但是也必须认识到"市场有其内在的局限性和结构性偏差，它本身不是一个价值中性的机制"④，它使媒体从最初把受众看作一个需要接受有关政治和社会事务教育的群体，发展到现在把受众看作一种商品，并且还要尽力去娱乐的一个群体。⑤ 对于新闻娱乐化，人们既肯定其带来的大众化效果，又呼吁要持有适中的"度"，需要媒体自律。在市场驱动下，新闻的娱乐化改变了信息枯燥赶跑观众的局面，固然吸引了更多的人，也加强了人们的精神体验，但在某种程度上，它已经处在变质的危险之中。⑥

第二节　电视民生新闻对公共空间的建构

结合媒体来理解"公共空间"的概念，可以采用莫斯可的观点："我们应该把公共的内涵界定为实行民主的一系列社会过程，也就是促进整个经济、政

---

① Bird Elizabeth, "News We Can Use：An Audience Perspective on The Tabloidisation of News in The United States", in *the Public*, Vol. 5（1998），3.

② 如《成都全接触》主持人在荧幕上回答受众"为什么节目总是播车祸时"所言，是为了提醒大家注意安全。

③ 约翰·H. 麦克马那斯：《市场新闻业：公民自行小心?》，前引书，第182页。

④ 赵月枝：《国家、市场与社会：从全球视野和批判角度审视中国传播与权力的关系》，载《传播与社会学刊》2007年第2期。

⑤ 塞伦·麦克莱：《传媒社会学》，前引书，第57页。

⑥ 约翰·H. 麦克马那斯：《市场新闻业：公民自行小心?》，前引书，第244页。

治、社会和文化决策过程中的平等和最大可能的参与。"① 从这个角度看来，电视民生新闻在自觉和不自觉中，通过广泛地吸纳市民观看和参与生产节目拓展了公共空间，体现了新闻的社会职能。同时，其又以独特的偏向性改变了公共空间的结构，形成了一种新的限制。

一、敞视与遮蔽：电视民生新闻建构的公共空间

关于公共空间的理论资源来自哈贝马斯的"公共领域"，但在这里又存在着差别。哈贝马斯认为的公共领域是介于国家与社会之间、公民参与公共事物的领域，与公共性紧密相连："公共性本身表现为一个独立的领域，即公共领域，它和私人领域是相对立的。有些时候，公共领域说到底就是公众舆论领域，它和公共权力机关直接相抗衡。"② 哈贝马斯所说的公共领域本身就是"资产阶级公共领域"，是一种历史性概念，与我们所讨论的民生新闻立足于社会中下层民众的话语伸张是有差别的，并且，黄宗智认为，通过对"公共领域"一词的这些用法，可以看出哈贝马斯在指涉一种普遍现象，即现代社会里日益扩张的公共生活领域，它可以呈现为不同的形式并涉及国家与社会之间各种不同的权力关系。哈氏是在暗示一种关于公共领域的类型学，"资产者的公共领域"只是其中的一个变数种类。同样，简单依据政府对媒体的管理而否定民生新闻为公众话语提供的平台，将无法看到民生新闻给传统新闻的政治一元话语带来的改变，也无益于捕捉市场经济带来的媒体格局变化及相应的权力博弈。因此，为加以区别，这里采用"公共空间"的说法来分析电视民生新闻的公共性。

媒体的公共空间是与其大众传播功能联系在一起的，拉斯韦尔在1948年发表的《传播在社会中的结构与功能》中将其概括为三个方面：环境监视功能、社会协调功能和社会遗产传承功能。研究者早已把传媒作为个人与社会的联结中介，赋予其社会沟通协调的重要职责。我国媒体作为国家意志的传播平台，在社会沟通方面长期以来注重的是上对下的宣讲和指导，而能够通过媒体进入公众视野的、从下发出的声音非常有限。正是在这个方面，民生新闻带来了巨大的改变：新闻信息源由组织向民间、个人拓展；新闻价值观念由强调重大性向强调接近性转变，价值主体由国家、政府向社会、市民转变；新闻表达

---

① 文森特·莫斯可：《传播政治经济学》，前引书，165页。
② 哈贝马斯：《公共领域的结构转型》，前引书，第2页。

方式由权威化转向平民化、生活化；新闻传播形态由单向转为双向互动。① 这些变化意味着民生新闻萌发了媒体在前互联网时代作为一个开放交流的公共空间的可能，属于现代化的转型，即"大众传媒在现代社会扮演重要角色，大家对它的期待之一，是它的公共性。媒介的公共性是和社会的知情权、社会沟通的基本方式，以及政治运作的基本方式，密切相关的"②。

首先，平民大众及其日常生活逐渐进入广泛的新闻场域，使之生存状态得以敞视："新闻并不是制度的替代物。它像一道躁动不安的探照灯光束，把一个事件从暗处摆到了明处再去照另一个。人们不可能仅凭这样的光束去照亮整个世界，不可能凭着一个一个插曲、一个一个事件、一个一个突如其来的变故去治理社会。他们只有靠着一道稳定的光束——新闻机构——去探索，让这光束对准他们，使一种局势足够明了，以便大众作出决定。"③ 随着社会的发展变化，剧院、博物馆、音乐厅，以及咖啡馆、茶室、沙龙等为对话提供的公共空间④，越来越多地转换到大众传媒中——报刊成为公共领域的最典型机制⑤。由于传媒在人们和无法直接感知或接触的潜在经验之间发挥着中介作用，是别人接触我们或我们接触别人的渠道，常为我们提供了解其他群体、组织及事件的材料⑥，民生新闻的一个个市民故事就构成了一幅现代都市生活的世俗画卷，集约展示了中下层民众的生活状况，让大众超越了日常微观的个体观察，从中形成对群体的认识。

由于民生新闻对市民个体生活、问题的关注还使其建构的公共空间与私人领域形成对接。菲斯克将二者放到文化分野下来描述，一方面是工作、政治、大众媒介及更广泛的制度化事务所组成的"公开"空间，另一方面是个人、生平与家庭所组成的"封闭"世界。⑦ 二者的对接在于民生新闻充当了个人疾苦的倾诉对象、予以生活忠告的权威人士，"私人生活问题被吸收到公共领域当中，在新闻机构的监督之下，这一问题即便没有得到彻底解决，至少也被公开

---

① 参见谭筱玲：《电视新闻"民生化"与新闻传播理念的转变》，载《新闻界》2006 年第 5 期。

② 汪晖、许燕：《"去政治化的政治"与大众传媒的公共性》，载《甘肃社会科学》2006 年第 4 期。

③ 沃尔特·李普曼：《公众舆论》，阎克文等译，上海人民出版社，2006 年，第 259 页。

④ 哈贝马斯：《关于公共领域问题的答问》，梁光严译，载《社会科学研究》1999 年第 3 期。

⑤ 参见哈贝马斯：《公共领域的结构转型》，前引书，第 219 页。

⑥ 参见丹尼斯·麦奎尔：《大众传播理论》，载张国良主编《20 世纪传播学经典文本》，复旦大学出版社，2003 年，第 441 页。

⑦ 约翰·费斯克等编撰：《关键概念：传播与文化研究辞典》（第二版），前引书，第 229 页。

化了"①。

其次，民生新闻的内容与传播形态所反映的价值观转变，使民众进入公共空间的平等交流成为可能。哈贝马斯界定的公共领域的基本原则是参与性、平等的和理性的对话，平等表现在任何人都可以进入（非排他的），任何人都是平等的成员，对话必须是在平等基础上的理性的对话。② 虽然民生新闻提供的公共空间并非真正地让所有人都能进入或是拥有完全平等的资格（尤其像是第四章第二节所分析的流浪汉这样的边缘群体），但是它改造了原有新闻话语中的平民地位，确立了平民在新闻中的主体身份。"那些在经济上和政治上拥有权力的人很容易接触记者，同时也被记者所追逐；而那些缺少权力的人则更难被新闻记者知晓，更不被记者追逐，除非他们的活动产生了社会的或道德的无序状况的新闻时。简言之，接触的通路反映了新闻产地之外的社会结构……"③ 很难说民生新闻完全突破了这一传统，但它以大量的篇幅聚焦于平民，使之成为新闻的主角，改变了普通的个人长期被新闻话语漠视的局面。并且，以服务形态展现的资讯与投诉及传播者的说话方式，也在无形中提升了民众在公共空间中的地位。

再者，民生新闻不仅为大众提供了了解多方面社会信息的渠道，还提供了可以在一定范围内发表意见参与讨论的平台。大众传播的社会协调功能以及公共空间作为现代民主生活的关键构成必须要有民众的参与。民主有各种各样的可能性和各种各样的社会条件，但无论哪一种民主形式，都需要普通民众的基本参与，没有参与性的民主只是空洞的形式，甚至沦为特定势力操控的形式。因此，一方面，公共领域是民众参与的途径和前提，另一方面，民众参与也是公共领域得以形成和扩展的条件。在这个意义上，媒体的公共性既是结果也是前提，甚至是社会参与的诉求本身。④

民生新闻在这方面的重大突破当属江苏电视台《1860 新闻眼》2004 年 9月 27 日直播的江苏发改委副主任选举。直播将五位候选人的演讲和评委打分亮分过程同步展现在大众面前，引发了很大震动，"几个主要广场的大屏幕尽管没有声音，还是吸引了大量的市民驻足围观。1000 多名各地的观众通过短

---

① 哈贝马斯：《公共领域的结构转型》，前引书，第 198 页。

② 汪晖、许燕：《"去政治化的政治"与大众传媒的公共性——汪晖教授访谈》，载《甘肃社会科学》2006 年第 4 期。

③ 约翰·R. 霍尼、玛丽·乔·尼兹：《文化：社会学的视野》，周晓虹等译，商务印书馆，2002年，第 288 页。

④ 汪晖、许燕：《"去政治化的政治"与大众传媒的公共性——汪晖教授访谈》，载《甘肃社会科学》2006 年第 4 期。

信参与了直播，或点评演说内容，或对选举程序提出建议，几台直播电话就没停顿过，几乎被打爆"。公众虽然没有被赋予投票权，但将阶段性过程透明化、置于民众监督之中，说明民生新闻在政治生活参与方面已迈出了一大步。此前，民生新闻栏目就常常将政府职能部门、公用事业单位的领导请进演播室，就热点问题做出解释并回答市民提问；采用问题调查的方式征求公众意见、反映舆论，等等。如"《看病例行体检该由谁埋单?》、《南京公用事业，还有多少价要涨?》、《国庆长假要不要提前放?》……越来越多的公共话题出现在《1860新闻眼》，参与的市民越来越多，很多都被政府列入改革议事日程"①。通过媒体对公共问题设置议程、公众参与讨论影响政府决策，使人们无法忽略民生新闻在构建公共空间中的努力和作用。

这些努力离不开民生新闻生产者的自觉引导意识：

> 在南京，同样有一群公众熟悉的媒体明星，他们是这座城市的守望者，他们是公共利益的代言人，他们清醒地明白自己承担的重任。南京电视台《东升工作室》秉承"替政府分忧，为百姓服务"的宗旨，主持人东升最大的感悟莫过于，媒体作为社会良心具有不可推卸的责任。他希望地方政府工作更加务实，许多问题能够一追到底。江苏广电总台城市频道《南京零距离》主持人孟非关心的则是新闻事件背后显露出来的社会制度的建设。他在非典时期在节目里说的最多的一个词是"国民性"，在危难时期公众的心态变得异常脆弱，甚至看到北京的车牌号就要把车掀翻。作为一个新闻人，孟非认为此时媒体需要的是超常规的冷静和清醒，惟有这样才能对受众起到正确的引导作用。②

即便有了新闻人个体的自觉，但就其功效来看，我们仍然只能说民生新闻对公共空间的建构还处于起步阶段，无论是其创造性的作为还是社会效果都有限。这主要是在于新闻改革，"改革的主体采取上、下'合作'的途径，以经营方式为驱动，以'临场发挥'为基本行为特征，创造性地运用改革话语中市场经济与党的新闻事业的语汇，改造新闻生产中的社会关系，重构现存体制的内在活动空间。这一改革的运行方向，至少从目前来看，并不在于'创造'新的体制，而是使现存体制能容纳相对多元的'非常规'活动，并使之具有更制

---

① 张恩超：《从民生新闻到公共新闻》，《南方周末》2004 年 11 月 4 日。
② 宋文：《理性公共空间的建构——试论媒体与公民》，载《江苏教育学院学报》（社会科学版）2008 年第 1 期。

度化、更可预测的特点"①。恰恰是民生新闻的生产动机既促成了公共空间在坚持正确导向与追求经济利润而关注公众需求的张力中生长，又限制了公共空间的更大自由发展。

哈贝马斯对公共领域的理性辩论认识不能简单地套用到中国社会中。由于民生新闻所建构的公共空间保持着与公共权力机关的和谐相处，因此它一般都遵循"良性互动"的原则采用这样的线路：发现公共问题→选择、框限议题→在新闻中公众质疑问题→相关部门解释问题→问题得到解决或说服公众达成共识。因此，公共空间作为"人为制造的公共领域"，其已经具有的大众性可能与公共性相分离："大众性并不等于公共性；但是没有公共性，大众性也不能长久地维持下去。它所反映的情绪是临时制造出来的公共领域的一个依变量，尽管绝不仅仅依赖于它。"② 民生新闻除了要上下两头兼顾，还有自身独立的市场考虑，必然使其向公共空间的拓展带有利益色彩，而为争取受众采用的娱乐化修辞策略更是使之游走于大众性和公共性之间。

二、新闻线人与民间供稿人：市民介入公共空间的新形式

"线人"一般指与警察合作提供情报的信息来源。随着近年新闻媒体广泛地在民间征集新闻线索，"新闻线人"开始成为流行现象，甚至被当作新的职业。丁和根解释，"新闻线人"是那些不隶属于任何新闻机构，却以专门提供新闻线索或新闻作品获取报酬的人。新闻线人有专职与非专职两类，前者以向新闻机构提供新闻线索或新闻作品为谋生手段，而后者除了从事这项活动还另有较为稳定的收入来源。③ 这里则根据提供新闻线索不参与新闻作品制作和提供完整新闻作品的差别，分为"新闻线人"和"民间供稿人"两类。因为新闻线人提供线索具有一定的偶发性，对新闻作品、新闻活动的认识相对粗浅，而民间供稿人往往是从自发意识走向了自觉意识，有不同的自我身份认识和更突出的市民群体介入公共空间的愿望。

新闻线人的出现始于 20 世纪 90 年代，《北京青年报》1993 年就开始尝试有偿征集新闻线索。一般认为，激烈的媒体竞争导致了信息源的争夺，因此新闻业比较发达的北京、上海、南京和成都等城市的新闻线人都比较活跃。如有

---

① 潘忠党：《新闻改革与新闻体制的改造——我国新闻改革实践的传播社会学之探讨》，载《新闻与传播研究》1997 年第 3 期。

② 哈贝马斯：《公共领域的结构转型》，前引书，第 252、251 页。

③ 丁和根：《新闻线人的社会角色分析》，载《传媒观察》2004 年第 7 期。

人调查北京主流综合都市报的热线版新闻发现，其中 80％都来自线人的报料。① 而民生新闻这方面的需求更是强烈，关键在于这类新闻来自民众日常生活，是以往以通讯员为补充的机制远远不能满足的，因为那受制于行业和地域因素。新闻媒介永远都在寻找适合刊登的内容，而内容（不一定总是适合的）也永远都在寻求新闻出口。② 对于媒体来说，"体外造血"可以丰富资源降低成本（被动地发现事件比更主动地发现新闻成本要低得多③）；对于线人来说，可以通过信息资源换取经济报酬；对于受众来说，则可以因此获取更广泛的新闻内容。由此，媒体竞争又促成了新闻源竞争，甚至出现了《新京报》万元重奖新闻线索的情况。④ 这就进一步承认了信息是商品的性质，并使这一在西方早已出现的社会角色最终因市场化的推动在中国萌生。

从新闻传播的过程来看，新闻线人作为一种非官方形态的切入而具有了"传者"角色，成为影响新闻生产的社会力量。新闻线人的身份和目的各异，曾有研究者对之进行了分类（见表 5.2）：⑤

表 5.2　新闻线人情况分析

类别	目的	人员主要构成	线索内容	线索提供量
职业新闻线人	以专业提供新闻线索获取酬金为谋生手段	打工者，退休人员，下岗职工	社会新闻为主兼有深度报道	每月 20 余条
兼职新闻线人	以此为副业挣钱或充实自己生活	报摊报贩、出租车司机、退休人员、热线读者	社会新闻为主	每周 1~2 条
客串新闻线人	偶尔为之，没有特殊目的	突发事件目击者	突发事件	随机
举报新闻线人	为解决自己的问题或打抱不平揭发内幕	当事人、内幕知情人	与自身相关有争议的事件或内幕	随机

---

① 李晨光：《京城各报 80％新闻来自线人报料 新闻线人分 3 级》，《北京晨报》2003 年 11 月 7 日。

② 丹尼斯·麦奎尔：《麦奎尔大众传播理论》（第四版），前引书，第 240 页。

③ 约翰·H. 麦克马那斯：《市场新闻业：公民自行小心？》，前引书，第 144 页。

④ 《新京报》2003 年 11 月 13 日："我们的承诺/万元重奖新闻线索/打个电话赚 1 万元！这不是神话。/《新京报》敢为人先，在创刊推广期内（2003 年 11 月 11 日至 2004 年 1 月 15 日），震撼推出'万元重奖新闻线索'活动，您提供的新闻线索如果足够重大，我们将奉上特等奖 10000 元。这将是国内迄今最高的报料新闻奖。万元大奖在推广期内每半月评选一次。"

⑤ 宋双峰：《新闻线人与媒体新闻源的管理》，载《中国记者》2004 年第 3 期。

类别	目的	人员主要构成	线索内容	线索提供量
专业新闻线索提供公司	商业赢利	专业工作人员	分类新闻线索	每天 200 余条

从表 5.2 中可以看出，能经常提供新闻线索、比较稳定的线人主要是一般市民，尤其是收入较低人群，而公职人员相对较少。除了经济刺激，新闻线人还在此过程中获得心理满足。曾有记者在采访中了解到："新闻线人在一次一次的报料过程中，不但满足了他们参与新闻的好奇心，获得报社提供的物质奖励，最让他们欣慰的是自己反映的很多问题都能得到解决。"[①] 这体现出普通人对社会的关注，并力图通过媒体来表达。在新闻线人基础上诞生的民间供稿人，这个方面表现就更加突出，他们不仅发现新闻线索，还采访、思考，将事件按照自己的思维形态制作成新闻作品，从而深入地介入问题解决过程，甚至起到帮助和推动作用。

最典型的是被称为"南京职业新闻线人第一人"的任贵林，因一次偶然的商品投诉事件走上这条路，七年时间里在报刊上发表作品近 2000 件。做民间供稿人是任贵林的生存方式，自 1997 年他与爱人下岗后一家三口只能靠每月240 元补助金生活，而写稿子每个月能有 500 多元收入。同时，发表文章也给他带来成就感，使他不满足于只写一般的社会新闻："其实我的亲戚们都反对我写批评文章，怕有人打击报复。记者们写批评报道，那是他们的职责，万一他们出什么事了，好歹他们还有单位替他们顶着。我要是为这个出了事，没有人会负责……但我想，我无权无势，还是个残疾人，如果我不干新闻，那我肯定什么都不是。通过干新闻这一行，我能为别人，特别是那些和我一样无权无势的人解决一些他们自己解决不了的困难，很有成就感。有时候，通过新闻媒体也帮不了他们，或者写的文章报纸也没办法发。我当然会很难过，但也只能这样了，他们一般都能理解我。"[②] 处于社会底层的小人物就这样通过媒体张开的缝隙发出微弱的声音，并且其中许多都是与己无关的，发挥着代言的作用。如任贵林连续跟踪调查数天发表的《残疾儿童乞丐族》发出了"救救孩子"的呼吁、发表的关于酒家在试用期满前解聘员工以无偿使用劳动力的文章

① 李晨光：《京城各报 80％新闻来自线人报料　新闻线人分 3 级》，《北京晨报》2003 年 11 月 7 日。

② 刘娟、魏继新：《活在传媒边缘——"南京职业新闻线人第一人"任贵林的一天》，载《新闻界》2004 年第 1 期。

帮助员工讨回工资，等等，都直接针对社会问题，带有明显的责任意识，超出了单纯的经济动机，更多的体现出其对社会认同和自我价值实现的追求。

与之相比，电视民间供稿人难度更大一些，因为画面拍摄需要用工具和技术。四川绵阳的赵顺安①就为此投入了三四万元，整天提着价值两万多元的DV摄像机在大街小巷转悠。赵顺安本是当地一个农民，后在绵阳市开了一家开锁修锁店，靠技术谋生，每月收入有两三千元。拍新闻每月挣上六七百元，说明他比起任贵林更是出于爱好来做这件事。赵顺安拍的新闻主要在绵阳市电视台和高新区电视台播出，甚至有时候他会比电视台的记者更早出现在现场。因为拍新闻成了名人，当地人常常会打他的"热线电话"，派出所的民警也会配合他的需要接受采访。更重要的是赵顺安通过新闻帮助别人解决问题已经开始成为一种民间服务，他有一个题名为"群众反映问题用"的记录本，每解决一个问题就做上记号。这样的本子一年要用一两个，已经用到了第五本。

按理说，民生新闻尤其是投诉版块本身就产生于市民困境，而民间供稿人的存在却说明了这一困境的解决仅靠职业记者还不够，这使得民间供稿人多数已经成为民生新闻稳定的信息源和新闻生产者。由于新闻线人和民间供稿人是非专业人士，可能存在专业素质不够、夹杂个人利益、价值取向及违背法律等问题②，媒体往往需要更仔细地把关，许多民生新闻栏目也形成了相应的管理办法。如《南京零距离》吸收民间供稿人为特约记者并颁发相关证件，要求遵守《中国新闻工作者职业道德准则》和栏目各项规章制度，坚持以拍摄突发社会新闻为主的分工原则，严格实行选题申报制度，明确分配和奖惩办法，等等。这实际上就将民间供稿人作为"编外"记者，基本按照职业记者来要求，突出了专业化规则。

新闻信息来源的改变牵涉在社会事务中谁有资格选择、框设议题，谁能作为代表发言等一系列问题。在一个竞争日趋激烈且商业化驱动明显的新闻环境当中，"新闻发现的市场模式"很可能胜过日趋神话化的"新闻发现的记者模式"或者深度、独立调查的新闻操作，从而对官方消息来源的组织性的依赖增添了商业性的刺激因素。③ 但不能忽略的是民间供稿人在商业环境中的变异，

---

① 参见附录。

② 参见黄顺铭、林燕德、祝伟堃：《"读者报料新闻"生态状况内容分析——来自广州报业市场的报告》，载《新闻界》2006年第3期；周大文：《传媒竞争催生职业新闻线人》，载《传媒观察》2004年第6期；李琦、肖兵艳：《对"新闻线人"热的冷思考》，载《当代传播》2006年第3期。

③ 科特主编：《新闻、公共关系与权力：领域图绘》，李兆丰等译，复旦大学出版社，2007年，第16页。

如后来出现的专业新闻线索提供公司（如千龙咨询公司）多是出于商业赢利目的，由公司管理人员垄断新闻线人的报料，手下人不能单独接触媒体。新闻线人本是专业生产的拓展，但其管理方式反倒阻碍了他人进入媒体公共空间的自由。①

整体上，新闻线人和民间供稿人提供的信息虽然有限，但毕竟是一股新生力量，或多或少会影响到新闻生态。霍尔等人认为新闻媒介再生产了话语权力，使之成为事件的"主要解释人"。尽管经受了新闻媒介一些有限的挑战，"主要解释人"通过常规化的接近消息和新闻合法化，还是掌握了这个话语场域，并设定了论争的主题。② 同时，职业新闻人依据媒体组织结构往往形成了与新闻源之间可预测的、条理清晰的框架，在这个框架内商议交往过程的行为及原则③，促成了一种对传统智慧的系统化集中。这些所谓传统智慧，就是由记者、话语权力拥有者和许多受众成员共同持有的、几乎未曾遭到质疑的观点合意。④ 而民间供稿人在新闻事件的选择、议题的确立和解释的框架方面会有自身的立场与认识，与上述情况形成一定程度的对话。这说明只有普通百姓被激发起参与的热情和自觉意识，公共空间才有可能逐渐成形。他们有的文化水平不高（任贵林和赵顺安都是初中文化），却能基于关注社会解决问题的热情介入公共空间，可见民生新闻难能可贵地为不同阶层的民众参与公共事务提供了平台。在马克斯·韦伯形容的现代社会中，信仰和传统都受制于工具理性"铁笼"的去魅，个人主义、消费主义和技术理性削弱了传统和信仰体系一度被认为是理所当然的。⑤ 民间供稿人却就此增添了新的内容。并且，可能恰恰是一些文化水平和社会地位不高的群体会表现出更强烈的社会关注意识，这不由得让人回味吉姆·麦克盖根所说的："'普通百姓'这一语汇，老实说是有问题的。对我来说，它是与知识分子——从学术的保守主义观点来看，乃系特别文化的代表，资深支系——相对而构建的一个开放型语汇。"⑥

---

① 参见沈勇：《深圳新闻爆料人现象调查》，载《当代传播》2007年第5期。其中也有少数出于公益目的的新闻线人组织。

② 科特主编：《新闻、公共关系与权力：领域图绘》，前引书，第13页。

③ 潘忠党：《新闻改革与新闻体制的改造——我国新闻改革实践的传播社会学探讨》，载《新闻与传播研究》1997年第3期。

④ 丹尼斯·麦奎尔：《麦奎尔大众传播理论》（第四版），前引书，第241页。

⑤ 科特主编：《新闻、公共关系与权力：领域图绘》，前引书，第8页。

⑥ 吉姆·麦克盖根：《文化民粹主义》，桂万先译，南京大学出版社，2001年，第4～5页。

三、消费者与公民：公共空间的身份斗争

伴随着媒介的市场竞争加深和信息商品化的加剧，既出现了新闻大众化局面，也产生了商品化过程与社会平等、参与的斗争。莫斯可认为在商品化过程中消费者身份和公民身份之间的斗争无处不在[①]，这在民生新闻搭建的公共空间中同样突出体现出来。

在中国语境中，公民概念是一个舶来品。进入近现代社会后，随着民族危机的加深和西方政治学说的传播，我国知识界开始使用"国民"概念传播民族和国家意识，逐步实现了"天下"意识向"国家""民族"意识的转换，从而将"公"与"公共"的内涵注入国家、政府、公理、公正的意义。而"公"与"民"的衔接起始于五四新文化运动中以《新青年》为中心提出的"新公民观"："不同于梁启超重国家轻个人和义务本位的民族主义公民观"，更注重自主独立的公民人格。[②] 实际上，"公民"的英文与"市民"一样，都是 citizen，其内涵有着一致性，而市民话语也是在公民自觉意识上来展开的。为了强调公民概念所体现的平等性和广泛性以及改变市民概念容易造成的"城市居民"印象，这里采用的"公民"概念和前面的"市民"相区别。在法学中，公民通常是指获得或拥有一国国籍的人；在政治哲学中，公民的根本问题是公民身份（citizenship）问题。公民身份，"在传统上，这一概念基于在社会中历史性地演化出的一组权利与义务……在现代国家中它通常与民族—国家联系在一起。在这个意义上，可以将公民身份视为支撑民主的一个正式的法律框架"[③]。

受众，这一从传播过程来划分的角色，表明信息接收者的地位，而具体运作中会存在对受众的不同身份定位，并在相当大的程度上决定媒体的编辑方针、内容特点、风格定位和操作方式，甚至进一步决定媒体的发展方向和它在社会历史发展进程中的作用。把公民概念引入受众观，把受众当作公民，就意味着传播活动对公民权利的自觉认同和维护，尤其是精神文化产品的生产更要在公民文化传播权利上有高度体现。针对作为完整的公民权的有机组成部分之一的公民文化传播权利，格雷姆·默多克是这样表达的：

　　完整的公民权由四类基本的文化资源与权利所支撑。（1）信息：人们

---

① 参见文森特·莫斯可：《传播政治经济学》，前引书，165 页。

② 许纪霖主编：《公共性与公共知识分子》，江苏人民出版社，2003 年，第 201、221 页。

③ 彼得·达尔格伦：《媒介、公民身份与公民文化》，载詹姆斯·库兰、米切尔·古尔维奇编《大众媒介与社会》，前引书，第 304 页。

必须可以获取同塑造他们日常生活和生活选择的事件和力量相关的全部信息。（2）知识：由于信息只提供了理解的原材料，他们必须获取完整的框架，将事件放进情景，赋予解释，作出反应和解答。（3）表征：他们有权力见到他们的生活、信仰和愿望准确而公正地在公共文化的主要场所被表达出来。他们有权力不被污名化，不遭受偏见。（4）参与：他们同样有权力在成为文化消费者时成为文化生产者，积极地参与在公共文化中流通的观念、主见与表征的制造与再度制造。①

　　而消费者的身份和权利与公民存在差别。从法律意义上讲，消费者是为个人的目的购买或使用商品和接受服务的社会成员。1993年颁布的《中华人民共和国消费者权益保护法》规定消费者拥有以下一些权利：消费者在购买、使用商品和接受服务时享有人身、财产安全不受损害的权利；消费者享有知悉其购买、使用的商品或者接受的服务的真实情况的权利；消费者享有自主选择商品或者服务的权利；消费者享有公平交易的权利；消费者享有依法成立维护自身合法权益的社会团体的权利；消费者享有获得有关消费和消费者权益保护方面的知识的权利；消费者在购买、使用商品和接受服务时，享有其人格尊严、民族风俗习惯得到尊重的权利；消费者享有对商品和服务以及保护消费者权益工作进行监督的权利。明确消费者权利和经营者义务，基本思想是使之在自愿、平等、公平、诚实信用的原则下进行交易。对电视节目的消费者来说，就是在媒体提供的产品中自愿选择，获得信息服务，并不涉及参与公共事务和表达看法方面的权利。

　　通过公民和消费者的身份权利比较可以看出，民生新闻更多的是将受众看作消费者来生产节目的：生产者自动地将自己的身份"降"为服务者，按照消费主义理念来指导生产，争取以收视率为指标的自身效益。这就使媒体的生产在满足消费者需要与满足公民需要方面存在偏差，但在中国现实语境中，这种偏差又悖论地纠集在一起，甚至是融合的。

　　首先，立足公民受众观的媒体应该是基于公共利益的生产而不是自身经济利益，这也是媒体公共性的必然要求。麦奎尔曾总结公共利益对大众媒介的要求包括：多元的媒介所有权、出版自由、公众能够获得多样性的信息、意见表达的多样性、广泛的（接近普通的）传播接触权、使公众能够获得有品质的信

----

① 格雷姆·默多克：《疆域与十字路口：全球市场时代认同与团结》，载单波、石义彬主编《跨文化传播新论》，武汉大学出版社，2005年，第21页。

息与文化、能够支持民主政治体系、尊重司法体系、尊重个人和基本的人权等。① 民生新闻突出情感性的生产模式和个人化、戏剧化、片段化、常识化等娱乐化的修辞策略却说明其目的并不在此，它诉诸甚至是刺激人们的原始欲望，使受众获得的是大量人们愿意看却不需要的琐碎信息。同时，各个地方台的民生新闻在内容和风格上又是相似的，尤其是在同一个城市、同一个电视台都有多档民生新闻栏目的情况下，新闻产品的同质化程度相当严重，使受众的选择非常有限。从这个角度来看，民生新闻反而阻隔了公众获得多样性的、有品质的信息与文化。

但是，"公共利益"本身又是一个充满争议的概念。

当"公共利益"一词运用在媒介上时，其简单的意义就是媒介执行当代社会中若干重要的甚至是根本性的任务。这些任务是符合大家的利益并且应该被很好地履行的。公共利益也意味着我们应该拥有一套这样的媒介运作体系，即它遵循管理社会其他部分时所应用的体系，尤其是和正义、公平、民主以及当前值得向往的社会与文化价值观念相关的原则。至少我们可以说，如果媒介没有引发社会问题或者极端的过错，那么就是符合公共利益的原则。②

麦奎尔的艰难阐释说明了"公共利益"的含混性，最终只有放到媒介行为是否符合现行制度的框架中来。"公共利益"在字面上与个人利益、特殊利益相对立，指向普遍利益。而在中国社会转型中，出现了利益分化的多个阶层，"公共利益"便更是难以简单陈述。并且，在实践中，公共利益总是一个被利用的概念，在市场环境下，各个利益群体试图利用公共利益概念来合法化和正当化其自身利益。因此，民生新闻的平民立场反倒在相对多数的人群基础上体现了"公共利益"，2003 年《南风窗》杂志就将"为了公共利益"新闻奖授予了《南京零距离》。同时，其大众化走向又部分地实现了公众广泛接触传播的权利和意见表达的权利：

> 那些常常被宽泛地称为"通俗化"的趋势的特征，或许可以用于动员参与，即使是以非传统的方式。例如，新闻、娱乐、戏剧化事件与广告的类型边界逐渐被打通，这可能导致一种更散漫的框架，而这种框架可能对更广大的受众敞开……如果按照积极的观点，大众新闻业的因素，甚至包

---

① 丹尼斯·麦奎尔：《麦奎尔大众传播理论》（第四版），前引书，第 121 页。
② 丹尼斯·麦奎尔：《麦奎尔大众传播理论》（第四版），前引书，第 120 页。

括娱乐化新闻，都能够具有建设性地促成民主的公共空间的复兴。①

其次，公民受众观要求媒体理性地致力实现公众的民主政治权利，引导公众参与公共事务，而遵从于市场规则的消费者受众观往往是追求吸引力超过理性、追求煽情超过分析。麦克马那斯就曾指出市场新闻业可能会产生的四种社会效应：新闻消费者从新闻中获知的信息可能减少了、受众可能会被误导、新闻来源可能施加更多的操纵力、受众变得对政治更加冷漠等。② 民生新闻的地域性生产强调接近性，与市民日常生活的联结强调实用性，平面化、片段化的展示，使受众无法辨别自己所处的环境，阻止了深层次的思考。而"受众本位"观，包括具体操作中的"使用与满足"理论正是基于极强的实用主义色彩，才被民生新闻充分运用的。这使民生新闻看起来改变了传统新闻中的传者强势地位，使传者和受者更趋于均势，甚至以无所不在的服务和"贴心"呈现出传者的潜隐态势。但实际上，导致的是媒体将"顾客就是上帝"的理念放到新闻生产中，将自己视为单纯的信息工具，只是一味地迎合受众需要，而失去了应有的引导功能。

悖论的是，在人们对政治形态的认识发生变化的过程中，民生新闻又以"生活形态"的政治，通过对市民个体的关注和改变日常生活形式的方式影响着大众的公民意识：

> 政治参与就被重新导向那些被认为具有更切近的个人意义的议题与主题。围绕着对人们的生活、生活规划、伦理以及/或者身份认同这些具有更直接关系的问题，人们动员了起来。换言之，有一种趋势，即政治对于人们的自我认知与世界观更具有表达性。生活形态的政治具有一系列庞杂的表现，它包括了像堕胎、教育的内容、素食主义、环保这样多样的议题，以及许多与消费有关的话题：质量、价格与可用性等等。以族群、性别与性偏好等因素为基础的、基于群体的认同政治，是生活形态的政治迅速发展的一个向度。人们逐渐倾向于建立临时性的联盟而非对于传统政治组织奉献长期的忠诚。随着政治参与在建制化程度上的弱化、政治议程在稳定性与可预测性程度上的弱化，传统政治的世界在萎缩；与此同时，更

---

① 彼得·达尔格伦：《媒介、公民身份与公民文化》，载詹姆斯·库兰·米切尔·古尔维奇编《大众媒介与社会》，前引书，第300~301页。

② 约翰·H.麦克马那斯：《市场新闻业：公民自行小心？》，前引书，第266~285页。

为个人化的政治表达方式开始显现。①

如消费者维权新闻频频在民生新闻中出现，一方面依托《消费者权益保护法》宣传和肯定公民的合法权益，另一方面通过采访"消协"发出"群众组织"的声音。"尽管消费者是被结构性地整合进市场中，而公民归属于一种其特征为普世主义与平等原则的集体，不能将消费者与公民视为在所有情况下都具有根本性的不同。消费能够很快地表现出政治属性，而生活形态政治经常围绕着消费的议题。公民需要消费，而消费者的身份很容易转换成为公民身份；它们在某些背景中是相互交织在一起的。"② 就这一点来看，由于地方传媒只能在生活政治层面获得稍多一些的表达空间，因此民生新闻也有致力公民权利之处。

这种矛盾的存在关键在于立足点本身的矛盾。市场给民生新闻带来了生长的机会，伴随而来的受众本位观和受众是消费者的理念也的确改变了媒体的定位，使新闻传播活动更多体现出平等性。但是，市场并非就意味着"解放者"，传播者的形态只不过从显在的转化为了隐藏的，将受众作为博取经济利益的筹码。麦奎尔认为，对媒介产业和媒介经济来说，尽管"市场"是一个实用的概念，但是它也具有某些非价值中立的问题。它以一种"计划性"而非规范性或社会关系的形式将传播者与接收者连接起来，变成一种生产者和消费者之间的现金交易而非传播关系。它忽略了消费者之间的内在关系，因为这些关系对媒介服务的供应者而言并无吸引力。它将社会经济准则置于优先地位，并把焦点放在媒介"消费"而非媒介的"接收"上。③ 这一价值选择使民生新闻偏离新闻活动的公共性成为必然。

普利策曾经把新闻记者比作一艘大船上的瞭望者，联合国教科文组织提出传播新闻首先是为了创造条件对他面对潜伏的各种危险心中有数，然后也为了能和大家一起看到共同对付危险的可能性。④ 而民生新闻将新闻功能转化为"实用"与"服务"，弱化了传播者应有的引导功能和宏观的监督功能。对此，麦克马那斯的一段话是很准确的注释：

---

① 彼得·达尔格伦：《媒介、公民身份与公民文化》，载詹姆斯·库兰·米切尔·古尔维奇编《大众媒介与社会》，前引书，第298页。
② 彼得·达尔格伦：《媒介、公民身份与公民文化》，载詹姆斯·库兰·米切尔·古尔维奇编《大众媒介与社会》，前引书，第314页。
③ 丹尼斯·麦奎尔：《麦奎尔大众传播理论》（第四版），前引书，第308页。
④ 联合国教科文组织：《多种声音，一个世界》，中国对外翻译出版公司第二编译室译，中国对外翻译出版公司，1981年，第6页。

市场新闻业，尤其是地方电视台的新闻，还能否对世界进行清晰描绘以指导公众的行为？首先，无论是广播电视还是印刷媒介，为了让受众满意而做的种种努力，并不是根据"一人一票式"的民主原则进行的。市场新闻业判定，富人和年轻人注意力资源比穷人和老年人更有价值，这主要是迎合广告商的偏好。实际上，理性运作的市场新闻业首先考虑的是投资者、广告商和掌权的新闻来源，最后才考虑包括读者和观众在内的公众；如果发生冲突，市场新闻业往往选择牺牲公众的利益。如果以为市场新闻业真的是由读者和观众主导的，未免过于天真。其次，市场新闻业由于其大众性，的确可能有助于社会各群体的融合；然而，正如我们看到的，这种融合是一种信息匮乏状态下的融合。最后，电视台并不常常将娱乐内容加诸信息内容之上炮制出"信息娱乐"，更多时候，他们用自认为成本最低而吸引力最高的内容来取代了信息内容，或者将信息内容进行了歪曲。大多数情况下，市场新闻业是一个悖论，更确切地说，是一种自相矛盾的事物。[①]

而最为自相矛盾的是，这一现象并非媒体所宣称的是根据受众需要来生产而造成的。根据 2000 年我国城市居民接触大众传媒状况的调查，"反映群众的呼声""客观地报道新近发生的重大事件""帮助人民了解党和政府的政策"以及"报道最大多数群众感兴趣的新闻"，是人们对于新闻媒介信息传播的第一需求热点；而"推动社会改革""提高群众的知识和文化水平""帮助人们实行舆论监督"以及"及时提供背景以帮助人们理解新闻"，则是人们对于新闻媒介的第二需求热点；人们对媒体报道题材的再次一级的需求是："对复杂的问题提供分析与解释""为群众提供娱乐和休闲""引导公众舆论""对形成过程中的政策展开讨论"以及"针对不同对象提供不同类型的信息"。[②] 调查报告显示，中国大众有着清晰的公民意识，其愿望与格雷姆·默多克所说的公民文化传播权利的内核基本一致。大众要求新闻媒体发挥社会守望功能，这也是对媒体搭建公共空间实现人们的知情权与表达权的期待。如果民生新闻真的是秉持受众本位观来确定操作方针的话，就不应该忽视受众的愿望，而应该在调查结果的基础上科学定位。因此，"受众本位"成了幌子[③]，骨子里仍然是传者

[①]　约翰·H. 麦克马那斯：《市场新闻业：公民自行小心?》，前引书，第 286 页。

[②]　喻国明：《报纸的定位：大众传播网络的结构性考察——来自 2000 年我国城市居民接触大众传媒状况调查的报告》，载《新闻战线》2000 年第 7 期。

[③]　马锋：《"受者本位"幌子下的"传者本位"——社会转型期"受众即消费者"观念本质论》，载《新闻与传播研究》2006 年第 1 期。

本位——媒体自身利益的追求，导致刻意刺激受众欲望，削弱了传者的主体性和新闻的社会雷达功能。

对此，有网友在论坛发帖，批评媒体的恶俗、臃懒、眼光不过方寸，就连像样的评论也搞不出两篇，更不要说有什么深层次的见解。文章直接指出有的民生新闻栏目扛着所谓的百姓喉舌，反映民生阴暗面，以车祸、杀人放火、跳楼寻短见、邻里争斗为小市民所欢迎，但没有深度、没有眼光，报道多是鸡毛蒜皮的无聊事件，的确足不出户，就可以满足小市民好奇心理，但对大人旁边一起观看的孩子来说，是百害无一利；认为车祸、血淋淋的场面带给孩子的是恐惧和暴力，还给孩子形成有事找媒体就可以的错觉，无助于树立法律意识，等等。尖锐的批评直指民生新闻的弊端，网友对其疏离了应有的价值操守而愤怒，这表明了受众不甘被媒体视为幼稚的消费者的自我意识，也是受众要求媒体尊重公民文化传播权利的呼喊。

消费者受众观使作为公民的媒体观众变成了媒体的消费者，公民主权被消费者主权代替，民主逻辑被市场逻辑压倒。因此，有必要认识"消费者主权"的神话性所掩盖的一个重要问题——市场只能在有些时候满足有些人的某些需求。① 由于媒体根据受众数量和质量来向广告商收取费用，就必然导致其眼中的受众需求实际是"有购买力支撑的需要"，而那些缺乏经济力量和资源的声音、相对贫穷的潜在受众就被排除在外了。最显著的是强调自己代表平民的民生新闻恰恰把人数众多的农民忽略了。

民生新闻尤其是投诉版块在一定程度上扮演了弱势群体的利益伸张者和捍卫者角色，但主要是针对城市居民而言，身处农村的广大受众实际上处于更为弱势的地位。新闻媒介应该成为农民受众利益表达的重要渠道之一。② 就民生新闻已成为各地方电视台的主要新闻形态及其普及性和广泛性来说，它完全可以为农民进入公共空间发出声音提供条件。因此，民生新闻所标榜的"平民话语"不应该仅是城市市民的专利，更应该是农村居民表达自己呼声、参与国家和社会事务、民主管理的途径与工具。③ 但陈崇山通过实证调查发现，无论是在媒介资源的享用、接收工具的拥有量、享受媒介消费的时间方面，还是在接

---

① 参见赵月枝：《文化产业、市场逻辑和文化多样性：可持续发展的公共文化传播理论与实践》（下），载《新闻大学》2007年第1期。

② 参见黄典林：《新闻媒介与转型期中国弱势群体的利益表达——以山西"黑砖窑"事件为例》，载《中国传媒报告》2008年第3期。

③ 任中峰：《民生新闻与农民话语》，载《新闻爱好者》2005年第2期。

收信息的能力、表达意见的自我意识方面，农村受众都不如城市受众。[①] 这就意味着，民生新闻难以在农村汇集起大量的受众群体，而广告商也难以青睐缺乏购买力的人群，最终使其努力搭建的公共空间遗失了人人都可以参与的平等性，也导致农民因为不能成为其消费者而成为沉默的大多数。

由此看来，民生新闻在一定程度上萌芽了公共空间，但也存在着巨大的局限性，使之"敞视"与"遮蔽"共存。基于市场的考虑，民生新闻更加注重平民大众的文化传播权利，但这与公民的文化传播权利还存在差距，尤其是出于自身的功利性以消费者取代公民，极大地限制了公共空间的理性话语和公民的平等参与。

第三节　电视民生新闻与文化领导权

电视民生新闻出于"创收"的动机，使其拓展公共空间的意图主要是在追求经济利润过程中附带的结果。作为大众新闻的性质，它与一般大众文化一样具有妥协的性格，在"官方"与"民间"的夹缝中求得生存：在官方让出的有限思想文化空间内建构自己的价值规范、趣味取向与操作方式，它一方面尽力取悦于市民大众，而另一方面又在谨慎地回避官方文化及主流意识形态所设立的禁区，把官民同乐作为自己的目标与策略。[②] 而与一般文化形态存在差异的是，新闻本身具有强烈的政治性，因而民生新闻无法脱离作为舆论工具、宣传工具的身份，并集中反映在它与文化领导权的交错互渗关系中。

一、文化领导权与电视

"领导权"，即 hegemony，也被译为"霸权"，是由葛兰西在 20 世纪 30 年代详细阐述并运用于文化研究的概念，主要是指统治阶级在某些历史时期实施社会与文化领导权的能力，通过这种方式——而不是对下层阶级的直接高压统治——以保持自己在国家经济、政治与文化方面的权力。霸权概念的关键内容不在于强迫人民违背自己的清醒意志或良好判断而将权力让渡给掌权者，而在于它揭示出一种情景，其间所积极寻求的乃是人们对理解世界的那些方式的认

---

① 陈崇山：《谁为农民说话——农村受众地位分析》，载《现代传播》2003 年第 3 期。
② 陶东风、徐艳蕊：《当代中国的文化批评》，北京大学出版社，2006 年，第 97 页。

可，而这个世界"恰好"符合拥有霸权的阶级联盟或权力集团的利益。①

葛兰西曾经指出：一个社会集团通过两条途径来表现它自己的至高无上的权力：作为"统治者"和作为"文化和道德的领导者"。在现代社会中，文化领导权可以被理解为"文明领导权"，它是政治民主的根本原则。它不是意识形态的强制推行，也不是对某种政治文化的被迫忠诚，它类似"婚姻"与"合同"，是以自愿的方式为前提并最终得以实现的。② 这一操作方式现在被广泛地与媒体联结并渗透到日常社会中，在这个意义上，传媒成为一种新型的权力。这个权力不只是话语权力，在其传播的过程中如果为民间社会所普遍认同，它也就获得了"文化领导权"的效力。传媒和文化领导权的关系是密切地联系在一起的。③

文化领导权的关键在于塑造人们的价值观念和认识，相当于世界观的创立④，而电视媒体作为今天人们了解世界的重要窗口，以其倾向性影响着公众对于话题的理解，成为新认识论的指挥中心⑤。尤其是根深蒂固的"眼见为实"观念使人们难以察觉自己所受到的影响："媒介的独特之处在于，虽然它指导着我们看待和了解事物的方式，但它的这种介入却往往不为人所注意。我们读书、看电视或看手表的时候，对于自己的大脑如何被这些行为所左右并不感兴趣，更别说思考一下书、电视或手表对于我们认识世界有怎样的影响了。"⑥ 因此，电视往往成为文化领导权实施的重要载体。

二、电视民生新闻中的文化领导权策略

作为文化领导权实施的载体，电视民生新闻在特定框架下对新闻进行选择、强调，影响着人们对现实社会的认知和态度甚至行动。报道市民的喜怒哀乐，不回避现实中的矛盾问题，民生新闻打造了一幅幅市民生活图景，构建了一个平民化的世界。然而，其对新闻事件微观层的叙述、娱乐化的呈现，又让这个世界局限在表象层面，强调与现实矛盾的和解。

在意识形态的世俗化背景下，电视民生新闻包含了多重意义：市民的日常

---

① 约翰·费斯克等编撰：《关键概念：传播与文化研究辞典》（第二版），前引书，第122页。

② 参见孟繁华：《传媒与文化领导权——当代中国的文化生产与文化认同》，山东教育出版社，2003年，第3页。

③ 孟繁华：《传媒与文化领导权——当代中国的文化生产与文化认同》，前引书，第2页。

④ 托马茨·R. 贝茨：《葛兰西与霸权理论》，吕增奎编译，载《马克思主义与现实》2005年第5期。

⑤ 尼尔·波兹曼：《娱乐至死》，章艳译，广西师范大学出版社，2004年，第103页。

⑥ 尼尔·波兹曼：《娱乐至死》，前引书，第13页。

生活成为主要叙述空间，采用直观的表现方法反映当前城市、工厂、消费等现实生活，接触到了经济活动中的一些矛盾，等等。它对文化领导权的运用不同于传统新闻，显示了以下策略。

第一，以社会新闻排挤对重大事务的关注。

电视新闻是通过现代传媒技术，通过视觉和听觉符号来表征生活事实、生产意义的。所谓"表征"，就是"一个过程，通过它，一种文化中的众成员用语言（广义地定义为任何调配符号的系统，任何意指系统）生产意义"①。这里的"意义"是人们对自然事物和社会事物的理解，是人们在社会交往中的产物，同时作为文化积累得到的意义还规范和组织人们的行为和实践——意义有助于建立起使社会生活秩序化和得以控制的各种规则、标准和惯例。新闻通过表征不仅反映社会过程与社会结构，也影响了人们对事件的认知，建构了人们的认同，从内在层面上来说，这也体现出意识形态的生产。如费尔克拉夫所说："我将意识形态理解为现实（物理世界，社会关系，社会身份）的意义/建构，这被建构到话语实践的形式/意义的各种向度之中，它也致力于统治关系的生产、再生产或改变。"② 而电视民生新闻作为电视新闻当中的一种，它所表征的生活事实、生产的意义都有自身特殊的指向性。其内容构成、叙事策略和新闻框架就是它对社会的表征方式，也由此"制造"出了社会群体形象和社会结构形态。

电视民生新闻以社会新闻为主的题材选择和娱乐化的修辞策略，在一定程度上反映了这样的局面：娱乐是电视上所有话语的超意识形态。③ 电视的象征行为在新闻方面表现在把注意力放在能吸引公众的事件上。社会新闻属于日常的、基本的食粮，是一种信息，它之所以非常重要，是因为它吸引着公众而又不容易造成任何可怕后果，还打发了时间，这些时间原本可以用来阐述别的东西。在某种意义上，它们掩藏了弥足珍贵的东西——把宝贵的时间浪费在空洞无聊或者无关痛痒的谈资上，排挤了公众应该掌握的更重要的公共事务信息。民生新闻对社会新闻的选择和表达方式就将其他有关重大公共事务、公众为行使民主权利应该掌握的重要信息从公共空间中排挤掉了。

第二，以问题的个人化遮蔽对社会的审视。

民生新闻的个人化、片段化、常识化特征往往是出自低成本生产的考虑，

---

① 斯图亚特·霍尔编：《表征——文化表象与意指实践》，前引书，第61页。
② 诺曼·费尔克拉夫：《话语与社会变迁》，前引书，第87页。
③ 尼尔·波兹曼：《娱乐至死》，前引书，第114页。

但在无意间对文化领导权的运用形成合谋。

对问题的分析往往指向个人与家庭原因，是民生新闻最常见的叙事方法。如成都电视台 2008 年 10 月 15 日的《成都全接触》的"无力筹备手术费 女孩父母上演争夺'大战'"的报道，围绕一个无钱为孩子治病的家庭，展示父母在医院门口的争执与哭泣，结局不甚了了，却以"大战"概之。应该说，民生新闻具有关注底层的意识，但是面对问题的意义框设有时却遮蔽了对一些深层社会问题的审视。

它在面对问题时强调个人的内心。就像电视上专家提出的忠告：减少期待，不要过分担心你的汽车、房子和职业，不要在乎别人怎么看你，最重要的是你的内心。只要你有信心和自我价值的强烈认识，你就会感到幸福，你的幸福不在于外在的世界。再一个是强调人与人交往中的道德自律，常以"和为贵""互相体谅""退一步海阔天空"等语言作为劝解和提醒，将矛盾的解决放到每个人都做"真君子"的办法上——自己做好了，别人也能从中获益，整个世界也变得更加美好。这些是民生新闻发挥最为自由的空间，也是为何民生新闻的舆论监督在很大程度上其实成为市民自我监督的原因所在。

电视却在再现真实的过程中将这些思想常识化了，按照菲斯克的说法：领导权的"要害在于权力不是作为强权而是作为'权威'而得到行施；生活的'文化'部分都被去政治化了。最易采用并最受官方鼓励的那些理解自己与世界的策略，不仅是作为策略而出现，而且也是作为'人性'的自然（无可争辩）属性而出现。"然而，常识又是一个权力运作的场域，互相角逐的社会群体都力图将自己看待事物的方式表述为常识性的。一旦某个群体或"集团"成功地将自己确定为常识的源头，它就可能保持自己凌驾于其他群体的霸权。①

第三，以媒介抚慰取代行动能力。

周玉黍在对南京市民收视民生新闻的行为与动机调查中发现，社会地位越低的受众（学历越低，收入越低）对民生新闻的期望越高。这意味着社会地位相对较低的受众较认同、信任民生新闻，对民生新闻拥有相对正面的信念。并且，地位越低的受众越认为"民生新闻代表老百姓利益"。一方面，他们在现实生活中缺乏参与公共事务的机会与能力，但由于对民生新闻的高期望，他们有意或无意地将公共事务的参与权力让渡给民生新闻中的主持人，主持人的评论引导受众对新闻事件的看法，再加上主持人所特有的亲民个性、通俗的语

---

① 参见约翰·费斯克等编撰：《关键概念：传播与文化研究辞典》（第二版），前引书，第 123、44~45 页。

148

言、较为犀利的言论，使受众在其中感觉到自己的意见被表达，觉得自己参与了公共事务的讨论，从而产生了交流的快感与满足。而另一方面，社会地位较低的受众对于公共事务的关注却很少转化为一种公共事务参与的实际行动，他们更多是以"看客"的心态去关注而非真正参与公共事务，更多的仅是希望从中获得虚拟的文化抚慰和心理依靠。①

这说明社会地位越低的受众越是采取了与传播者一致的解码方式。霍尔在政治经济学理论的生产、流通、分配/消费、再生产的四个阶段基础上，提出电视赋予"意义"的生产与传播也存在同样的阶段。第一阶段电视专业工作者的"编码"，以视听语言将事件符号化；话语一旦完成，接着就必须转移——改造成社会实践，即第二阶段，这时占主导地位的便是赋予电视作品意义的语言和话语规则；第三个阶段是观众的"解码"，而此时的观众被假想有三种解码地位：主导－霸权的地位、协调的符码或者地位、全然相反的对立式地位。② 由此看来，作为"再生产霸权"的新闻专业符码对社会地位较低的受众影响更为深刻，他们并没有以菲斯克所希望的那种"抵制"式的策略来认识新闻，而是视之为自然而然的存在。于是，民生新闻成功地营造了一个可以自给自足的相对封闭的时空。

民生新闻对普通民众的关注给他们带来了温情，让他们借助偏爱的象征或想象的状态而从不如意的情景或威胁性的情景中脱离出来。而与之形成反差的是，普通民众因此在遇到问题时更希望求助于民生新闻，更依赖民生新闻，却并没有通过节目更清醒地认识到自己的处境，以及做出改变它的行动，甚至连参与节目的程度都更低。③

总之，民生新闻的社会意义是多重的，既带来了解放性的力量，实现了对市民生活状态的敞视，建构起公共空间的雏形，影响了社会结构；同时又具有支配效应，采用了不同于传统新闻的文化领导权策略，遮蔽了某些公共问题，尚没有形成有利于公共空间进一步生长的条件。

---

① 周玉黍：《媒介抚慰：一种弥合阶层落差的方式——南京市民收视民生新闻行为与动机调查》，载《学海》2005 年第 6 期。

② 参见斯图亚特·霍尔：《编码，解码》，载罗钢、刘象愚主编《文化研究读本》，前引书，第345～358 页。

③ 周玉黍：《媒介抚慰：一种弥合阶层落差的方式——南京市民收视民生新闻行为与动机调查》，载《学海》2005 年第 6 期。

结　语

　　电视民生新闻以新的实践和理念对传统电视新闻形成冲击，关键在于它体现了对新闻本体、新闻功能的重新定位。这不仅是生产者的探索尝试，也是历史条件下的一种必然。传播政治经济学代表人物文森特·莫斯可认为："传播的含义应该是一种交换的社会过程，其产品或是社会关系的标志，或是它的具体表现。广义而言，传播与社会相互建构而成。"[①] 民生新闻也正是这样在与社会相互建构中，生长于政治要求与追求经济利润而关注公众需求的缝隙间，并以其新闻产品影响了新的社会实践和社会关系。

　　随着改革的推行，"事业单位，企业化管理"的体制类型既使媒体受到多重束缚，又使之在其带来的张力中获得相对的自主性。在现实环境条件下，新闻改革的主体必须提高其改革行为的可预测性及正当性，为此，他们采取上下合作途径，以经营方式为驱动，以"临场发挥"为基本行为特征，改造新闻生产中的社会关系，并创造性地运用改革话语中市场经济和党的新闻事业的语汇，将其改革行为融汇于"市场经济条件下的党的新闻事业"这一理论框架内。[②] 电视民生新闻的"临场发挥"基于社会意识形态世俗化、市民话语逐渐兴起以及都市报开创的新闻市场化背景，还基于电视媒体在市场中的姿态调整，以及在扭转此前极左新闻思想的意图下，新闻活动已经开始强调用事实说话、恢复批评报道等历史因素。同时，社会主义新闻事业的传统理念与符合市场逻辑的媒介专业主义相混杂，使民生新闻通过"民生"获得与无产阶级新闻事业中的群众路线、与同时代新闻工作"三贴近"原则相联结的正当性与合法性，又通过百姓、平民、市民等话语有效地将争夺受众融入"为人民服务"的姿态而获得合理性。因此，民生新闻的种种效应既包含着新闻人的价值守望，

---

　　① 文森特·莫斯可：《传播政治经济学》，前引书，第 26 页。

　　② 潘忠党：《新闻改革与新闻体制的改造——我国新闻改革实践的传播社会学之探讨》，载《新闻与传播研究》1997 年第 3 期。

又是市场动机和商业逻辑的催生结果。正是在这样的背景下，电视民生新闻的创新意义不仅在于对新闻形态的改造，更在于它是电视新闻市场化的标志性产物。

通过研究，我们可以得出这样的结论：电视民生新闻是中国电视新闻大众化的一种表现形态，它以市场为指向，以市民生活相关内容为主要构成，以节目覆盖范围内的市民为主要受众对象，注重市民话语表达和新闻参与，具有平民化的文化取向。民生新闻以社会新闻、服务资讯和生活投诉为基本构成形态，注重新闻报道的情感性、实用性、与大众生活文化的相关性，强调受众介入传播活动，使电视新闻逐步大众化。但是在重事实轻宣传的表象下，它隐藏着多元话语，反映了当下中国社会的多重意识形态，也体现了其作为社会规训与抗争场域的存在。

电视民生新闻的产生与发展是多种力量交织其间的，掺和了多样的、多重决定的相互建构。民生新闻初生之时，曾以大量的批评报道显示出锐气，即便其出发点有塑造形象博取受众认同，进而获得经济效益的因素，但也由此与市民话语相应和，成为平民百姓社会表达的重要渠道。当这一新生事物引起重视并强化了管理时，可迅速见效的行为设计就更多地转向了表达形式本身。出于在竞争和同质化局面下的自我独特风格展示，原先强调的平民化话语表达演变为各种表演方式，从说书到曲艺演绎，一步步加深了新闻娱乐化趋势。这实际是商业动机下的低成本生产办法。这既推动了新闻的大众化，将新闻与大众审美趣味对接，也造成了传统道德和社会责任感的弱化，加剧了人群的社会认知分裂与对立，甚至将新闻置于变质的危险中。

作为中国社会转型的产物，民生新闻体现了转型中的媒体结构与转型中的社会结构之间的相互构建关系。而这一关系中，民生新闻最突出的表现就是"敞视"与"遮蔽"共存。首先是广泛的平民生活镜像使大众生存状态得以敞视，新闻大量采用市民话语，使之进入公共空间实现表达权利成为可能。这具体表现在：新闻信息源由组织向民间、个人拓展；新闻价值观念由强调重大性向强调接近性转变，价值主体由国家、政府向社会、市民转变；新闻表达方式由权威化转向平民化、生活化；新闻传播形态由单向转为双向互动等。但同时，放大了生活信息的平面化展示，遮蔽了深入思考和需要广泛联结的社会背景；突出了降低姿态的服务，遮蔽了舆论引导和宏观的社会守望功能。其次是民生新闻初步搭建起的公共空间，既通过"生活形态"的政治影响着大众的现代公民意识，以平民立场在相对多数的人群基础上体现了一定的公共利益，又由于自身的利益追求和政治语境等原因，以日常生活遮蔽了公共事务、以煽情遮蔽了理性、以消费者受众观遮蔽了公民受众观，限制了它向更大更自由的公共空间发展。同时，强调立足民生话语的叙事又隐藏着宣传教育、技术话语，成为官方与民间的黏合剂。而源于市场竞争所采用的策略却产生了与之初衷不一样的效果：通过社会新闻排挤了对重大事务的关注；以问题的个人化遮蔽了对社会的审视；以虚幻的媒介抚慰取代了真实的行动能力。结果是在关注民众，力图予以大众现代性意识引导的追求下，遮蔽了公共空间的进一步生长。

民生新闻像一面镜子，映照着互联网时代的新闻生产。其内容选择、话语表达和传播策略等已经成为今天新闻生产的资源，尽管媒介生态发生了很大变化，但困境和难题依然存在着相似之处。因此，对电视民生新闻的重新审视，既是对地方电视新闻发展的探讨，也是对当下的反思。

附　录[①]

1. 谁该为我的羽绒服负责

石家庄电视台《民生关注》2007 年 3 月 30 日播出

【导语】

下面来看一条消费纠纷。

【录播】

省会孙女士在年前刚刚置办完婚事。在此之前，孙女士特意到商场买了一件红色的羽绒服。喜事办完后的 3 月 6 日，孙女士把这件羽绒服拿到福奈特洗衣建设大街店里水洗，几天后取衣服的时候却让孙女士大吃一惊。

【同期声】

孙女士：衣服上有纽扣印记，很难看，影响穿着效果。

【录播】

今天上午，记者在福奈特洗衣建设大街店见到了孙女士的那件红色羽绒服。正像孙女士所描述的那样，这件羽绒服上有 10 多个圆形的印记，大小、颜色和衣服纽扣一样。

【同期声】

福奈特洗衣建设大街店刘经理：这个印记是扣子印上去的。

孙女士：在这个店里洗衣服，成了这样，店里就应该负责。赔我衣服。

【录播】

福奈特洗衣建设大街店的刘经理认为，羽绒服的标签上只注明了必须用水洗，并没有其他的洗涤注意事项。洗衣店是严格按照操作规定进行水洗的，洗衣店不应为这些纽扣印记负责。

---

① 说明：个别文字在不涉及改变原意的情况下有改动。

【同期声】

福奈特洗衣建设大街店刘经理：如果是干洗出现这些问题店里负责，水洗出现这些问题应该找厂家索赔。

【录播】

心爱的羽绒服被洗成了这样，孙女士的心情可想而知。看到双方争执不下，我们的记者决定去咨询一下律师。

【同期声】

律师：根据消费者权益保护法，先鉴定这些印记是由什么造成的，然后再确定该谁负责。

【录播】

看来，要想知道责任谁来承担，还要有权威的认定，而孙女士也同意近期找有关部门做鉴定，对于鉴定结果本栏目仍将继续关注。

直播石家庄记者报道。

2. 委托承建意向书丢失之后

石家庄电视台《民生关注》2007 年 3 月 31 日播出

【导语】

生活中总是难免遇到各种各样的烦恼。来看田先生购房过程中遇到的烦心事。

【录播】

今年 3 月 9 日，市民田先生购买了卓达智城的一套房子，可是在交付了40 多万房款，并与开发商签订委托承建意向书后，却遇见了蹊跷事。

【同期声】

田先生：当时我签了字，他们说需要拿回去盖章，三天送回来，可是三天后，他们说意向书丢了。

【录播】

据了解，卓达智城目前还没有开工建设。田先生购买时，开发商无法提供正式的购房合同，只是与他签订了一份委托承建意向书，对所购房屋位置、面积、付款方式等进行了约定。在得知意向书丢失后，田先生很着急，多次找到开发商商量解决此事，但每次都是无果而终。

【同期声】

田先生：找他们，他们说再重新签一个，我想让他们找回原始的意向书。因为很担心以前的意向书被他们用到了别的地方。

【录播】

田先生告诉记者，如果开发商确实丢失了意向书，他希望能签一个文字性的协议进行确认，但也没有得到开发商的明确答复。为了核实情况，记者与田先生一起来到卓达智城售楼部，却遭到了工作人员的阻拦。

【同期声】

抢机子　保安推搡

【录播】

由于采访受阻，记者没能得到卓达智城方面的正式表态。对于田先生遇到的问题，记者咨询了律师。

【同期声】

河北三禾时代律师事务所赵哲锋：开发商卖期房时应取得预售许可证，才能签订合同，这个意向书不符合规定。

【录播】

据记者了解，依据《城市商品房预售管理办法》规定，开发企业进行商品房预售，应当向房地产管理部门申请预售许可，取得《商品房预售许可证》。未取得《商品房预售许可证》的，不得进行商品房预售。申请预售许可的一项重要条件是：投入开发建设的资金需达到工程建设总投资的25％以上。凡达不到的，不能取得《商品房预售许可证》。

而对于田先生担心的意向书有可能被挪作他用的问题，赵律师提出了建议。

【同期声】

赵哲锋：可以在媒体发布公告。同时提醒市民买房时要签订正式的合同。

【录播】

直播石家庄记者仲恺、凌志报道

【口播】

记者也咨询了有关职能部门，了解到"委托承建意向书"并不具有与"购房合同"同样的法律效力。

3. 拷问长沙公交：别再涨价了

湖南经济电视台《都市一时间》2006年12月播出

3.1

（记者：刘丹）真相大追击，我们用良知检讨社会。近日，国家建设部等四部门联合发文要求，政府应对城市公交实行补贴，保障公交最低票价。不过，不少长沙观众却纷纷向我们"真相大追击"反映，入冬以来，长沙1路、9路、118路等不少公交线路都大量引进了豪华空调巴士，票价也由原来的一块钱上涨到两块。以前的一元巴士倒是难得一见了，在国家倡导廉价公交的时候，这些豪华空调巴士的出现，引起了市民的争议。

【正文】

【配音】

1路车是长沙最老的一条公交线路，在1路车的起点站——长沙火车站广场上，记者看到大部分1路车从12月份开始已更换成崭新的空调车，而车门上的票价也变成了每人两元。

【实况】

两块钱的票价

【同期声】

长沙市民汤女士：不愿意坐两块钱的车，价格高了。

【配音】

汤女士给我们算了一笔账，她的家庭月收入大约1500元，如果每次坐车要交两块钱，那么她每天乘四趟车就得多花四块钱，而她的儿子虽然使用学生月票可以享受半价，但每天也得多交两块钱。算下来，一个月的交通费就要300块钱。

【同期声】

长沙市民汤女士：占家庭收入的五分之一。

【配音】

一份世界范围的研究表明，交通费只能占低收入家庭总收入的10%到12%，超过12%就会成为负担，而汤女士的交通支出已经达到了20%。记者调查发现，1路车所经过的线路上，附近居民的收入普遍不高，因此他们不能接受两块钱的空调车。

【同期声】

附近居民：书院路一带，大部分都是中低收入人群，坐不起。

【配音】

更让市民抱怨的是，1路车虽然仍有普通的一元巴士运行，可上下班高峰，大家根本坐不到普通车。下班时，记者陪同汤女士在长沙第一师范外等车，从五点半一直等到六点，站台上经过的六台公交车，全是两块的空调巴士。

【同期声】

学生：算了再等等，没必要多花这一块钱。

【配音】

但这两名学生又苦等了半个小时，还是没能等到普通车，最后只能坐上了空调车。

【实况】

上车

【同期声】

长沙市民汤女士：变相让我们不得不乘坐两块的车。

【配音】

记者在等待时也发现，空调巴士的乘坐率其实并不高，大部分座位都还空在那里，而好不容易等来一趟普通车却早已人满为患。

【实况】

人多

【配音】

记者调查发现，长沙的9路、115路、118路等公交线路，都大量引入了豪华空调巴士，而这些线路也都出现了类似的情况。看来，大部分市民目前仍不愿意乘坐新上的空调车，而大量空调车的引入，无疑让居民感到了不小的负担。

【尾句】

记者刘丹单蔚报道

3.2

【导语】

豪华空调巴士昂贵的票价，让原本应该廉价的公用交通，成为市民出行的一种负担，而普通车的减少又阻碍了市民的出行。这样的结果显然违背了公交车服务市民、方便市民的初衷。豪华巴士当初为何要定价两块钱，能否进行适当调整，从而满足更多市民的出行需要呢？

【正文】

【配音】

长沙公交1路线，是湖南巴士四公司经营的一条线路。记者从该公司经营科周取佗经理处了解到，现在投入的这种豪华巴士价格是40万一台，物价部门有规定，30万以上的车辆允许实行两元票价。

【同期声】

湖南巴士四公司经营科周取佗：为了满足不同层次的需要。

【配音】

周经理介绍，1路线有23台车，其中15台空调车，8台普通车，车辆从起点站发车时，也是按2∶1的比例。可是在运行过程中，尤其是在上下班高峰期，普通车速度慢，乘客上下车频繁，造成线路上难以达到比例均衡。

【同期声】

湖南巴士四公司经营科周取佗：新空调车就可能超车，造成多的情况。

【配音】

周经理表示，今后他们将会要求司机尽量合理安排车速，调整空调车的发车密度。另外，他们也会考虑，将一部分空调车调整到其他线路，让普通车的数量能尽量满足大多数老百姓的需要。

【同期声】

可以调整的

【配音】

周经理介绍，其实，提升公交车档次也是城市相关管理部门的要求，同时，考虑到自身的经济利益，公司才决定大量引进豪华空调车。不过从试运行几天的情况看，市民并不欢迎这种两块钱的空调车，不少豪华车司机甚至开始不愿意驾驶空调车。

【同期声】

公交车司机：夏天还可以，现在不行，还是普通车好得多。

【配音】

可一元的普通车生意虽然很好，但巴士公司却声称，一元的收费不能维持运行成本，同时，一元车还要负担老年人、残疾人等免费乘车的市民，更增加了公交企业的负担。

【同期声】

湖南巴士四公司经营科周取佗：主要还是政府投入太少了，补贴太少。

【配音】

一方面是老百姓冷落收费高的豪华公交，企盼廉价公交，一方面是公交公司认为一元收费无法维持运营成本。空调巴士的出现将这一怪圈摆在了人们面前，那么，这一怪圈该由谁来破解呢？

【配音】

记者刘丹单蔚报道

【尾语】

公共交通是社会的一项福利政策，但现在，公交企业却被以承包或公司化运作等方式放入市场，甚至放手让企业自己养活自己。在市场经济条件下，各个公交公司逐渐演变成了追求利润的行业，低价公交也就会成为空谈。那么，这一问题还带来了什么样的影响？我们又如何破解这一怪圈？明天我们继续关注《缺失的低价公交》。

3.3

【导语】

真相大追击，我们用良知检讨社会。昨天我们关注了长沙公交空调化，一元票价变成两元，致使部分市民难以承受的消息。其实公交加价，除了空调化，还有一些是实行分段计价的公交车。这些公交车大部分并非空调车，却会因为乘客多坐几站，而不得不多掏一元钱。

【正文】

【配音】

王先生家住长沙河西中南大学附近，而他的工作单位则在长沙理工大学。出门就是公交车站，902 路公交车还能直达，按理说应该是十分方便。可自从902 路分段收费后，王先生不得不多掏一元钱。

【同期声】

长沙市民王先生：这不是让我们住河西的多掏钱吗？

【配音】

长沙 902 路环线公交车共有五十个站点，902 路将分段收费点设在了南郊公园，跨过南郊公园一律收两块钱。王先生实际坐了不到十站路，而如果不过南郊公园，即使坐四十多站也只要一块钱。长沙理工大学附近的不少市民，也对于 902 路分段收费提出了质疑。

【同期声】

不合理嘛

【配音】

同样的问题，还存在于不少实行分段收费的公交线路上。家住长沙车站北路与丽臣路交会处的黄女士，在长沙世界之窗工作，出门就有 136 路公交车，两站就能直达单位。可因为 136 路一跨四方坪就一律收两元，虽然她只需坐两站，却也不得不多掏一元钱。

【同期声】

黄女士：要走一截到四方坪，坐两站就要两块，太不合理。

【配音】

除了136路，大部分公交车都将四方坪设为了分段收费点，不论你从哪里上车，只要一过四方坪就得多交一块钱。

【同期声】

长沙市民：应该考虑很多因素的

【配音】

在902路公交车公司，一位工作人员介绍902路全长本身就有20公里多，现在延长线路后又增加到26公里。1元票价已经无法承受，不得已才选择在南郊公园实行了分段收费。

【同期声】

没办法

【配音】

业内人士透露，设置分段收费点还有更深层次的原因。比如客流量相对较少的路段，这一小部分乘客就被迫为此买单。像四方坪、南郊公园、高桥大市场等城郊接合部，便成为公交分段收费的首选地点。

【同期声】

业内人士：如果在公交线路上较为密集地设置分段收费点无疑会导致本就不多的客流更快地流失。

【配音】

记者从长沙市物价局了解到，公交车分段收费现在并没有明确的标准。只要公交车的里程在20公里以上，就可以实行分段收费，具体收费地点则是由公交公司自己制定，其中确实存在不合理的情况。

【同期声】

长沙市物价局房价处文处长：不仅是你说的，很多线路都有类似的问题。

【配音】

记者刘丹单蔚报道

3.4

【导语】

其实公交车分段收费不合理的问题，并非没有办法解决。要么加大政府对公交公司的补贴和投入，全面实行一票制；或者借鉴长沙一些公交公司的成功经验，合理安排分段收费区间。

【正文】

【配音】

根据记者调查，同样是普通公交车，其实也有不少线路较长的公交车，并没有实行分段收费。

以 602 路公交车为例，从省教育厅开往科技职院，途经人民路、解放路，贯穿整条韶山路，再从井湾子拐进井圭路，线路的长度与 136 路差不多，但从始至终却只收一元钱。

【同期声】

136 路公交车调度员：这个很难说，反正是物价部门定的。

【配音】

不少市民认为，如果公交线路实在太长，必须实行分段收费，他们也能够理解，但公用事业局和物价局以及公交公司在设置分段收费点，应该首先科学安排合理收费，从而符合大部分市民的利益。

【同期声】

长沙市民：902 路线路很长，分段收费我们不是不愿意，但不合理就不行。

【配音】

前不久，168 路公交车的分段计费方式也进行过一次调整，与以前跨段设置不同的是，乘客只有在同时经过新河和火车站两个分段点时，才加收 1 元/人次，而跨其中任意一个站点，票价均为 1 元。

【同期声】

168 路公交车负责人延磊：老百姓都能够理解。

【配音】

不过，不少公交公司担心，在无人售票车上，司机无法监督到每一个乘客所投的钱和所坐的路程是否相符。如果按区间计价，将会给公交车的准额收费带来一定的难度，造成票款流失。

【同期声】

136 路公交车调度员：无人售票一个点就有人逃票了，两个点会更加严重。

【尾句】

记者刘丹郭跃报道

（尾导语）

城市公交系统应该为最广大的群众服务。如果以管理有难度为由，而搞简单的"一刀切"，的确方便了公交公司，却使部分乘客利益受损，这也损害了公平原则。我们期待公交公司拿出更合理的方案。

3.5

【导语】

真相大追击，我们用良知检讨社会。我们连续关注了长沙公交变相涨价的消息，公交空调化和分段计价算是长沙公交一元变两元的两大手段。节目播出后，市民反响强烈。交通专家也站出来呼吁城市公交应该实行低票价。

【正文】

【配音】

一些市民表示，他们并不反对适当增加空调车的数量，但同一线路上的空调车不应太过集中，价格上也应该考虑城市中低收入者的利益。

【同期声】

长沙市民：可以有空调车，但要照顾各方面的利益。

【配音】

而对于公交车分段收费，大部分市民认为，分段的站点必须合理而科学，否则就容易引发乘客与驾驶员之间的矛盾。而记者也了解到，昨天，武汉市公交车上，就发生了乘客不满分段收费，动手殴打驾驶员的情况。

【实况】

火爆的现场

【配音】

而在记者调查中，不少公交公司认为，政府已经取消了补贴政策，油价上涨运营成本增加，同时老年人、残疾人、军人免费乘车的福利行政策，也给他们带来了负担。

【同期声】

湖南巴士四公司经营科：如果能加大资金投入，他们也能做到低价。

【配音】

长沙理工大学交通运输学院副院长黄中祥教授介绍，我国通过公交出行的分担率不足 10％，相比国外 40％～60％的比例来看，公交车的利用率相当低。通过政府补贴，实行低票价政策，可以最大限度吸引客流，提高城市公用交通工具的利用效率，缓解日益增长的城市交通压力。

【同期声】

长沙理工大学交通运输学院副院长黄中祥：应该补贴。

【配音】

记者刘丹、罗丹、姜军报道

3.6

【导语】

在 12 月 2 号，建设部、发改委、财政部、劳动和社会保障部联合发布了《关于优先发展城市公共交通若干经济政策的意见》，其中明确指出，城市公用交通是公益性事业，必须实行低票价政策，以最大限度吸引客流。那么外地的做法是怎样的呢？

【正文】

【配音】

从明年开始，北京市政府每年将投入 40 个亿，改善北京的公用交通事业。空调公交车的票价将从 2 元改为 1 元，同时乘客还能享受刷卡四折的优惠，学生票价更是优惠到两折起。在北京，市民可以很容易坐到几毛钱的公交车。

【同期声】

长沙理工大学交通运输学院副院长黄中祥：价格根据公交效益和政府补贴投入来定的政府肯定应该加大投入力度，这是一个带有公益性质的行业。

【配音】

黄院长介绍，随着交通压力增大，今后长沙也会自愿或不自愿地采取"公交优先"的政策。

【同期声】

长沙理工大学交通运输学院副院长黄中祥：目前可以做公交优先方面的工作，如公交专用道，保障公交优先措施方面。

【配音】

而在 12 月 2 号，国家多部委的意见明确指出，空调车是今后的一个发展方向，但票价应考虑百姓的承受能力，对于购置豪华空调车造成的运营成本增加，应由公用财政加以补偿，地方政府责无旁贷。而对于成品油价格调整影响到公用交通增加的支出，则由中央财政予以补贴。不过，记者今天从长沙市公用事业局了解到，长沙十来家公交企业没有享受政府的任何补贴，各公交公司都是自负盈亏的状态。

【同期声】

长沙市公用事业局党委书记：没有补贴，你找政府去。

【配音】

四部委的意见中还提出，城市公用交通是公益性事业，必须实行低票价政策，以最大限度吸引客流。在审核确实城市公用交通定价成本的前提下，对低票价政策导致的政策性亏损，政府应给予补贴，并按月或季度及时拨付到位。

【配音】

记者刘丹姜军报道

（尾导语）

公交优先，发展城市大公交的口号我们喊过多年，可这一政策是否真正落实？市民期待着低票价的公交车不要越来越少，也期待着公交的票价不要越来越贵。

4．一个开锁匠的"记者梦"

成都电视台《真实人生》2008 年 8 月 16 日播出

【口播】

采访、拍新闻，在大家的印象里，这都是电视台、报社记者干的事儿。但在绵阳，却有这么一个人，他既不是电视台的记者，也不是报社的编辑，但他确确实实就干起了采访和拍新闻的活儿。大伙儿还给他起了个雅号叫"民间记者"，而这个"民间记者"的真正身份是一个开锁匠。

【同期声（电话）】

喂 哪里

围了那么多警察

那是做什么的

你也不知道

家电城哪里

万兴街口子上

那好嘛

我马上过来采访一下

（拿摄像机、戴墨镜、发动摩托）

【配音】

今年 43 岁的赵顺安是绵阳市高新区普明寺的一个普通农民，自打 4 年前买了一台 DV 摄像机之后，他就成了一个爱管闲事的人，走到哪儿就拍到哪儿，然后再把拍到的视频资料以投稿的方式送到当地电视台播放。

几年下来，他在当地有了一些名气，也经常会有一些新闻线索主动找上门来。

【同期声（现场）】

你过来做什么呢

你给我介绍一下这里的情况

喊他们哪个介绍

我怎么介绍呢

我是刚过来的

【配音】

派出所的民警在城郊的一家游戏厅，查获了一台赌博机，赵顺安赶到现场的时候还没有其他记者到达，这下赵记者可算是拿到了独家。

【同期声】

不听招呼啊

过来说话

过来介绍一下情况

过来

领导喊你

怎么不听呢

要配合一下

我们就好把这条新闻完成了

你觉得今天

把这个卷帘门打开以后

发现里面有些什么呢

那现在你们看到的

是什么情况呢

只有一台

现在看来只有一台

两台没有板子

【配音】

凭着手里的这台两万多块钱的摄像机，赵顺安在绵阳市高新区可是出了名的"民间记者"，不管是绵阳电视台还是高新区电视台，几乎每隔一天就会播放一条他拍的新闻。很多部门的人也都认识他，对于他的采访要求，大家也都会尽量配合。

【同期声】

再喊一个人

把这个抬到警车里面

我主要取个镜头就行了

【配音】

赵顺安只有初中一年级的文化，对摄像和采访一窍不通，但经过四五年的摸索，他居然也渐渐弄明白了新闻到底应该拍些什么。为了画面的需要，很多时候他还会像导演一样调度调度当事人。

【同期声】

你觉得他们该不该手收呢

该不该收呢

不知道

我怎么知道该不该收呢

你那台赌博机我们给你扣押了

好

声音稍微大点

你们这次为什么

要整治游戏赌博市场

来 开始

为了净化我们高新区的

文化环境

我们普明派出所在辖区内

开展了对赌博机的

专项整治活动

在这项整治活动中

我们普明派出所

收缴了各类赌博游戏机 60 余台

取得了非常好的效果

有力地打击了赌博风气

可以

谢谢

谢谢合作

（清理锁具特写）

【同期声（清理锁具）】

这些球形锁都要分开

这些都是杂锁

我这个柜子比较特别

一边是放新闻带子

一边是放锁子

这里还有摄像机的架子

都可以放在这一边

锁子就摆在那一边

写的稿子

播了的我就放在这里

【配音】

其实，赵顺安的本行是开锁匠，6年前，因为偶然拍摄到的一场车祸新闻被电视台采用，让他发现了自己做记者的潜能，于是，这些年赵顺安便把几乎所有的精力都放在了这个业余爱好上了。

【同期声】

为了拍新闻

我前后投入了

可能有差不多三万多块钱

三万多四万块钱

【配音】

现在，赵顺安拍的新闻主要是在绵阳电视台和高新区电视台播放，平均一个星期可以发三四条，一个月忙下来能得到的稿酬也就是六七百块钱。这同赵顺安开锁、修锁每月两三千块钱的收入比起来根本算不上什么，赵顺安心里也很清楚，只有这个开锁店才是自己真正的铁饭碗。

【同期声（教徒弟）】

你准备怎样修这个锁

就是找一个深一点的弹子

把它夹紧

你把这颗换了

换下来

调一下方向

这颗有一点高

但是你没有办法更换

只有把这个头皮稍微挫一点

挫平衡就对了

这颗就基本上合适了

主要是平时有时去采访的时候

屋里没有人

然后就影响我的生意

现在有徒弟来学这个

我就抓紧时间把他教会

教会了我就可以出去采访

屋里修锁开锁

他就可以全权帮我

处理了就是了

【看素材】

赵记者

你好

你好 你好

你好忙哦

没有办法

我来找你几次都没有看到人

主要是平时在外面采访

很少时间回来

一般回来有时候休息一下

电话来了我又要出去

肯定是不容易找到我

找你是这样的

我向你咨询一下

我们家是农村的

三台县的

我父母年龄大了

我父亲 72 岁

我母亲 68 岁

【配音】

凭着一股爱管闲事的热劲和手里的这台摄像机，赵顺安"民间记者"的身份已经是名声在外了，几乎每天都会有人来找他咨询。

【同期声】

我就是问一下

像我们家这个情况

可不可以申请低保

按照政策来说

是可以申请低保的

但你回去要写一个申请

把你的家庭背景写起

比如说你的父母亲

现在无工作

无经济来源

那么你在外面的收入是好高

这些都要写清楚

然后去审批合格之后

那么就行了

像你这种情况

我先给你登记一下

来

三台的啊

三台哪个地方呢

鲁班镇

叫什么呢

廖勇

电话号码是好多呢

好久能够解决呢

应该说尽快就能给你解决

我找有关部门进行衔接

你回去等电话通知嘛

反正尽快

就这两天通知你

那好嘛

感谢你了

谢谢

没事 没事

慢慢走

谢谢

没事 没事

【翻热线记录本和群众来访记录本】

像我这个热线记录本子

还有群众反映记录

都是很多群众来咨询问题

或者需要帮他们办的事情

我都把它们一五一十地

记录到本子上

你去反映问题

是以什么身份去的

我就是以群众的身份

我也不能说我在搞新闻

这个就属于（施加）新闻压力了

我就说我们一个熟人

求助你们

看能不能办到

你只要把你所处事情的道理

给有关部门领导讲清楚

现在很多领导都还是理解的

基本能够给他们办了

打了勾的基本上是

亲自去给他们解决了的

像这个就是直接

给他们写了回复过去的

我这个已经是第五个本子了

基本上一年要用

一个到两个本子

【片花】

赵：声音稍微大一点，这次为啥要整治游戏赌博市场？来开始。

他不是记者，却也能采访拍新闻。

（修锁现场）

【同期声】

群众：赵记者，你好。赵：你好你好。

一个四十多岁的开锁匠，成了新闻界的红人。

赵：这又是假新闻，这种情况经常遇到。有时候半夜都要打来。

他到底是个什么样的人？这个业余的"民间记者"又是怎样拍摄新闻呢？

（女哭）赵：不要哭，不要怕。

欢迎收看明晚《真实人生》播出的《一个开锁匠的"记者梦"》

（贴采访车）赵：对了，OK。

【同期声（骑摩托）】

到街道上去转一圈

主要是看一下

有没有第一手新闻

一般打电话也是不可靠的

说实在的

有时候还是要自己去找

这种新闻最可靠了

而且又是第一现场

又是第一手新闻

一般这种电视台用起

还是比较多的

也好用

【配音】

自打修锁店有了徒弟之后，现在的赵顺安更是一门心思惦记着新闻采访的事儿，一有空他就会走街串巷地找线索。

【同期声（电话）】

喂

在哪里

火炬西街

好 什么事呢

行行行

我马上过来

再见

【同期声（骑车）】

我问一下

刚才有人说这里打架

有没有看到

这里啊

嗯 这个地方

没有

我们刚来

刚才有人打热线电话的嘛

没有没有

我们刚来

一直没有看到啊

没有看到 刚刚来

怎么没有呢

你问一下他们呢

怎么没有呢

这种又是一个假新闻（线索）

经常遇到这种情况

有时候半夜都要接到

【配音】

新闻拍多了，现在，赵顺安的脑袋里多少也有了一些新闻敏感性，这不，一个卖报的女孩让他似乎又想到了什么。

【同期声】

你有几岁呢

九岁

九岁了啊

你为什么卖报纸

因为我妈妈是盲人

我妈妈又带了一个弟弟

我爸爸每个月打临工

只挣得到五六百块钱

【配音】

通过了解，赵顺安才知道，小女孩名叫文静，妈妈是盲人，爸爸在绵阳打工。为了方便照顾到一家人，他们才从乡下搬到城郊寄住在爷爷家。

【同期声】

她平时一个人出去卖报纸

你担不担心她的安全

肯定是担心

她那么小

我肯定担心她的安全

随时出去都喊她注意注意

注意交通安全

明后天我就来

给她拍一个专题新闻

你准备一下

那我就过去了

慢走

好

【字幕：第二天】

拍的时候你不要看我的镜头

你对直走

一边走还是一边喊

从那头开始走

开始　走

卖报　卖报

绵阳晚报

【配音】

因为不可能跟着小文静拍一天，为了节省时间，赵顺安决定还是导演一下。

【同期声（女孩无奈的眼神）】

绵阳晚报

走慢点　慢点

不能走得太快了

来开始　走

卖报 卖报

绵阳晚报

小朋友买一份报纸

等一下 等一下

现在你等一下

现在你等她过来后你就喊

喊大声点

你往这边走

来 开始

还是像刚才那样

卖报 卖报

买报纸 小朋友

谢谢叔叔

不用谢

好对头

你对着电视说话要大胆说

比如你跟我说的

家庭什么情况

为什么要卖报纸

卖报纸能赚好多钱

来 再把报纸拿高一点

这样

对 对

声音稍微大点 来

开始说

你为什么要卖报纸呢

因为妈妈是盲人

我爸爸在外面打工

每个月只挣得到五六百块钱

所以我才出来卖报纸

那你卖报纸

一天赚得到好多钱呢

一天只赚得到五六块钱

【配音】

但对于赵顺安的安排和调度，小女孩显然有些不适应。

【同期声】

你每天一般卖哪几种报纸呢

说嘛 说大声点

（女哭）

不怕 不怕 没事

不哭

你为什么哭呢

你为什么哭

说来听一下

没有事 你说嘛

为什么哭

刚才是激动了哭

是不是

为什么哭 说

我想回家

要回去

采访了就回去

有好心人帮助你

你家庭情况困难

有什么人慢慢说

真正的 你多勇敢的

来 你单独来说一下

你对着镜头

你觉得九岁的娃娃

卖报纸行不行

你对她的评价是什么呢

我对她的评价是

为她父母亲减轻负担

这是一种最好的形式

【配音】

就在赵顺安做完市民采访之后，他才发现小文静不见了。

【同期声（寻找）】

怎么跑到这儿来了呢

没有什么

你怕什么怕

叔叔他问你是为你好

叔叔是关心你的

你把她吓着了

吓着了啊

这个有什么害怕的呢

以后老师会说这个小朋友

上电视了 好乖

（一起走远）

【摄像机显示屏播放】

五点钟起床

五点过就来取报纸

我原来才卖十多份报纸

现在可以卖三十多份

【配音】

连哄带逗忙活了一天，直到下午 4 点多，赵顺安才终于完成了小文静的采访和拍摄。累是累点，不过显然对这样一条新闻，赵顺安是相当有感觉，回到家便马不停蹄地继续忙活起来了。

【同期声（看素材）】

最打动我的就是她的坚强

一般写一份初稿就是 20 分钟

第一次写稿子我写了六次

写起（来）总觉得又不对又不通顺

【配音】

因为自己文化根底不足，每完成一篇稿子，赵顺安都会找人提提意见，通常女儿就是他的第一个读者。

【同期声（读稿）】

女儿：写的什么呢

赵：主要报道一个九岁儿童卖报纸

你来给我看一下

正好　刚刚写完

这个是播音员播的

就是口播嘛

卖报卖报　绵阳晚报

每天清晨在高新区各街道

都会传来一个儿童

清脆的叫卖声

市民只要听到

这名小朋友的叫卖声

都会主动买上一份报纸

然后这下面的内容主要是

配我的图像

然后就是播音员播

你看还有没有什么问题

女儿：比如说在这个里面

可以加一点一些困难

她如何去解决的啊

那些人如何喜欢她啊

详细写一下

然后在最后这一段

可以加一点

她最后把钱用在什么地方去了

【贴采访车不干胶特写】

贴几个字方便很多

减少很多口舌

便于群众知道

我的车子停在那里之后

他们看到是采访车

就会把我的电话记着的

【口播】

在采访中，赵顺安从来都不忌讳自己文化根底不足的问题。他说自己原本只是一个普通的农民，能够发展到现在，即能开修锁店又能拍新闻，已经是很不容易了。

　　赵顺安还说，自己现在拍新闻已经差不多很熟练了，下一步就是要想办法朝着专题片的方向发展，他想拍一部 DV 故事讲述自己身边的人和事儿，不过，对于只有初中一年级文化的赵顺安来说，这似乎还有很长的路要走，祝愿他早日成功！

参考文献

艾伦，2000. 重组话语频道：电视与当代批评［M］. 麦永雄，柏敬泽，等译. 北京：中国社会科学出版社.

班尼特，2005. 新闻：政治的幻象：第五版［M］. 杨晓红，王家全，译. 北京：当代中国出版社.

博伊德－巴雷特，纽博尔德，2004. 媒介研究的进路：经典文献读本［M］. 汪凯，刘晓红，译. 北京：新华出版社.

布尔迪厄，2000. 关于电视［M］. 许钧，译. 沈阳：辽宁教育出版社.

布迪厄，华康德，1998. 实践与反思：反思社会学导引［M］. 李猛，李康，译. 北京：中央编译出版社.

曾庆香，2005. 新闻叙事学［M］. 北京：中国广播电视出版社.

陈昕，2003. 救赎与消费——当代中国日常生活中的消费主义［M］. 南京：江苏人民出版社.

陈正荣，2006. 电视第三次浪潮——解析"南京现象"［M］. 北京：中国传媒大学出版社.

崔保国，1999. 信息社会的理论与模式［M］. 北京：高等教育出版社.

戴锦华，1999. 隐形书写——90 年代中国文化研究［M］. 南京：江苏人民出版社.

戴锦华，2004. 电影批评［M］. 北京：北京大学出版社.

戴扬，卡茨，2000. 媒介事件：历史的现场直播［M］. 麻争旗，译. 北京：北京广播学院出版社.

丹尼斯，梅里尔，2004. 媒介论争——19 个重大问题的正反方辩论［M］. 王纬，等译. 北京：北京广播学院出版社.

单波，2001. 20 世纪中国新闻学与传播学：应用新闻学卷［G］. 上海：复旦大学出版社.

单波，石义彬，2005. 跨文化传播［M］. 武汉：武汉大学出版社.

迪克，2003. 作为话语的新闻［M］. 曾庆香，译. 北京：华夏出版社.

方汉奇，1981. 中国近代报刊史［M］. 太原：山西人民出版社.

方汉奇，2002. 中国新闻传播史［M］. 北京：中国人民大学出版社.

方延明，2002. 新闻文化外延论［M］. 南京：南京大学出版社.

菲斯克，2001. 解读大众文化［M］. 杨全强，译. 南京：南京大学出版社.

菲斯克，2005. 电视文化［M］. 祁阿红，张鲲，译. 北京：商务印书馆.

费瑟斯通，2000. 消费文化与后现代主义［M］. 刘精明，译. 南京：译林出
版社.

费斯克，2001. 理解大众文化［M］. 王晓珏，宋伟杰，译. 北京：中央编译
出版社.

费斯克，等，2004. 关键概念——传播与文化研究辞典［M］. 李彬，译注.
北京：新华出版社.

福柯，1997. 权力的眼睛［M］. 严锋，译. 上海：上海人民出版社.

福柯，1999. 规训与惩罚［M］. 刘北成，杨远婴，译. 北京：生活·读书·
新知三联书店.

福斯特，1984. 小说面面观［M］. 苏炳文，译. 广州：花城出版社.

富勒，1998. 新闻的价值——信息时代的新思考［M］. 陈莉萍，译. 北京：
新华出版社.

高世明，2000. 实用电视新闻［M］. 北京：中国广播电视出版社.

戈公振，1955. 中国报学史［M］. 北京：生活·读书·新知三联书店.

葛兰西，2000. 狱中札记［M］. 曹雷雨，姜丽，张跃，译. 北京：中国社会
科学出版社.

古德温，惠内尔，2001. 电视的真相［M］. 魏礼庆，王丽丽，译. 北京：中
央编译出版社.

郭镇之，2000. 电视传播史［M］. 北京：北京师范大学出版社.

哈贝马斯，1999. 公共领域的结构转型［M］. 曹卫东，王晓珏，刘北城，等
译. 上海：学林出版社.

哈特利，2008. 文化研究简史［M］. 季广茂，译. 北京：金城出版社.

赫勒，1990. 日常生活［M］. 衣俊卿，译. 重庆：重庆出版社.

黑格尔，1979. 美学：第一卷［G］. 朱光潜，译，北京：商务印书馆.

黑格尔，2017. 法哲学原理：或自然法和国家学纲要［M］. 范扬，张企泰，
译. 北京：商务印书馆.

胡大平，2002. 崇高的暧昧——作为现代生活方式的休闲［M］. 南京：江苏

人民出版社.

胡士莹，1980. 话本小说概论［M］. 北京：中华书局.

胡太春，1996. 中国近代新闻思想史［M］. 太原：山西教育出版社.

黄旦，2005. 传者图像：新闻专业主义的建构与消解［M］. 上海：复旦大学出版社.

霍尔，2003. 表征——文化表象与意指实践［M］. 徐亮，陆兴华，译. 北京：商务印书馆.

霍尼，尼兹，2002. 文化：社会学的视野［M］. 周晓虹，徐彬，译. 北京：商务印书馆.

吉登斯，1998. 现代性与自我认同：现代晚期的自我与社会［M］. 赵旭东，方文，译. 北京：生活·读书·新知三联书店.

吉登斯，2000. 现代性的后果［M］. 田禾，译. 南京：译林出版社.

加汉姆，2005. 解放·传媒·现代性——关于传媒和社会理论的讨论［M］. 李岚，译. 北京：新华出版社.

蒋原伦，张柠，2005. 媒介批评：第一辑［M］. 桂林：广西师范大学出版社.

杰姆逊，1997. 后现代主义与文化理论［M］. 唐小兵，译. 北京：北京大学出版社.

卡瓦拉罗，2006. 文化理论关键词［M］. 张卫东，张生，赵顺宏，译. 南京：江苏人民出版社.

凯尔纳，2004. 媒体文化——介于现代与后现代之间的文化研究、认同性与政治［M］. 丁宁，译. 北京：商务印书馆.

凯瑞，2005. 作为文化的传播［M］. 丁未，译. 北京：华夏出版社.

柯里，2003. 后现代叙事理论［M］. 宁一中，译. 北京：北京大学出版社.

克兰，2001. 文化生产：媒体与都市艺术［M］. 赵国新，译. 南京：译林出版社.

科特，2007. 新闻、公共关系与权力：领域图绘［M］. 李兆丰，石琳，译. 上海：复旦大学出版社.

库兰，吉尔维奇，2006. 大众媒介与社会［M］. 杨击，译. 北京：华夏出版社.

莱博，2005. 思考电视［M］. 葛忠明，译. 北京：中华书局.

兰瑟，2002. 虚构的权威：女性作家与叙述声音［M］. 黄必康，译. 北京：北京大学出版社.

李彬，1993. 传播学引论［M］. 北京：新华出版社.

李良荣，1985. 中国报纸文体发展概要［M］. 福州：福建人民出版社.

李普曼，2006. 公众舆论［M］. 阎克文，江红，译. 上海：上海人民出版社.

李西建，1998. 重塑人性——大众审美中的人性嬗变［M］. 武汉：湖北人民出版社.

凌燕，2006. 可见与不可见：90年代以来中国电视文化研究［M］. 北京：中国传媒大学出版社.

刘连喜，2003. 电视批判［M］. 北京：中华书局.

刘小枫，1998. 现代性社会理论［M］. 上海：上海三联书店.

刘智，2001. 新闻文化学［M］. 北京：新华出版社.

柳诒徵，2001. 中国文化史［M］. 上海：上海古籍出版社.

卢梭，1997. 卢梭文集2：社会契约论［M］. 何兆武，译. 北京：红旗出版社.

鲁曙明，洪浚浩，2007. 传播学［M］. 北京：中国人民大学出版社.

陆学艺，2002. 当代中国社会阶层研究报告［R］. 北京：社会科学文献出版社.

陆扬，王毅，2001. 大众文化研究［M］. 上海：上海三联书店.

陆扬，王毅，2000. 大众文化与传媒［M］. 上海：上海三联书店.

罗钢，刘象愚，2000. 文化研究读本［M］. 北京：中国社会科学出版社.

罗钢，王中忱，2003. 消费文化读本［M］. 北京：中国社会科学出版社.

罗岗，顾铮，2003. 视觉文化读本［M］. 桂林：广西师范大学出版社.

罗杰斯，2005. 传播学史——一种传记式的方法［M］. 殷晓蓉，译. 上海：上海译文出版社.

骆冬青，1998. 新闻眼：新闻文化的哲学探索［M］. 南京：南京师范大学出版社.

吕正标，王嘉，2004. 电视新闻节目：理念、形态与实务［M］. 北京：中国广播电视出版社.

马尔库塞，1989. 单向度的人——发达工业社会意识形态研究［M］. 刘继，译. 上海：上海译文出版社.

马戎，周星，2001. 21世纪：文化自觉与跨文化对话：一［G］. 北京：北京大学出版社.

麦克盖根，2001. 文化民粹主义［M］. 桂万先，译. 南京：南京大学出版社.

麦克奎恩，2003. 理解电视：电视节目类型的概念与变迁［M］. 苗棣，赵长军，李黎丹，译. 北京：华夏出版社.

麦克莱，2005. 传媒社会学［M］. 曾静平，译. 北京：中国传媒大学出版社.

麦克卢汉，2000. 理解媒介——论人的延伸［M］. 何道宽，译. 北京：商务
　　印书馆.

麦克卢汉，秦格龙，2000. 麦克卢汉精粹［M］. 何道宽，译. 南京：南京大
　　学出版社.

麦克马那斯，2004. 市场新闻业：公民自行小心？［M］. 张磊，译. 北京：新
　　华出版社.

麦奎尔，温德尔，1997. 大众传播模式论［M］. 祝建华，武伟，译. 上海：
　　上海译文出版社.

麦奎尔，2006. 麦奎尔大众传播理论［M］. 崔保国，李琨，译. 北京：清华
　　大学出版社.

梅罗维茨，2002. 消失的地域：电子媒介对社会的影响［M］. 肖志军，译.
　　北京：清华大学出版社.

孟繁华，2003. 传媒与文化领导权——当代中国的文化生产与文化认同［M］.
　　济南：山东教育出版社.

孟繁华，2003. 众神狂欢：世纪之交的中国文化现象［M］. 北京：中央编译
　　出版社.

苗棣，1997. 电视艺术哲学［M］. 北京：北京广播学院出版社.

莫斯可，2000. 传播政治经济学［M］. 胡正荣，等译. 北京：华夏出版社.

南帆，2001. 双重视域：当代电子文化分析［M］. 南京：江苏人民出版社.

倪延年，吴强，1993. 中国现代报刊发展史［M］. 南京：南京大学出版社.

宁，等，1998. 当代西方修辞学：批评模式与方法［M］. 常昌富，顾宝桐，
　　译. 北京：中国社会科学出版社.

牛爱忠，方国根，1995. 俗文化［M］. 北京：中国经济出版社.

欧阳宏生，2000. 电视批评论［M］. 北京：中国广播电视出版社.

邱沛篁，席文举，刘为民，2003. 都市报创新论［M］. 成都：四川人民出
　　版社.

萨莫瓦约，2003. 互文性研究［M］. 邵炜，译. 天津：天津人民出版社.

赛佛林，坦卡德，2000. 传播理论：起源、方法与应用：第四版［M］. 郭镇
　　之，等译. 北京：华夏出版社.

什克洛夫斯基，等，1989. 俄国形式主义文论选［M］. 方珊，等译. 北京：
　　生活·读书·新知三联书店.

施拉姆，1990. 大众传播媒介与社会发展［M］. 金燕宁，蒋千红，朱剑红，

译. 北京：华夏出版社.

施拉姆，波特，1984. 传播学概论 ［M］. 陈亮，周立方，李启，译. 北京：
新华出版社.

史蒂文森，2001. 认识媒介文化——社会理论与大众传播 ［M］. 王文斌，译.
北京：商务印书馆.

斯道雷，2001. 文化理论与通俗文化导论 ［M］. 杨竹山，郭发勇，周辉，译.
南京：南京大学出版社.

斯拉姆，等，1980. 报刊的四种理论 ［M］. 中国人民大学新闻系，译. 北京：
新华出版社.

斯帕克斯，2008. 媒介研究效果概论 ［M］. 何朝阳，王希华，译. 北京：北
京大学出版社.

斯特劳巴哈，拉罗斯，2002. 今日媒介：信息时代的传播媒介 ［M］. 熊澄宇，
等译. 清华大学出版社.

斯特里纳蒂，2001. 通俗文化理论导论 ［M］. 阎嘉，译. 北京：商务印书馆.

斯威伍德，2003. 大众文化的神话 ［M］. 冯建三，译. 北京：生活·读书·
新知三联书店.

宋小卫，2004. 媒介消费的法律保障——兼论媒体对受众的底限责任 ［M］.
北京：中国广播电视出版社.

宋运郊，1995. 信息活动原理 ［M］. 济南：山东教育出版社.

孙隆基，2004. 中国文化的深层结构 ［M］. 桂林：广西师范大学出版社.

孙玮，2006. 现代中国的大众书写——都市报的生成、发展与转折 ［M］. 上
海：复旦大学出版社.

孙玉胜，2003. 十年：从改变电视的语态开始 ［M］. 北京：生活·读书·新
知三联书店.

孙中山，2000. 三民主义 ［M］. 长沙：岳麓书社.

塔洛克，2004. 电视受众研究——文化理论与方法 ［M］. 严忠志，译. 北京：
商务印书馆.

泰勒，威利斯，2005. 媒介研究：文本、机构与受众 ［M］. 吴靖，黄佩，译.
北京：北京大学出版社.

汤普森，2005. 意识形态与现代文化 ［M］. 高铦，译. 南京：译林出版社.

唐世鼎，2006. 中国电视新思考——全国电视台台长访谈录（2004—2005）
［M］. 北京：中国传媒大学出版社.

唐绪军，2003. 报业经营与报业管理 ［M］. 北京：新华出版社.

陶东风，金元浦，高丙中，2005. 文化研究第五辑［G］. 桂林：广西师范大学出版社.

童兵，林涵，2001. 20世纪中国新闻学与传播学：理论新闻学卷［M］. 上海：复旦大学出版社.

汪晖，1996. 旧影与新知［M］. 沈阳：辽宁教育出版社.

汪晖，2005. 去政治化的政治［M］. 北京：生活·读书·新知三联书店.

汪晖，陈燕谷，2005. 文化与公共性［M］. 北京：生活·读书·新知三联书店.

汪凯，2005. 转型中国：媒体、民意与公共政策［M］. 上海：复旦大学出版社.

王逢振，2000. 电视与权力［M］. 天津：天津社会科学院出版社.

王逢振，2004. 詹姆逊文集第三卷：文化研究和政治意识［G］. 北京：中国人民大学.

王晓明，2000. 在新意识形态的笼罩下——90年代的文化和文学分析［M］. 南京：江苏人民出版社.

王一川，2004. 文学理论讲演录［M］. 桂林：广西师范大学出版社.

王岳川，2001. 中国镜像：90年代文化研究［M］. 北京：中央编译出版社.

威廉斯，2005. 关键词：文化与社会的词汇［M］. 刘建基，译. 北京：生活·读书·新知三联书店.

韦伯，2004. 韦伯作品集Ⅰ·学术与政治［G］. 钱永祥，译. 桂林：广西师范大学出版社.

翁秀琪，1992. 大众传播理论与实证［M］. 台北：三民书局.

吴忠民，2002. 发展社会学［M］. 北京：高等教育出版社.

西尔弗斯通，2004. 电视与日常生活［M］. 陶庆梅，译. 南京：江苏人民出版社.

西蒙，2001. 垃圾文化：通俗文化与伟大传统［M］. 关山，译. 北京：社会科学文献出版社.

小约翰，1999. 传播理论［M］. 陈德民，叶晓辉，译. 北京：中国社会科学出版社.

肖小穗，2002. 传媒批评——解开公开中立的面纱［M］. 哈尔滨：黑龙江出版社.

新闻自由委员会，2004. 一个自由而负责的新闻界［M］. 展江，王征，王涛，译. 北京：中国人民大学出版社.

徐耀魁，1998. 西方新闻理论评析［M］. 北京：新华出版社.

许纪霖，2003. 公共性与公共知识分子［M］. 南京：江苏人民出版社.

杨保军，2003. 新闻价值论［M］. 北京：人民出版社.

杨义，1997. 杨义文存：第一卷：中国叙事学［G］. 北京：人民出版社.

叶子，1999. 电视新闻节目研究［M］. 北京：北京师范大学出版社.

伊格尔顿，2003. 文化的观念［M］. 方杰，译. 南京：南京大学出版社.

尹鸿，李彬，2002. 全球化与大众传媒：冲突·融合·互动［M］. 北京：清
华大学出版社.

尹韵公，2000. 聚焦华西都市报［M］. 北京：中国社会科学出版社.

于德山，2005. 当代媒介文化［M］. 北京：新华出版社.

于文秀，2002. "文化研究"思潮导论［M］. 北京：人民出版社.

喻国明，2005. 变革传媒：解析中国传媒转型问题［M］. 北京：华夏出版社.

张国良，2003. 20世纪传播学经典文本［M］. 上海：复旦大学出版社.

张静，2006. 身份认同研究［M］. 上海：上海人民出版社.

张昆，2003. 大众媒介的政治社会化功能［M］. 武汉：武汉大学出版社.

张同道，2002. 媒介春秋——中国电视观察［M］. 北京：中国电影出版社.

张寅德，1989. 叙述学研究［M］. 北京：中国社会科学出版社.

郑振铎，1996. 中国俗文学史［M］. 北京：东方出版社.

中共中央马克思恩格斯列宁斯大林著作编译局，1979. 马克思恩格斯全
集［M］. 北京：人民出版社.

中国人民大学新闻学院，1997. 新闻传播学术报告会论文集［C］. 北京：中
国人民大学出版社.

中国社会科学院新闻研究所，1985. 马克思恩格斯论新闻［M］. 北京：新华
出版社.

周宪，1998. 世纪之交的文化景观——中国当代审美文化的多元透视［M］.
上海：上海远东出版社.

周宪，2006. 文化现代性精粹读本［M］. 北京：中国人民大学出版社.

朱寿桐，2006. 民生新闻概论［M］. 北京：中国社会科学出版社.

邹昌林，2000. 中国礼文化［M］. 北京：中国社会科学出版社.

CAREY J W，1989. Communication as Culture：Essays on the Media and
Society［M］. Boston：Unwin Hyman.

LIVINGSTONE S，LUNT P，1993. Talk on Television：Audience
Participation and Public Debate［M］. London：Routledge.

MUNNS J，RAJAN G，1995．A Cultural Studies Reader：History，Theory，Practice ［M］．New York：Addison Wesley Longman．

TAYLOR L，WILLIS A，1999．Media Studies：Texts，Institution and Audiences ［M］．Oxford：Blackwell Publishing Ltd．

THEODORE L G，1999．The Idea of Public Journalism ［M］．New York：Guilford Press．